NUOVE SPIRITUALITÀ

Culti

collana diretta da Massimo Introvigne

IBSN 88-7198-205-3

Titolo originale: *Cults. Faith, Healing and Coercion*, Oxford University Press.
 Traduzione di Alda Carrer.
 SugarCo Edizioni S.r.l., via E. Fermi 9, Carnago (Varese), Italia.

MARC GALANTER

Culti

psicologia delle sette contemporanee

introduzione di
Ermanno Pavesi

SUGARCO EDIZIONI

INTRODUZIONE

Il rapporto tra psichiatria e religione è stato piuttosto travagliato fin dagli inizi. La psichiatria moderna — mi esprimo così perché, pur in assenza del nome, non mancano nei tempi moderni esami di problemi oggi qualificati come propri della psichiatria — nasce alla metà del secolo XIX nell'ambito della medicina dell'area di lingua tedesca. Tale medicina è improntata al positivismo e la sua impostazione è ben caratterizzata da una tesi di uno dei suoi esponenti più significativi, Rudolf Virchow, secondo cui «lo scienziato conosce solo corpi e proprietà di corpi, chiama trascendenza tutto ciò che esula da questo ambito e considera la trascendenza come un'aberrazione dello spirito umano». *Questi princìpi hanno influenzato lo sviluppo della psichiatria in duplice modo: l'attività psichica viene considerata come una proprietà di un «corpo» e più precisamente del cervello o del sistema nervoso centrale, e d'altra parte la trascendenza viene giudicata come una* «aberrazione dello spirito umano», *con la conseguente patologizzazione di ogni concezione religiosa.*

Nei primi decenni del suo sviluppo, la psichiatria moderna, in cui non si era ancora affermato l'interesse per gli aspetti psicologici delle malattie mentali, si è limitata a enunciare un giudizio sommario anche relativamente ai fenomeni religiosi, a loro proposito trovando unicamente corrispondenze con disturbi psichici. A partire dagli studi sull'ipnosi e sul cosiddetto sonnambulismo provocato, l'attenzione dei ricercatori si è rivolta alla descrizione e all'interpretazione delle modificazioni della personalità e delle varie funzioni psichiche che si producono nei vari stadi ipnotici; e in questo contesto, insieme a molti altri studiosi, Sigmund Freud inizia la sua investigazione dell'inconscio. Con la psicanalisi la critica alla religione entra in una nuova fase: la religione viene considerata come un'illusione, ma l'attenzione è rivolta soprattutto ai meccanismi psichici soggiacenti. Non si tratta solo di etichettare come illusione i fenomeni religiosi, ma piuttosto di comprendere quali meccanismi psichici rendono tale illusione possibile o necessaria, cioè di spiegare psicologicamente i contenuti delle concezioni religiose e, successivamente, di sviluppare un trattamento per tale condizione morbosa.

La concezione, condivisa anche dalla psicoanalisi, secondo cui la religione sarebbe legata a una fase particolare dello sviluppo dell'uomo e dell'umanità in genere, e dovrebbe essere superata progressivamente con il passaggio a fasi successive, è stata contraddetta dal fenomeno dei nuovi movimenti religiosi degli anni Settanta: giovani istruiti, spesso studenti di università prestigiose, rinunciano alla carriera e all'inserimento nella società per affiliarsi a movimenti religiosi estranei alla loro cultura e abbracciano forme di vita alternative. Un tale fenomeno sorprende non solo l'uomo della strada ma anche gli esperti, e sembra inconcepibile che una tale scelta possa essere presa liberamente e consapevolmente. Scartata l'ipotesi dell'ignoranza, dell'arretratezza culturale o del retaggio di un'educazione repressiva, resta solamente quella di un disturbo psichico, spontaneo o provocato. Per spiegare il successo proselitistico di nuovi movimenti religiosi viene ripreso, fra l'altro, il concetto di «lavaggio del cervello»: le persone che si accostano a questi movimenti sarebbero sottoposte a un processo di manipolazione psichica con l'utilizzazione di tecniche psicologiche raffinate ed eccezionali, capaci di annullare la loro volontà. Alcuni psichiatri hanno accreditato la teoria del «lavaggio del cervello», invocando l'intervento di fattori quali la deprivazione di sonno, un'alimentazione insufficiente, la sottrazione di informazioni dal mondo circostante e tecniche varie per alterare lo stato di coscienza, senza però darsi la pena di dimostrare queste tesi; per contro, altri studiosi hanno esaminato personalmente il processo di affiliazione, sottoponendo a esame le condizioni in cui avviene la conversione e cercando di comprendere le motivazioni della militanza attiva nel movimento. Fra questi ultimi autori ha un ruolo di spicco lo psichiatra americano Marc Galanter, che ha studiato particolarmente aspetti psicologici relativi alla Chiesa dell'Unificazione e alla Missione della Luce Divina, e ne ha dato un'interpretazione basandosi soprattutto su certe ipotesi riguardo alla natura dei movimenti carismatici.

L'opera di Marc Galanter fornisce una documentazione estremamente interessante: per quanto riguarda la Chiesa dell'Unificazione il primo approccio consisteva spesso in un seminario di fine settimana, con un programma ben strutturato, che non consentiva molte distrazioni e in cui il numero dei nuovi interessati non era superiore ai membri acquisiti della Chiesa, per cui ogni nuovo interessato veniva seguito individualmente. Già dopo un tale seminario circa il 29% dei nuovi interessati era disposto a frequentare un corso di una settimana per approfondire la conoscenza della Chiesa dell'Unificazione (secondo studi compiuti in Inghilterra dalla sociologa Eileen Barker la percentuale sarebbe leggermente minore in Europa rispetto agli Stati Uniti). Per mezzo di questionari sulle condizioni psichiche degli adepti, lo studioso americano ha constatato l'esistenza di una situazione caratterizzata da un certo disagio psichico — che non sembra raggiungere stadi patologici — prima dell'affiliazione, con un chiaro miglioramento dopo l'entrata nella Chiesa dell'Unificazione. Proprio questo sollievo viene considerato da Marc Galanter come una delle principali motivazioni per la militanza in essa. A suo avviso la fede comune e la coesione del gruppo sarebbero caratteristiche dei gruppi carismatici. Proprio l'identificazione con i princìpi di una fede comune e la sensazione di appartenere a un gruppo che mette in pratica tali princìpi spiegherebbero il sollievo psichico. La motivazione della fedeltà al gruppo sarebbe dovuta soprattutto al bilancio soggettivamente positivo della propria esperienza all'interno di esso, un bilancio comprendente anche il timore che il distacco dal gruppo o il rifiuto della fede comune farebbero ricadere nella condizione di disagio psichico anteriore all'affiliazione.

Nel reclutamento di nuovi adepti la Chiesa dell'Unificazione non si sarebbe servita di tecniche psicologiche particolari, ma avrebbe semplicemente presentato un sistema di idee coerente che ispira l'azione di un gruppo attivo di persone, con la proposta concreta di impegnarsi attivamente per la soluzione dei problemi personali e di quelli dell'umanità.

Marc Galanter esamina anche certi pericoli di degenerazione all'interno dei gruppi carismatici, quando la fede comune del gruppo, spesso identificata con le indicazioni del capo carismatico, entra maggiormente in conflitto con la società o quando, come nel caso di Jim Jones o di Charles Dederich — capo carismatico di Synanon —, le «idee» di chi guida diventano astruse o radicali. In tali casi il conflitto fra gruppo carismatico e società può venir vissuto drammaticamente anche dal singolo adepto nella sua vita quotidiana e ne può mettere alla prova la fedeltà. In queste situazioni, vi è il rischio che il gruppo carismatico difenda la propria coesione intensificando i meccanismi di controllo sugli adepti.

È interessante anche l'applicazione delle categorie dei gruppi carismatici all'attività dell'associazione Alcolisti Anonimi. Ciò può mostrare come certi meccanismi, messi in attività dalla vita di gruppo, non sono limitati all'ambito appunto di gruppi più strettamente religiosi. Questo rimanda pure a una esigenza profonda dell'uomo e che corrisponde alla sua natura di animale sociale: l'uomo tende per sua natura a formare società con i suoi consimili, ma non con un'aggregazione casuale, bensì con un fine ben preciso.

Anche se è possibile mettere in risalto come la subordinazione ad un principio esterno all'individuo presenti aspetti negativi, quali la sottomissione, la rinuncia e i sacrifici personali, si deve pure tenere conto che è proprio il riferimento a un tale principio, o fede, che può conferire senso all'esistenza. L'impegno in un progetto che trascende la dimensione dei bisogni materiali individuali e del loro immediato soddisfacimento fornisce all'esistenza un senso: le singole azioni umane non rimangono frammenti giustapposti, ma l'orientamento dell'esistenza verso un fine fornisce loro una dimensione storica, e la storia individuale s'intreccia con la storia del gruppo, considerata come esemplare per la storia di tutta l'umanità. Tutte le azioni e le esperienze individuali, e quindi anche le difficoltà quotidiane, i piccoli e grandi sacrifici e le sofferenze che accompagnano inevitabilmente ogni esistenza, acquistano un senso in relazione al principio che ispira il gruppo e quindi possono venire considerati come un contributo al bene comune, o a ciò che si ritiene tale. Ciò può spiegare le osservazioni, apparentemente sorprendenti, di Marc Galanter, che ha constatato un miglioramento delle condizioni psichiche dopo l'affiliazione in alcuni nuovi movimenti religiosi. Il benessere psichico, infatti, non è prodotto dal soddisfacimento delle pulsioni, ma dipende in modo determinante dal senso che viene dato tanto alle esperienze positive, quanto a quelle negative. Molti nuovi movimenti religiosi hanno successo, probabilmente, proprio perché riescono a rispondere all'esigenza di dare un senso alla propria esistenza di molti giovani, per i quali i modelli della società moderna hanno perso attrattività.

È auspicabile che l'opera di Marc Galanter contribuisca a un approccio più scientifico ai vari aspetti della conversione ai nuovi movimenti religiosi, ciò che potrebbe contribuire a rendere più sereni il dibattito e il confronto sull'argomento.

ERMANNO PAVESI
Aiuto, Clinica Psichiatrica
dell'Università di Zurigo

RINGRAZIAMENTI

Il libro è stato scritto dopo quindici anni di studio della psicologia dei gruppi carismatici contemporanei. Sebbene questo sia un soggetto inusuale della ricerca psichiatrica di oggi, io l'ho trovato molto interessante per l'eccezionale abilità di questi gruppi di esercitare sul pensiero e sul comportamento dei loro seguaci un'influenza spesso maggiore dei nostri più potenti metodi di cura. Comprendere il fenomeno «culto» potrebbe offrirci preziose intuizioni in settori così diversi come la terapia di malattie mentali e la conoscenza della violenza di gruppo.

L'ispirazione per questa ricerca si basa sul lavoro di osservatori che sono riusciti a definire la natura del comportamento di gruppo senza essere distratti dai particolari relativi al rituale o alle circostanze. Il sociologo Max Weber ha disegnato un quadro della leadership carismatica che potrebbe essere usato nelle più svariate culture. Lo psicanalista Wilfred Bion ha usato l'approccio psicodinamico per comprendere i piccoli gruppi, fornendo una conoscenza che andava al di là degli interessi specifici dei singoli membri verso le forze innate che governano l'andamento del gruppo. Il paradigma sociobiologico contemporaneo presentato da Edward O. Wilson ha fornito la base di un approccio che io ho sviluppato con il supporto della biologia empirica, il che costituisce una rassicurante opportunità per un ricercatore medico. Idealmente questo approccio renderà giustizia ai suoi predecessori.

Ho avuto la fortuna di valermi di un aiuto esperto e intelligente per ottenere la disponibilità dei gruppi che ho studiato. Richard Erlich, Bonnie Blair, Kathy Lowrie e Nora Spurgin mi sono stati di grande aiuto in questo sforzo. Ai capi degli stessi gruppi va riconosciuto il merito di avere accettato di sottoporsi a una valutazione indipendente, in particolare a Neil Salonen e a Mose Durst, presidenti, nei loro rispettivi periodi, della Chiesa dell'Unificazione in America.

Purtroppo alcuni appartenenti a questi gruppi contesteranno che i loro movimenti siano stati paragonati ad altri menzionati nel libro. Al contrario, i detrattori potrebbero obiettare che non si sono fatte critiche o condanne. Ai fautori delle due opinioni posso solo dire che questo libro si propone di offrire una conoscenza psicologica del gruppo carismatico. Dall'inizio mi sono reso conto che si doveva evitare di pronunciare sentenze sul merito dei gruppi, allo scopo di studiare i loro princìpi operativi. Così, gruppi molto diversi potevano essere messi a confronto per quanto riguarda i loro processi psicologici e organizzativi, ma non per il valore intrinseco delle loro ideologie o delle loro tattiche.

Sono grato ai miei colleghi e collaboratori per l'aiuto e l'appoggio che mi hanno dato su problemi concettuali e di analisi statistica; in special modo ringrazio Robert Plutchik, Hope Conte, Mark Mizruchi, Peter Buckley, Alexander Deutsch, Richard e Judith Rabkin. Per l'analisi dei dati ringrazio i miei assistenti nella ricerca, Mary Tramontin, Denise Cancellare, Charles Flavio, Virginia Privitar e Luiza Diamond.

Il dipartimento di Psichiatria dell'Albert Einstein College of Medicine di New York è servito come sede per questo lavoro e lì mi hanno aiutato Wagner Bridger, Herman van Praag e Byram Karasu. Ho completato il libro mentre ero all'Università di New York, sotto la direzione di Robert Cancro. Borse di studio e finanziamenti per questo testo e altri collegati sono stati elargiti da: National Institute of Mental Health, National Institute on Alcohol Abuse and Alcoholism, National Institute on Drug Abuse, Commonwealth Fund e The J.M. Foundation.

Mia moglie Wynne è stata paziente e utilissima nel darmi consigli preziosi. Lei, con Cathryn e Margit, mi ha costantemente ispirato.

M.G.

New York
Settembre 1988

In memoria di mio padre

Lo spirito del Signore
investirà anche te e ti metterai
a fare il profeta insieme con loro,
e sarai trasformato in un altro uomo.

I Samuele 10,6

1
IL GRUPPO CARISMATICO

Coloro che si fanno coinvolgere in un culto religioso o in un gruppo politico radicale possono fare cose che disorientano e spaventano i loro amici e familiari. Per esempio, indossano lunghe vesti color zafferano, si radono la testa o danno via l'eredità di famiglia. Possono accettare come probabili mariti o mogli degli estranei che sono a 15.000 chilometri di distanza, dedicarsi all'accattonaggio o semplicemente scomparire. Le loro famiglie si chiedono: «Come è potuto accadere questo? Nulla poteva farcelo prevedere».

Per quanto strane siano queste trasformazioni nel modo di agire e di comportarsi, esse possono essere comprese in termini di princìpi psicologici. A loro volta questi princìpi possono essere spiegati e illustrati da quanto si è recentemente scoperto studiando gruppi apparentemente diversi che condividono una caratteristica «carismatica». I gruppi carismatici sono fortemente coesivi. Essi attribuiscono poteri superiori al leader o alla missione del gruppo e controllano rigidamente il comportamento dei fedeli per mezzo di un comune sistema di dottrine. Fra questi gruppi vi sono culti e sette religiose fanatiche, gruppi molto coesivi di automiglioramento e taluni movimenti di azione politica fra i quali qualche gruppo terroristico.

Tre esempi di esperienze di singoli adepti illustrano l'impatto di tali gruppi, i cosiddetti «culti». Il primo riguarda una giovane donna che intervistai tempo fa.

Dopo avere lasciato il suo ragazzo, Debbie andò via dalla sua casa sulla costa atlantica e frequentò corsi estivi in un *college* in California. Era ottimista, anche se con qualche apprensione, riguardo alla sua imminente avventura. I suoi genitori si auguravano che fosse brava negli studi, come lo era stata alle scuole superiori e al primo anno in un *college* locale. Ma i corsi estivi non erano ancora iniziati quando a lei capitò di fare amicizia con un gruppo di giovani che le proposero di conoscere membri della loro organizzazione informale, avente lo scopo di promuovere «una ecologia sociale e la pace mondiale». In meno di un mese lei passava già tutto il tempo libero con il gruppo. Solo a quel punto le fu spiegato che il gruppo era associato a un piccolo culto religioso con una teologia elaborata e arcana. In breve tempo il capo del gruppo le chiese di adottare le loro stravaganti dottrine e abbandonare gli studi. È interessante notare che lei accettò tutto questo senza esitazione e cominciò a dedicarsi a tempo pieno alla raccolta di fondi per aiutare il culto. Nei tre mesi seguenti i suoi genitori non riuscirono a rintracciarla. Preoccupati, non seppero dare una spiegazione del motivo per cui lei avesse «buttato via» i valori della famiglia e le sue prospettive future. Cinque anni dopo Debbie descrisse quel periodo come difficile ma significativo e considerò gli amici che si era fatta là fra i migliori che avesse mai avuto.

In anni recenti molti giovani hanno avuto esperienze simili. In moltissimi casi né una malattia psichiatrica né una schiacciante pressione sociale spiegano i profondi cambiamenti nella loro vita. La mente di quella giovane donna era stata «catturata» dal gruppo? Nulla ha provato che avessero usato costrizioni fisiche o coercizione psicologica. La ragazza era stata superficiale nei suoi precedenti rapporti? Né la sua famiglia né i suoi amici lo pensavano. Per lei vi fu, evidentemente, qualcosa di estrinseco nell'esperienza di gruppo che esercitò un'insolita e preponderante influenza. Vediamo un altro esempio.

Dopo essersi dato al bere fin dall'adolescenza, Ted divenne un alcolista attorno ai trentacinque anni. Il suo rendimento lavorativo passò da adeguato a irregolare, e infine Ted perse il posto di addetto alle vendite che aveva trovato una volta finiti gli studi. In meno di un anno la moglie lo lasciò, portandosi via il figlio (lui aveva cominciato a picchiarla quando era ubriaco). Nei cinque anni successivi Ted fu ricoverato due volte in ospedale per emorragia gastrointestinale causata dal bere. Nonostante le reiterate esortazioni di medici e familiari, non accettava di moderarsi nel bere rifiutandosi anche di partecipare alle riunioni dell'associazione Alcolisti Anonimi (AA). Una volta, però, accompagnò un amico alcolizzato in cura a una riunione degli AA e, sorprendentemente, accettò di fermarsi, dopo la riunione, per parlare con altri membri. Quando parlai con lui due anni dopo, l'uomo osservò che a quel punto nessuno si curava più se lui fosse vivo o morto; ma non riusciva a immaginarsi che fosse in suo potere cambiare quello stato di cose. Non seppe spiegare bene perché a quel punto avesse accettato di andare alle riunioni degli AA, però continuò a farlo. Dopo due mesi di sedute regolari acquistò la volontà di rimanere sobrio, sebbene lui stesso si chiedesse ancora come aveva fatto a stare lontano dall'alcool anche solo per sessanta giorni, dato che per oltre due decenni la sua vita era stata dominata dal bere. Successivi contatti avrebbero rivelato che AA lo aiutò a conservarsi sobrio anche in seguito.

Abbiamo finito con il considerare l'alcolismo una malattia che riflette un comportamento patologico e un'incapacità fisica. Come può l'influenza sociale, attraverso un'associazione di autosostegno, cambiare così drasticamente questa sindrome? Come può conseguire risultati così incisivi quando famiglia, amici e specialisti sono stati tanto poco efficaci nell'indurre gli alcolisti a cambiare il loro comportamento, perfino quando la malattia sembra portarli alla morte? Come vedremo, il reciproco supporto dei membri dell'associazione Alcolisti Anonimi serve a impegnare gli alcolizzati e a sollecitare la loro accettazione dei valori del gruppo. La combinazione di intensa coesione sociale e di una fede ben radicata e condivisa (fede nell'astinenza, in questo caso) produce tale stupefacente cambiamento comportamentale.

Vediamo un caso diverso. Qui abbiamo un'influenza di gruppo in campo politico.

Nel marzo 1978 un gruppo di giovani rapì Aldo Moro, figura di spicco della politica italiana, ex presidente del Consiglio e potenziale candidato alla presidenza della Repubblica. Mentre l'intero paese aspettava col fiato sospeso, i rapitori lo tennero prigioniero e poi lo assassinarono. Il loro gruppo, che aveva addentellati in tutto il paese, era formato in maggioranza da individui provenienti dalla borghesia. Erano generalmente buoni parlatori, abbastanza colti e desiderosi di promuovere il benessere della gente, almeno secondo loro, eppure non persero nessuna occasione per ferire o uccidere esponenti della classe dirigente del paese.

Come nasce una organizzazione così ramificata e che cosa la tiene unita di fronte alla condanna unanime? Come riesce a inculcare norme di comportamento così devianti nei suoi membri per i quali, prima di entrare nell'organizzazione, l'omicidio doveva pur essere un atto inqualificabile? Quanto a psicologia, ambiente sociale e istruzione questi giovani non differiscono dai loro compagni di scuola che si sono inseriti in un'esistenza convenzionale per quanto concerne la famiglia, il lavoro e la politica. Com'è che una filosofia generica costringe attivisti politici ad abbandonare norme di comportamento profondamente radicate, a sacrificare la vita altrui e rischiare la propria? Entrano in azione meccanismi comuni d'influenza di gruppo in questi vari esempi, sia pure diversi per quanto riguarda i loro obiettivi e i loro risultati personali, sociali e politici?

Che cos'è un gruppo carismatico?

Un gruppo carismatico conta da una dozzina o poco più di seguaci fino a centinaia o migliaia. È caratterizzato dai seguenti elementi psicologici: i seguaci (1) hanno *un sistema comune di fede*, (2) dimostrano un alto livello di *coesione sociale*, (3) sono fortemente influenzati dalle *norme comportamentali* di gruppo, e (4) attribuiscono *potere carismatico (o talvolta divino)* al gruppo o alla sua leadership.

In un gruppo carismatico gli impegni possono essere estorti da sconosciuti in un modo raramente riscontrato in altri ambiti. Anche Freud, che sosteneva la natura irrefrenabile delle motivazioni individuali, parlò a lungo di questa capacità nel suo libro *Psicologia collettiva e analisi dell'Io.*[1] Trattò di queste forze in termini di «reazione primitiva di solidarietà del gruppo» e disse che «qualcosa opera indubbiamente sotto forma di compulsione a fare come gli altri, a rimanere in sintonia con la maggioranza».

Vedremo che la base conoscitiva per questo conformismo è un *sistema di fede comune*. Quando i gruppi hanno una natura religiosa, le loro dottrine sono spesso codificate, ma taluni gruppi hanno appena un orientamento ideologico mal definito. In alcuni culti religiosi, come si è visto nell'esperienza di Debbie, i convertiti vengono introdotti all'ideologia del gruppo soltanto dopo che vi sono entrati. Però, una volta che si sono identificati con l'orientamento generale del gruppo, ne accettano subito le regole di fede non appena vengono spiegate chiaramente.

I seguaci di tali gruppi tendono a preoccuparsi molto del benessere reciproco e si impegnano a fondo in attività comuni. La loro *coesione sociale*, essenziale per l'integrità del gruppo, si riflette nella stretta interrelazione tra l'esistenza del singolo e quella di tutti gli associati. Le riunioni, frequenti, servono da perno per funzioni di gruppo e ne enunciano la coesione. Spesso i fedeli manifestano il bisogno di radunarsi regolarmente per sviluppare attività comuni come piccoli lavori e riti di gruppo, che a loro volta giustificano tali riunioni. Gli associati a gruppi di culto e di autosostegno sono sempre al corrente di quando si terranno i prossimi incontri di gruppo, e li considerano un mezzo per infondere dedizione e coscienza dello scopo. Lo stato emozionale di un seguace potrebbe essere molto vulnerabile all'interruzione di tale routine, cosicché mancare a un incontro di gruppo può generare angoscia. Come osservò un vecchio membro degli AA nel parlare dell'angoscia suscitata in lui dai problemi quotidiani, «fa sempre bene andare a una riunione».

Le *norme di comportamento* di un gruppo carismatico giocano un ruolo non comune nel determinare la condotta dei membri. Per esempio, gli usi riguardo al matrimonio possono cambiare profondamente quando il gruppo adotta un determinato stile di fidanzamento. Questo è emerso in modo eccezionale fra i seguaci di origine americana della Chiesa dell'Unificazione (i «moonisti»). Sebbene provenissero in generale da famiglie tradizionali, essi accettavano di fidanzarsi in cerimonie di massa con partner che non avevano mai visto prima, scelti per loro in quel momento dal reverendo Moon.

I fedeli fanno appello alle norme di gruppo anche quando si trovano in situazioni nuove. Possono reagire in maniera pressoché uguale nei confronti di estranei ritenuti minacciosi — in taluni gruppi, con uno sguardo fisso e assente. Spesso tale tipo di comportamento in una situazione imprevista è scelto con implicita consapevolezza, dato che si basa su un precedente insegnamento del gruppo; altre volte emerge senza una valutazione cosciente. Ho trovato interessante visitare le sedi di associazioni di culto lontane dagli Stati Uniti, dove il tipo di socializzazione, il modo in cui il cibo viene servito e la reazione agli estranei sono uguali a quelli riscontrati in paesi distanti migliaia di chilometri.

I cambiamenti del comportamento possono arrivare a imitare sintomi di malattia mentale. In questi gruppi le esperienze trascendentali, spesso allucinatorie, sono assai comuni. Un compagno morto sta «letteralmente» accanto a un seguace, o un personaggio storico gli porta consigli d'ispirazione divina. Si racconta di intense esperienze emozionali, come euforia o malessere profondi. Tali fenomeni, riscontrabili spesso fra i malati mentali, si verificano in individui che non manifestano altrimenti anomalie psichiatriche.

I *poteri carismatici* sono tipicamente attribuiti ai leader, ma anche al gruppo o alla sua missione. Certi gruppi terroristici di oggi, per esempio, sono considerati dai loro appartenenti come messaggeri di un inevitabile nuovo ordine mondiale — fede sorprendente, dato che la generale accettazione della loro singolare filosofia è così improbabile.

Queste caratteristiche dei gruppi carismatici sono spesso meglio illustrate dai cambiamenti che provocano nel pensiero e nel comportamento di singoli fedeli in singoli episodi. Traggo un esempio dalle mie esperienze di ricerca nella Missione della Luce Divina, un nuovo movimento religioso d'ispirazione induista. Janice, diciottenne americana all'ultimo anno delle scuole superiori, aveva parlato dei suoi problemi a un consulente di questo gruppo durante uno dei loro convegni religiosi. Io ero presente al convegno perché stavo studiando il gruppo e potei intervistare alcuni seguaci al centro di consulenza.

L'atmosfera del centro era molto coesiva; si potevano notare forti sentimenti di cameratismo e una coscienza di fede comune quando i seguaci arrivavano a discutere di una gamma di problemi psicologici. Janice giunse al centro visibilmente angosciata. La consulente con cui parlò non era un medico, ma offriva il suo tempo per il «Servizio», così erano chiamate le buone azioni religiosamente motivate. Mi permise di assistere al suo colloquio con la ragazza.

Appena la consulente iniziò a parlare, Janice scoppiò a piangere, spiegando la sua infelicità e i suoi sentimenti d'impotenza. Accennò soprattutto a come le riuscisse difficile meditare adeguatamente, dicendo del loro guru: «Maharaj Ji mi ha dato la Conoscenza ma io non riesco a vedere la sua luce». Questo era molto importante per lei, disse, perché non poteva essere una *premie* («amante di Dio»), cioè una seguace del culto, senza quella esperienza trascendentale, raggiungibile con un'adeguata meditazione. Era, inoltre, turbata perché si sentiva obbligata a «servire» di più il guru onde compensare la propria inadeguatezza a meditare. Il modo migliore per farlo sarebbe stato quello di fare nuovi proseliti ma lei, riferì fra le lacrime, era troppo spaventata per avvicinare le persone.

La consulente ascoltò queste espressioni di angoscia, dando implicitamente un aiuto con la sua presenza e con il suo contegno. Si comportava in modo conforme all'atmosfera del centro di consulenza; era empatica, perfino affettuosa, e accennò a problemi simili di meditazione che altri fedeli avevano sperimentato di tanto in tanto. Valutò la situazione dalla posizione di forza delle dottrine trascendentali del gruppo e non minimizzò il bisogno di un'adeguata meditazione o Servizio. Tuttavia diede a Janice degli esempi per indicarle come si potevano superare problemi simili ai suoi con la piena devozione al guru, e la rassicurò che non occorreva eseguire una sproporzionata quantità di Servizio in quel momento. Disse che l'angoscia si sarebbe forse risolta con un rito chiamato *darshan*, un incontro con il guru in persona, dove tali difficoltà sono spesso rimosse. Seguì questo dialogo.

CONSULENTE: Ora dimmi come ti senti verso i *premies* con cui mediti.
JANICE: Naturalmente sono molto vicina a loro. Sono così importanti per me, come fratelli e sorelle.
CONSULENTE: Dunque ora sai che quando sei con loro tu confermi la Conoscenza di Maharaj Ji. Partecipi ai *satsung* [sermoni religiosi] con loro, e andrai anche al *darshan*. Sai che Maharaj Ji farà in modo che tu sia fedele, e questo ti darà sollievo.
JANICE: Sì. *Hai* ragione.

A quel punto la ragazza, come molti altri guariti dalla fede, era calma e visibilmente rassicurata, perfino serena. Chiesi alla consulente come interpretasse la sua angoscia. Cercò di spiegarlo ricorrendo a una risposta semplice, come un professionista parlerebbe a un profano. «Lei aveva in qualche modo perduto la Conoscenza. Questo capita spesso. Non sapeva come raggiungere la via di Maharaj Ji». Ciò fu detto più come fatto letterale che come metafora, un'espressione del ruolo carismatico del loro capo.

Più tardi potei parlare con Janice. La ragazza aveva una relazione con un uomo sposato, più vecchio di lei, più o meno nell'epoca in cui era entrata nel gruppo. Quando lui la lasciò due mesi prima che lei cercasse consiglio al centro, Janice cadde in preda a una forte depressione, abbandonò ogni relazione sociale e non riuscì più a concentrarsi negli studi. A quel punto ebbe anche difficoltà a meditare, chiaramente a causa dell'angoscia connessa con lo stato depressivo. Questo non fece che alimentare il suo senso di colpa e probabilmente prolungare la reazione depressiva che altrimenti sarebbe, forse, regredita. Cominciò a sentire il bisogno di fare più Servizio per il gruppo, in parte per espiare la relazione sessuale, e anche perché si considerava inadeguata come fedele della setta. Di queste cose non aveva parlato con nessuno. Sentiva che la sua condotta era stata contraria ai princìpi del gruppo e se ne vergognava.

La genesi delle difficoltà meditative di Janice mi sembrò

abbastanza chiara, ma lei non era riuscita a vedere da sé qual era la situazione. Si noti che il problema della sua relazione finita poteva anche non essere messo in discussione con la consulente della Luce Divina perché la coesione del gruppo e la natura esplicativa del suo dogma (Conoscenza di Maharaj Ji) erano implicitamente accessibili anche senza una maggiore esplorazione. Queste forze di gruppo si mobilitarono per rimuovere i suoi sentimenti di colpa.

Parlai con Janice il giorno seguente dopo una prolungata seduta di CONOSCENZA, un'esperienza religiosa tenuta a un folto gruppo di seguaci secondo un principio del guru, e le chiesi come si sentisse. Disse che la consulente

> aveva ragione nel sostenere che Maharaj Ji poteva offrirmi altri mezzi per servirlo. L'ho capito oggi, quando ero con tutti i *premies*, la saggezza di Maharaj Ji mi toccava e quanto facevo era giusto... È chiaro che tutto si risolverà; la Conoscenza è di nuovo in me.

Questa ragazza era piombata nell'angoscia, accentuata dai suoi *sentimenti di distacco* dal gruppo, e manifestamente sollevata e poi guarita grazie a una rinnovata coesione. Le norme di comportamento stabilite dal gruppo furono usate per costruire la sua «cura», e il problema si risolse definitivamente con il suo impegno a perseguire l'obiettivo carismatico del gruppo: la «Conoscenza» o illuminazione divina.

Una prospettiva di ricerca

La psicologia di coloro che aderiscono a una setta non è mai stata attentamente indagata. In anni recenti, tuttavia, l'interesse scientifico per tali gruppi e la nostra capacità d'indagare sul loro impatto emozionale sono progrediti notevolmente. Per valutare questa nuova prospettiva, dobbiamo rivedere i precedenti studi.

Sebbene Freud scrivesse della natura contagiosa dei gruppi coesivi, il suo contributo in questo campo non conobbe la fortuna di quelli sulla psicologia individuale. I suoi studi sull'inconscio e sull'importanza delle esperienze della prima infanzia sono stati approfonditi notevolmente, ma le sue teorie sulle esperienze di gruppo non sono state ampliate da psicologi e psichiatri. William James si rese conto della mancanza di attenzione scientifica per l'impatto che tali esperienze hanno almeno due decenni prima che Freud trattasse dell'influenza di gruppo. Nel 1902 questo fondatore della psicologia moderna scrisse una severa critica dell'ignoranza professionale a proposito della psicologia dell'affiliazione religiosa.

> Il materialismo medico liquida san Paolo definendo la sua visione sulla via di Damasco un attacco convulsivo della corteccia cerebrale occipitale, essendo lui epilettico. Liquida santa Teresa come isterica, san Francesco d'Assisi come affetto da tare ereditarie.[2]

Perché il richiamo di James all'aspetto psicologico di tali fenomeni religiosi non riscosse una maggiore attenzione? La domanda può essere posta in altro modo con riferimento alla nostra tesi. Se il gruppo carismatico è un fenomeno distinto, governato da princìpi psicologici, perché ha stimolato così pochi studi sistematici? Perché non si è sviluppato un insieme coerente di osservazioni e di princìpi esplicativi che desse un senso alle esperienze dei suoi membri? Le ragioni di questa trascuratezza riflettono gli atteggiamenti contemporanei verso la ricerca psicologica e i nostri limiti nella comprensione e nello studio della base biologica del comportamento sociale. Innanzitutto consideriamo i «tipi» d'indagine scientifica.

Inutile dire che l'indagine scientifica è modellata dal pregiudizio sociale. In casi estremi tale pregiudizio viene addirittura imposto dalla costrizione violenta dell'autorità sociale. Più comunemente rispecchia disattenzione verso prospettive alternative. Il paradigma contemporaneo della ricerca psicologica si basa su una ben controllata quantificazione del comportamento osservabile. Esso è strettamente collegato a una filosofia della scienza enunciata dal filosofo e scienziato David Hume circa due secoli fa.

> Se prendiamo in mano, per esempio, un qualsiasi volume di teologia o di metafisica scolastica, domandiamoci: contiene qualche ragionamento astratto concernente quantità e numero? No. Contiene qualche dimostrazione sperimentale su cose pratiche ed esistenza? No. Allora diamolo alle fiamme: perché non può contenere niente altro che sofismi e illusioni. [3]

Da questo atteggiamento verso la scienza empirica deriva il valore che diamo all'osservazione quantificabile di fenomeni naturali misurabili. In psicologia questo incoraggia la tendenza a studiare fenomeni psicologici che possono essere riprodotti e misurati in un ambiente controllato, non necessariamente quelli che sono più intensamente coercitivi. Questo approccio generale ha dato frutti nel campo della psicologia, come nelle opere di Pavlov, Watson e Skinner. Inutile dire che questi ricercatori non studiarono le esperienze dei gruppi carismatici nei loro laboratori.

In realtà, la comunità scientifica che si basa sulle esperienze di laboratorio diffida da molto tempo della natura soggettiva delle deduzioni in campi in cui non è facile condurre studi formali, controllati. Di conseguenza quale approccio scientifico si confà ai gruppi carismatici? Una prospettiva, derivata dalla teoria evoluzionistica [4] e divulgata da Edward Wilson, è la sociobiologia, [5] che applica i princìpi dell'evoluzione, l'etologia (studio del comportamento animale) e la genetica allo studio delle interazioni sociali.

I genetisti della popolazione hanno evidenziato che la sopravvivenza nell'arco di generazioni di tratti comportamentali biologicamente fondati dipende dai tratti stessi più che dalla persona che li manifesta. Un tratto comportamentale può persistere se migliora la capacità di sopravvivenza di *parenti* della persona che ha gli stessi geni per quel tratto. [6] Quindi l'affiliazione e l'altruismo sociali diventano aspetti importanti di evoluzione. Nei miei studi ho cercato d'indagare sulla natura del comportamento affiliativo [7] per poi confrontarlo con comportamenti osservati da antropologi [8] ed etologi [9] per capire come modelli di affiliazione di gruppo si evolvessero e continuassero.

Il mio primo studio delle sette carismatiche fu condotto sulla Missione della Luce Divina, un gruppo d'ispirazione induista che venerava un guru bambino. Tra i seguaci dei gradi superiori trovai una forte coesione sociale e anche un minor livello di sintomi di angoscia nevrotica dopo l'adesione al gruppo. Vi era un rapporto fra queste due osservazioni: esisteva una marcata correlazione fra il grado di affiliazione al gruppo che il fedele sentiva e il sollievo dall'angoscia che avvertiva entrandovi.

In seguito studiai l'adesione e l'appartenenza al gruppo dei seguaci del reverendo Moon («moonisti») e rilevai che adepti potenziali acquistano molto rapidamente un alto grado di coesione sociale durante le fasi iniziali dei seminari introduttivi. Inoltre, il benessere psicologico dei seguaci attivi era direttamente proporzionale alla più o meno stretta affiliazione al gruppo, così com'era sentita, in termini di legami sociali con altri membri e di accettazione dei dogmi del gruppo.

Si potrebbe quindi concludere che gli affiliati a gruppi carismatici provano sollievo dalla loro angoscia nevrotica non appena entrano a farne parte e che il mantenere tale sollievo (cioè un senso di benessere psicologico) dipende dall'intensità del loro rapporto con il gruppo: se in qualche modo si dissociano, provano angoscia; se restano legati, conservano il loro benessere psichico. Questo «effetto sollievo» serve a rafforzare il coinvolgimento dei seguaci nel gruppo e accresce continuamente la loro accettazione della fede del culto, ricompensandoli per esservisi conformati. Come vedremo, le testimonianze antropologiche ed etologiche indicano che tali comportamenti affiliativi e tali pulsioni biologicamente fondate migliorano la capacità di un gruppo di adattarsi e sopravvivere.

Una diversa prospettiva scientifica — *un approccio sistemico* — può essere usata per analizzare struttura e funzionamento di un gruppo. [10] Guardando un sistema, non chiediamo innanzitutto che cosa stimoli il singolo membro ad agire. Diciamo invece: «Come vengono soddisfatti i bisogni del *gruppo* dal comportamento complessivo osservato nei suoi adepti?».

Da questo punto di vista molte osservazioni di comportamento individuale possono sintetizzarsi in un modello che ci aiuti a meglio comprendere le motivazioni. Potremmo considerare il comportamento di questi individui quando è generato dai bisogni del gruppo sociale, anche se può apparire in senso contrario ai loro interessi e alla loro personalità. Questo ci consente di vedere come possano essere fortemente influenzati a conformarsi alle necessità del sistema per stabilizzarsi e realizzare obiettivi più vasti.

Molti anni fa vidi un eccezionale esempio di come questa influenza faccia sì che l'impatto degli eventi in un gruppo si diffonda in un altro. Una domenica di novembre del 1978 un titolo a caratteri cubitali su «The New York Times» diceva: *Il tributo di morti in Guyana è di almeno 900 americani, con 260 bambini fra le vittime nella comune.* Divenne subito chiaro che nell'ultima settimana una situazione strana e spaventosa, di proporzioni storiche, si era verificata fra i seguaci di Jim Jones, leader del culto. Un suicidio in massa di cittadini statunitensi era avvenuto nell'isolato villaggio sudamericano dove i seguaci di quel gruppo si erano autosequestrati. Paradossalmente, Jones era un pastore protestante che fino a pochi mesi prima era stato uno stimato membro della comunità religiosa della zona di San Francisco.

Ebbi qualche incertezza su come collegare questa tragedia con i moonisti, di cui studiavo le tecniche di proselitismo. I moonisti stessi erano stati oggetto di una controversa indagine da parte del Congresso degli Stati Uniti ed erano assai vulnerabili alle ansietà che la pubblica opinione nutriva sul problema dei culti. Erano stati paragonati a ogni movimento deviante che i testimoni parlamentari fossero in grado di segnalare.

Solo pochi giorni prima, intervistato su quanto era avvenuto in Guyana da un periodico nazionale, [11] ero stato riluttante a infangare inavvertitamente i nuovi movimenti religiosi, vulnerabili e meno minacciosi, associandoli a quei bizzarri eventi, in quanto mi sembrava che le circostanze relative al Tempio del Popolo di Jim Jones fossero uniche. (Particolarmente importante fu il prolungato isolamento dei seguaci di Jones nella foresta, senza nessun feed-back dall'esterno del gruppo per contraddire le idee paranoidi che lo stesso Jones aveva infine sposato.)

La vulnerabilità dei moonisti all'opinione pubblica, in tale frangente, fu confermata quella stessa mattina quando telefonai al loro centro sui monti che circondano San Bernardino in California, dove presto sarebbe iniziato il mio studio sulle loro pratiche di proselitismo. Il coordinatore del centro riferì con preoccupazione che i genitori di cinque partecipanti ai seminari erano venuti in auto da Los Angeles per portare via i loro figli, temendo che andassero incontro a un funesto destino. Una famiglia si era fatta accompagnare dalla polizia locale, e i capi del centro avevano ritenuto saggio, in quelle circostanze, aderire alle richieste dei genitori, anche se non ravvisavano una giustificazione legale per portare via quei seguaci che non erano né minorenni, né soggetti a coercizione, né mentalmente incapaci.

Più tardi quel giorno, quando entrai nella sede della Chiesa dell'Unificazione (questo è il nome ufficiale del movimento del reverendo Moon) a Manhattan per prendere gli ultimi accordi amministrativi per il mio studio, mi chiesi se qualche onda riflessa avesse già colpito il gruppo. Si apprestavano ad affrontare attacchi pubblici contro la loro setta? Conoscevo il giovane al banco delle informazioni e osservai che sarebbe stata una sfortuna se gli eventi di Jonestown fossero stati usati contro la sua Chiesa. Lui disse: «È triste che sia successo a loro. Ma nessuno paragonerebbe noi a quel gruppo terribile».

Andai di sopra chiedendomi perché quel giovane potesse dire una cosa del genere e trovai un'atmosfera calma. Fu presto evidente che non si sentivano toccati dagli eventi di Jonestown. Parlando poi con i fedeli in generale e con i direttori di alcune sezioni della Chiesa, fu ulteriormente chiaro che dalla dirigenza non era venuta alcuna direttiva circa l'atteggiamento che il gruppo doveva adottare sui fatti di Jonestown. I moonisti, che funzionano come un sistema sociale integrato, avevano sviluppato più o meno una prospettiva psicologicamente difensiva. Il loro rifiuto delle implicazioni che potevano derivare dall'affare di Jonestown apparentemente proteggeva il gruppo dal pericolo di vedersi attribuire somiglianze fra la loro struttura di pseudo-culto e quella del Tempio del Popolo. Un seguace mi fornì la sua opinione sui detrattori del gruppo, pur razionalizzando quali critiche potessero essere mosse.

Non abbiamo affatto bisogno di discutere di questo con loro. Si appiglierebbero a ogni piccola cosa che possano scovare per criticarci. Comunque, se c'è una cosa da fare qui [nella Chiesa], è che ognuno di noi faccia ciò che vuole. Il reverendo Moon non ci condurrebbe mai fuori strada in nessun caso, grazie al suo Principio Divino.

In breve, conclusi che si preferiva accantonare il problema. I seguaci di questo sistema sociale erano arrivati ovviamente a un consenso che assicurava soprattutto l'equilibrio del sistema, sopprimendo l'autoesame potenzialmente minaccioso.

Su tale base possiamo considerare il modo di agire di un gruppo carismatico a orientamento religioso in relazione a un aspetto unico della teoria dei sistemi — il ruolo del feed-back fra i componenti del sistema. Il gruppo deve lottare per preservare la propria integrità e farsi accettare o almeno tollerare dalla società in generale, poiché esso costituisce tipicamente una minoranza piccola e deviante. Di fronte ai fatti di Jonestown i moonisti con cui parlai erano chiaramente indotti a sopprimere qualsiasi implicazione minacciosa. Quasi fosse preordinata, il sistema assunse «inconsciamente» una posizione che ne assicurava la stabilità. Dovette evitare il feed-back implicito nella constatazione che la Chiesa dell'Unificazione potesse somigliare al Tempio del Popolo. In maniera simile operano i gruppi carismatici per realizzare i propri obiettivi. Incorporando i bisogni di affiliazione dei seguaci nel sistema sociale del gruppo, essi creano una forte unità sociale capace di esercitare una notevole influenza su pensieri e azioni dei seguaci stessi.

Gruppi fortemente religiosi, quasi-religiosi e politici si formano comunemente per raggiungere obiettivi pratici. Alcuni si occupano della disparità fra l'angoscia dei seguaci e il loro desiderio di appagamento tramite strumenti spirituali. Altri offrono la liberazione da una tossicodipendenza mal gestita dalla comunità medica. Altri ancora alleviano le insopportabili conseguenze di una forte oppressione sociale. Influenzare il corso di questi gruppi, o farli andare verso fini costruttivi, può dipendere in ultima analisi dalla nostra buona o meno buona conoscenza della loro psicologia di fondo.

PARTE PRIMA

FORZE NEL GRUPPO CARISMATICO

Pochi di noi sanno veramente comprendere il comportamento della gente nell'ambito di un gruppo. Arriviamo a una «competenza» pratica sulla natura umana basandoci sugli scambi sociali giornalieri, ma questi avvengono principalmente con singoli individui piuttosto che con gruppi. Un bambino comincia ad apprendere le relazioni umane quando si rivolge alla madre per strapparle un favore, e un giovane imita il comportamento del suo insegnante, cercando di valutare quale dovrebbe essere il proprio. Da adulti noi abbiamo a che fare principalmente con singoli: una donna studia un collega di lavoro per ottenerne la collaborazione, poi, tornata a casa, non sa spiegarsi perché suo marito sembri turbato.

Sviluppiamo modelli operativi di comportamento umano basati su come gli individui sono stimolati, risolvono problemi, reagiscono con rabbia, si aspettano apprezzamento. Questa prontezza di percezione conoscitiva viene difficilmente abbandonata quando il centro dell'interesse si sposta dal singolo al gruppo.

Per illustrare questo punto rifacciamoci a dei tentativi d'influenzare gruppi più vasti di persone. Solo gli attori più consumati hanno sviluppato la capacità di stare sulla scena e interpretare i mutevoli umori del pubblico in modo da percepire le forze che agiscono nell'ambiente di gruppo. È un eccezionale oratore pubblico colui che sa stimolare una grande folla, come lo è lo psichiatra che sa mettere a punto una strategia per ottenere un effetto terapeutico in un gruppo di cinquanta pazienti, o per distogliere l'interesse di un grande gruppo da problemi che creano conflitto. Acquistare tali abilità richiede una ripetuta esposizione a situazioni non comuni che danno alla gente l'opportunità di fare pratica e imparare.

Pochi hanno l'opportunità d'imparare di prima mano i princìpi che governano le motivazioni di un gruppo carismatico. E quelli che l'hanno devono forse operare più per intuito che non studiando questi gruppi in un ambiente controllato, scientifico. Quindi non è sorprendente che la nostra conoscenza delle forze psicologiche operanti in tali gruppi abbia avuto uno sviluppo lento, certamente più lento di una comparabile conoscenza di individui. Ci mancano i mezzi per «interpretare» queste forze, per prevedere le motivazioni del gruppo.

Le forze psicologiche che modellano il gruppo carismatico fortemente affiliato non sono adeguatamente esaminabili nell'ottica della psicologia individuale, sia essa quella dell'uomo della strada, del clinico, o del ricercatore. Devono, invece, essere comprese partendo dalla prospettiva del gruppo nel suo insieme; se ben comprese, queste forze hanno il pregio di essere vincolanti, quasi percettibili. Includono coesione di gruppo, fede condivisa e coscienza alterata.

2

COESIONE DI GRUPPO

Può definirsi coesione di gruppo il risultato di tutte le forze che agiscono sui seguaci per mantenerli impegnati nel gruppo.[1] Quando la coesione è forte, i partecipanti operano per conservare l'impegno dei compagni, proteggerli da minacce e garantire la sicurezza di risorse comuni. Con una coesione debole vi è meno preoccupazione per il potenziale scioglimento del gruppo o per la perdita della sua caratteristica identità, e l'azione comune è meno probabile.

La coesione di gruppo[2] è presente nei raggruppamenti informalmente strutturati, come le combriccole di adolescenti che fanno di tutto per stare insieme, anche quando vengono separati di forza dai genitori. Esiste anche in quelli formalmente strutturati, come le squadre sportive professioniste o unità militari i cui componenti si sobbarcano grandi sacrifici per aiutarsi l'un l'altro nella comune missione, specialmente quando devono affrontare un avversario. Nei gruppi meglio organizzati, tuttavia, la coesione non si caratterizza per l'opposizione o per grandi drammi; in un'organizzazione del tipo chiamato «fraternità» (logge, confraternite e così via), per esempio, i membri si riuniscono regolarmente per scambiarsi esperienze e offrirsi reciprocamente assistenza materiale.

Un modello clinico

Due ambienti di gruppo attirano in particolare l'attenzione dei clinici: famiglie e gruppi in terapia. In entrambi una raccolta di osservazioni empiriche mette in risalto l'impatto della coesione di gruppo sulla funzione psicologica dei membri, e, sebbene tanto le famiglie quanto i gruppi in terapia siano più piccoli dei gruppi carismatici, essi dimostrano il potente ruolo che questa forza psicologica può esercitare nel formare sentimenti, atteggiamenti e comportamenti.

Cominceremo a trattare del problema della coesione riesaminando alcuni studi sui rapporti in famiglie fortemente unite, e per questo dobbiamo affidarci soprattutto a osservazioni cliniche. Il concetto della «differenziazione dell'io», sviluppato da studiosi della famiglia come Murray Bowen e Lyman Wynne, [3] ci aiuta a spiegare l'interazione fra individuo e famiglia, e può essere valutato indipendentemente da diagnosi, classe sociale, bagaglio culturale della persona. A un'estremità di questa scala sta l'individuo fortemente differenziato, caratterizzato da autonomia e perfino spiccato individualismo. All'altra estremità i rapporti familiari mostrano fusione emozionale e incapacità di formulare giudizi critici a causa del bisogno di assicurare l'armonia con gli altri.

La fusione emozionale nelle famiglie è simile alla coesione di gruppo nel suo amalgama d'identità e nelle sue funzioni decisorie. Si riscontra nei grandi gruppi carismatici e nelle famiglie, perché i componenti di entrambi possono essere molto dipendenti l'uno dall'altro e contare eccessivamente sui compagni per un supporto emozionale e decisorio. [4] Questo si riscontra anche in certe famiglie turbate, incapaci di tollerare disgregazioni nell'equilibrio di rapporti fra i propri componenti. Per esempio, se uno psichiatra si sforza di cambiare un modello apparentemente innocuo d'interazione con la famiglia, in un modo o nell'altro tale modello si ristabilirà al più presto; ciò avviene senza alcuna formale intesa fra i membri della famiglia, come se esistesse una struttura dominante di cui non sono consapevoli.

Prendiamo, per esempio, Ann, una ventiduenne disoccupata che viveva con la madre divorziata e fu ricoverata in ospedale per un episodio psicotico acuto. Il suo caso illustra l'intensa mutualità e la mancanza di differenziazione riscontrabili in una famiglia patologicamente coesiva. Sua madre l'aveva portata al Pronto soccorso dopo che tra loro era scoppiato un acceso diverbio, durante il quale Ann era diventata incontrollabile; pretendeva di sigillare le finestre dell'appartamento per proteggere sé e la madre da gas venefici. Ann, inoltre, sentiva le voci di minacciose figure che l'avvisavano dei piani orditi dai vicini di casa per uccidere lei e sua madre.

Ann e suo fratello, più giovane di un anno, fin dalla fanciullezza avevano avuto intensi rapporti ambivalenti con la madre, ma tre anni prima il fratello si era arruolato nell'esercito, sperando di liberarsene. Madre e figlia passavano quasi tutto il tempo insieme, sole, ed erano ciascuna l'unica fonte di sostegno sociale per l'altra. Poco dopo la partenza del fratello, le due donne cominciarono a manifestare sintomi di psicosi delirante, cosa notevole perché fu completamente condivisa da madre e figlia. Questa *folie à deux* aveva suscitato in loro la convinzione che i vicini di casa complottassero per ucciderle, facendo filtrare gas venefici nel loro appartamento. Le due donne impegnavano molto del loro tempo nel tentativo di sventare questa eventualità, tappando eventuali fessure nei muri e osservando attentamente gli andirivieni dei vicini.

La crisi corrente era peggiorata con il ritorno del fratello dal servizio militare. Il legame di Ann con la madre era minacciato e la ragazza cadde in uno stato incontrollabile. La sua relazione con la madre era diventata così intensa che una possibile rottura del rapporto minacciava la sua stessa sanità mentale, dato che la sua percezione del mondo circostante era arrivata a fondarsi su quel rapporto. Cominciò ad avere allucinazioni e ad aggredire fisicamente la madre, assicurandosi così una maggiore attenzione da parte sua, dato che la madre tentava di sedarla.

Il successivo ricovero ospedaliero fu caratterizzato da una rivalità fra la madre e il personale medico, perché l'una e l'altro gareggiavano, per così dire, per assicurarsi la fedeltà di Ann, offrendo le rispettive cure. Il trattamento medico fece cessare le allucinazioni, ma il delirio di persecuzione di Ann diminuì più lentamente. La madre incoraggiò l'attaccamento di Ann verso di lei portandole innumerevoli confezioni di frutta conservata, carne in scatola e bevande, cose che mettevano in difficoltà il personale infermieristico.

Le condizioni di Ann si stabilizzarono presto e i medici, non avendo alternative da proporre, pensarono di rimandarla a casa. Si suppose che il delirio di persecuzione, come le allucinazioni, si fosse risolto grazie alla terapia, dato che tutti e due i sintomi erano regrediti. Tuttavia, quando fu interrogata assieme a sua madre prima di essere dimessa, Ann ricominciò a parlare dei pericoli presenti in famiglia, subdolamente incoraggiata dalla madre, e un mese dopo madre e figlia condividevano di nuovo la stessa psicosi delirante, sebbene Ann non manifestasse più allucinazioni e violenza. Il loro stretto legame servì evidentemente a ristabilire la prospettiva alterata.

Una famiglia del genere, quantunque patologica, illustra come l'equilibrio di gruppo si ristabilisca di fronte a una minaccia esterna. In questo caso la minaccia fu il ritorno del fratello e poi l'intervento e l'assistenza di estranei, cioè il personale ospedaliero.

Conservare un'intensa interrelazione è essenziale anche in un culto religioso. Il culto può reagire in modo simile alla potenziale disgregazione della propria stabilità sociale quando, per esempio, il leader diventa manifestamente alienato. Un buon esempio è stato fornito da Alexander Deutsch nel suo studio su trenta seguaci di «Baba», un americano che si era proclamato guru.[5] Il culto era nato nei primi anni Settanta non molto tempo dopo il ritorno di Baba da un viaggio spirituale in India, quando lui si sedeva ogni giorno su una panchina di Central Park a Manhattan. I suoi seguaci — «La Famiglia», come si facevano chiamare — mangiavano, cantavano, meditavano e veneravano il loro capo in quel parco. Parlavano anche di profondi legami con lui e fra di loro. Per la filosofia di Baba era essenziale il concetto del «liberarsi», intendendo con ciò che i suoi seguaci dovevano rinunciare a desideri, ambizioni e sensi di colpa mondani per raggiungere l'unità con Dio. Tuttavia, Baba non parlava, ma si esprimeva a gesti, un sistema personale comprensibile soltanto tramite il suo interprete.

Dopo pochi anni, dietro sollecitazione di Baba, il gruppo si trasferì in campagna. Sebbene quel cambiamento, effettuato con successo, riflettesse devozione al gruppo, presto Baba cominciò a mostrare segni di deterioramento mentale. Il suo mutismo fu sempre più autistico e il linguaggio mimico adottato divenne frammentario, tanto che i suoi fedeli non erano più in grado di comprenderlo. Cominciò ad agire stranamente. Per esempio, utilizzò una forte somma, tolta dalle modeste risorse del gruppo, per comprarsi una vasca per l'idromassaggio, sebbene non ci fosse elettricità nella zona in cui abitavano. Bastonò ripetutamente alcuni seguaci del culto e sottopose delle donne a violenza sessuale.

Tutto questo avrebbe dovuto causare una notevole difficoltà alla stabilità del gruppo, ma per tutto il periodo la «Famiglia» di Baba rimase relativamente salda e mantenne la sua stretta coesione. I seguaci condivisero le risorse, alcuni offrirono consistenti beni personali al loro guru. Né il trasferimento nella comunità rurale, né gli stenti, né l'alienazione mentale e il comportamento violento di Baba riuscirono a separarli.

Si adattarono alla situazione, compromettendo il loro senso della realtà ma conservando la sottomissione al capo e la coesione del piccolo culto. Continuarono a insistere nel dire che la guida di Baba era benevola e il suo cammino semplicemente un «arduo viaggio» che richiedeva molta fede e forza d'animo. Paradossalmente sostennero perfino che lui era un modello di libertà e che il suo bizzarro comportamento indicava come lui non fosse ostacolato da limitazioni socialmente imposte. Non negavano che Baba potesse essere «matto», ma insistevano nel dire che questo lo avvicinava di più all'espressione di una «energia divina» e che, con il suo comportamento, «insegnava loro una lezione». Quando una donna era violentata da Baba, il gruppo concludeva che lei era rimasta troppo attaccata alla sua castità. Si disse che l'acquisto della *Jacuzzi* illustrava l'importanza di liberarsi del denaro.

Tanto la «Famiglia» di Baba quanto la famiglia di Ann riflettono la dinamica dell'eccessiva reciprocità nella patologia familiare. Entrambe ebbero bisogno di conservare coesione e interdipendenza per rimanere stabili di fronte a minacce interne ed esterne. Questo portò a un consenso distorto, a un punto di vista scambievolmente sostenuto che permise di mantenere l'equilibrio. Il consenso unanime fu ottenuto negando la realtà e razionalizzando la loro comune prospettiva. Per certi gruppi la realtà diventa meno importante della preservazione dei reciproci legami.

L'aberrante manifestazione di coesione sociale riscontrata in famiglie patologiche (e, in minor grado, in quelle normali) ha paralleli nei gruppi di psicoterapia. I modelli contemporanei di terapia di gruppo devono molto a Wilfred Bion, uno psicoanalista inglese, il quale ha evidenziato che un gruppo può essere mosso da forze latenti, solitamente sconosciute ai suoi membri. Quando guidava i suoi primi gruppi di terapia sperimentale, Bion preferiva tacere, facendo soltanto occasionali commenti interpretativi. Non forniva una guida, o quasi, al fine di osservare le forze psicologiche operanti in seno al gruppo. Punto focale di queste forze era il vivo desiderio dei membri di affidarsi al capo e restare vicini tra loro. Non agendo per soddisfare questo bisogno ed evitando un attivo ruolo di guida, Bion fece sì che i bisogni inappagati del gruppo emergessero sempre di più man mano che cresceva il livello di ansietà,[6] riflettendo la forza della coesione sociale.

Bion osservò che un gruppo opera simultaneamente su due livelli: «compiti» (funzioni pratiche come: «Quando si terrà la prossima riunione?» o «Chi si occuperà di riscaldare adeguatamente la stanza?») e «presupposti basilari» (pulsioni inconsce come la dipendenza che esercita una pressione sul leader perché soddisfi le aspettative del gruppo di essere tenuto insieme e guidato). A un dato momento i presupposti basilari possono influenzare la natura delle interazioni del gruppo e il suo comportamento impostato sui compiti. Così una decisione pratica del gruppo di riorganizzare il programma di lavoro potrebbe essere compromessa dal timore dei seguaci di vedere minacciata la loro sicurezza nel gruppo.

Per il tirocinio clinico dei terapeuti di gruppo, A.K. Rice della Tavistock Clinic ha messo a punto alcuni esercizi che fanno luce sulla dinamica di grandi gruppi guidati da istruttori-«consulenti». Con nessuna o scarsa guida strutturata entro questi gruppi di tirocinio, gli istruttori hanno scoperto comportamenti sorprendenti. Per esempio, alcuni partecipanti diventavano, talvolta, fortemente ostili a piccole preoccupazioni di gruppo. Rice ha commentato così il bisogno di una struttura coesiva:

> Senza un ideale astratto o un nemico esterno, i suoi confini sono difficili da definire; senza confini, e quindi senza neppure una struttura elementare, l'azione è impulsiva e di conseguenza potenzialmente pericolosa... In questo clima emozionale i membri si rivolgono agli psichiatri per essere rassicurati sul fatto che possono almeno controllare la violenza; temono, ed è una paura condivisa dagli psichiatri, che anche loro saranno incapaci di agire abbastanza prontamente o saggiamente da evitare un disastro.[7]

Nei gruppi carismatici i leader non esprimono tale paura. Incanalano, invece, queste forze iniziali onde formare, usando le parole di Coser, «una bramosa istituzione». Tali «istituzioni» ricercano una lealtà esclusiva e indivisa. Riducono i ruoli sociali disponibili per i seguaci a quelli offerti dal gruppo. Formano «bozzoli sociali» che aiutano a trasformare le identità dei seguaci, costringendo il gruppo all'isolamento sociale, ideologico o fisico.[8]

L'osservazione di Freud sulla psicologia di gruppo e sulle pressioni che spingono i singoli a una risposta consensuale e irrazionale è qui particolarmente appropriata. L'evoluzione di una folla, notò Freud, si basa su una compulsione nella gente di fare come gli altri, di «rimanere in sintonia con i più».[9] Questo presenta una promessa e una minaccia.

Una setta religiosa carismatica: la Missione della Luce Divina

Un'amicizia favorì il primo incontro con sette contemporanee o nuovi movimenti religiosi [10] e servì a evidenziare il ruolo influente della coesione nel plasmare il comportamento dei gruppi carismatici. Conoscevo Beth [11] da dieci anni e ci eravamo tenuti in contatto, pur abitando in città diverse. La sua vita privata era stata distrutta dal divorzio e dal trasferimento in un'altra università come docente. Poco dopo rinunciò a una promettente carriera accademica per dedicarsi alla filosofia di un guru adolescente, arrivato negli Stati Uniti l'anno prima; infine, si trasferì in una comunità di seguaci del guru. Come aveva potuto adottare uno stile di vita così deviante dopo avere passato i suoi anni adulti in università liberali?

Il gruppo nel quale entrò, la Missione della Luce Divina, fu introdotto negli Stati Uniti nel 1971 da un indiano tredicenne, discendente da una famiglia di santoni indù; i fedeli credevano nel ruolo messianico del ragazzo. La Luce Divina non era dissimile da tante sette d'impostazione orientale che emersero negli Stati Uniti in quel periodo. Assieme ad altri di orientamento neo-cristiano, questi gruppi costituirono il nerbo dell'emergente fenomeno dei culti, o, a seconda della terminologia che si preferisce adottare, dei nuovi movimenti religiosi. La presentazione che Beth mi fornì della Missione della Luce Divina mi condusse a una serie di studi su questi movimenti.

Storia della setta

Al pari di molti gruppi di orientamento indù, la Missione della Luce Divina ebbe origine come pratica religiosa in India. Fu fondata nel 1960 da Shri Hans Maharaj Ji, padre del guru Maharaj Ji ed ex membro del Radhasoami Satsang Beas, uno dei tanti movimenti religiosi di origine Sikh dell'India settentrionale. Ognuno di questi movimenti operava in modo autonomo ed era diretto da un capo considerato dagli affiliati un *satguru* (maestro perfetto) il cui compito era quello di guidare i seguaci lungo il cammino verso Dio.[12]

Maharaj Ji era il più giovane dei quattro figli di Shri Hans Ji, e anche da bambino partecipava con la famiglia ai programmi religiosi tenuti in pubblico. Date queste premesse, riscuoteva una grandissima attenzione presso i fedeli di suo padre e viveva nel lusso.[13] Quando il padre morì, Maharaj Ji aveva otto anni e fu scelto per guidare la setta al posto dei suoi fratelli maggiori, grazie al suo eccezionale talento nel tenere omelie religiose.

In pochi anni la setta cominciò a mandare *mahatma* (apostoli) all'estero per predicare l'ispirata missione del giovane guru e, all'età di undici anni, Maharaj Ji andò a Londra. Due anni dopo fece un viaggio negli Stati Uniti su invito di diversi *premies* (seguaci) americani che avevano ricevuto la Conoscenza (illuminazione) in India. Il giovane guru visitò diverse città e fu favorevolmente accolto da molti giovani che sperimentavano allora lo sradicamento della passata epoca di controcultura con le sue ribellioni all'autorità costituita. Viaggiando, cominciò ad attirare un seguito.

Maharaj Ji ritornò in India per occuparsi dei seguaci della Missione nel suo paese, ma un anno dopo ripartì per gli Stati Uniti e creò una sede nazionale a Denver. In pochi mesi centinaia di giovani americani accettarono l'invito del guru a ricevere la Conoscenza e volarono con lui in India, su diversi «jumbo» appositamente noleggiati, per un raduno chiamato *Hans Jayanti*. Al loro arrivo, furono condotti all'*ashram* (comunità religiosa) della famiglia dove restarono diverse settimane.

A quell'epoca circa un migliaio di proseliti era già entrato a far parte di una dozzina di comunità della Luce Divina di Denver,[14] e ben presto diventarono diverse migliaia in tutta la nazione. Coloro che risiedevano nella comunità dedicavano tutto il tempo al gruppo, svolgendo un ruolo attivo nello sviluppo di un'organizzazione nazionale per il guru. Lo studio che effettuai allora fornì un profilo dei seguaci della setta,[15] rivelando che erano tipicamente scapoli/nubili (82%), bianchi (97%), di età compresa fra venti e trent'anni (73%). La distribuzione di cattolici (32%) e protestanti (44%) non era molto diversa da quella riscontrabile nella popolazione generale (38% e 57% rispettivamente), ma vi era una maggiore incidenza di ebrei (21% contro il 2%).[16] I devoti venivano in prevalenza da famiglie borghesi, come indicava la grande maggioranza di coloro che avevano frequentato l'università (76%), e avevano uno o entrambi i genitori laureati (71%). Tipica del gruppo era la presenza di giovani appartenenti alla classe media, molti dei quali avevano piantato l'università per entrare nella setta.

Quali erano i cerimoniali di pratica religiosa di questo movimento emergente? I potenziali proseliti venivano solitamente introdotti alla Missione della Luce Divina in una seduta chiamata *satsang*, dove fedeli già esperti presentavano la filosofia della setta al gruppo radunato davanti a loro. Il *satsang* poteva essere destinato a seguaci attivi o a chi aveva soltanto un interesse casuale. Era una specie di discorso polemico infarcito di parabole e, siccome i partecipanti erano individui svegli e colti, quelle dissertazioni tendevano a essere avvincenti, in quanto mescolavano mitologia indù e filosofia occidentale.

Dopo essere stato per un certo periodo a contatto con il gruppo, un potenziale seguace poteva avvicinare un *mahatma* della setta. I *mahatma* erano devoti indiani che erano nella setta da molto tempo, incaricati dal guru di iniziare i neofiti. Sebbene i loro discorsi fossero spesso oscuri, essi conferivano un'aura di trascendenza all'iniziazione. Nella cerimonia d'iniziazione il *mahatma* fregava gli occhi dei nuovi iniziati, producendo una sensazione luminosa che era percepita come luce divina. Dopo di ciò gli iniziati erano chiamati *premies*, o seguaci del guru.

I *premies* facevano quattro tipi di esperienza meditativa durante i periodi giornalieri di riposo silenzioso, stando a occhi chiusi. Nella prima meditazione visualizzavano una luce, descritta come reale e intensa. Nella seconda gustavano il «nettare», ritenuto un fluido purificatore che scendeva dal cervello alla gola,[17] infine pronunciavano la «parola», ritenuta una vibrazione primordiale che sta alla base di ogni esistenza. Queste meditazioni venivano eseguite con grande zelo.

Compiere il «Servizio», cioè delle opere buone, era per la setta una necessità, e tenere il *satsang* era un tipo di Servizio, perché portava altri a sentir dire che la conoscenza era accessibile. Altri Servizi includevano l'aiutare a organizzare conferenze per i *mahatma* e l'acquisizione di nuovi proseliti. I *premies* potevano abitare negli *ashram* per dedicarsi più completamente al Servizio, ma operavano anche spesso fuori dell'*ashram*, per un tempo più o meno lungo, e davano una consistente parte del loro reddito — talvolta tutto — al movimento. Praticavano anche il celibato, il vegetarianismo e frequenti meditazioni. Questa esistenza ascetica era focalizzata sulla loro missione religiosa più che sul piacere o il guadagno personali.

Nel 1973 la setta affittò lo Houston Astrodome per celebrare l'avvento della pace mondiale e del rinnovamento religioso. La cerimonia, chiamata «Millennium '73», fu propagandata come «l'evento più significativo della storia umana». I fedeli furono fatti affluire da oltremare e il raduno fu pesantemente pubblicizzato, facendo appello a ogni genere di mass media. Il clou della celebrazione fu la presenza di Rennie Davis, uno dei famosi «sette di Chicago» arrestato per aver contestato la guerra in Vietnam, diventato da poco un *premie*. Lo stadio si riempì solo in parte; molte delle aspettative, come l'arrivo della pace mondiale, non si concretizzarono, e tutta l'iniziativa lasciò i membri del movimento disillusi e indebitati.

Il guru, dal canto suo, era sempre più affascinato dagli allettamenti della società americana. In fondo era ancora un adolescente e si divertiva a spruzzare crema da barba sui compagni, che definivano tali birichinate un segno della sua «letizia celestiale». Cominciò a vestirsi all'occidentale e adottò un lussuoso stile di vita, sistemandosi in un palazzo e facendosi portare in giro su una limousine.

Poco dopo sposò la sua segretaria, un'attraente americana assai più anziana di lui. Lo fece contro il volere della madre, e l'evento provocò uno scisma nella famiglia, portando alla scissione del ramo americano della setta religiosa dal nucleo principale radicato in India, dove rimasero sua madre e i fratelli. La madre gli revocò il titolo di *satguru*, un atto che lui ricusò. Maharaj Ji si mise a predicare contro il tradimento della sua famiglia di cui si riteneva vittima, esponendo i suoi argomenti sotto forma di parabole tratte dalla mitologia indù. Anche in America il matrimonio provocò costernazione, specialmente tra i *premies* negli *ashram* che avevano praticato il rigido celibato dettato dal guru stesso. Forse una buona metà di quei membri abbandonò la setta a causa di quell'evento. [18]

Maharaj Ji spostò la sua sede da Denver a Miami senza fornire spiegazioni, causando un grave disorientamento fra i seguaci superstiti, molti dei quali decisero comunque di seguirlo. A Miami si distaccò ulteriormente dalla tradizionale impronta indù della setta e diede un indirizzo meno attivo ai seguaci. Agli inizi partecipava a convegni religiosi circa una volta al mese in un teatro affittato dove si radunavano 500-600 seguaci, poi cominciò a farsi vedere sempre meno ed era raro che visitasse gli *ashram* della comunità. Ciò nonostante Maharaj Ji era ancora considerato dai suoi seguaci una figura divina. Il movimento sembrava aver raggiunto il suo apice d'espansione e di popolarità, e negli anni successivi molti a poco a poco lo abbandonarono. Alcuni, che avevano interrotto studi o carriera, cominciarono a cercare una più stabile identità nella comunità di Miami. Trovando una sistemazione, si inserirono sempre di più nel ruolo tradizionale di giovani lavoratori e giovani genitori, pur mantenendo il rispetto per il guru e l'affetto per gli altri seguaci.

Nel 1984 Maharaj Ji, con moglie, quattro figli e un consistente patrimonio, si trasferì un'altra volta, insediandosi nella ricca comunità di Malibu nella zona ovest di Los Angeles, ma non chiese ai suoi *premies* di seguirlo. Sebbene continuasse a fare occasionali tournées spirituali, non partecipò a molti dei raduni religiosi tenuti in suo nome. Il decrescente nucleo dei suoi fedeli, per lo più ancora a Miami, non sembrava però deluso dalla mancanza di coerenza della setta e spesso la spiegava paradossalmente come esibizione di forza del messaggio spirituale del leader; continuò le meditazioni, anche se queste diventarono una realtà più personale, praticata meno frequentemente e in forma più privata.

Incontri iniziali

Il mio primo incontro con la Missione della Luce Divina avvenne quando Beth mi invitò a visitare un *ashram* nel periodo di espansione del gruppo. Lei pensava che la setta sarebbe stata un interessante soggetto di studio per uno psichiatra, poiché taluni seguaci avevano trovato sollievo da seri problemi emozionali quando vi erano entrati. Beth riteneva che il suo gruppo avesse messo in luce un vasto settore di funzioni mentali che la psichiatria ignorava.

L'atmosfera dell'*ashram* era davvero eccezionale. Entrando in un grande appartamento dell'Upper West Side di Manhattan, fui ricevuto in maniera amichevole, anche intima, da persone che per me erano dei perfetti estranei. Il forte spirito associativo risultava evidente a prima vista e sembrava essere un elemento essenziale della funzione del gruppo. Si intuiva un'intimità fra i presenti, e mancavano quelle piccole tensioni che ci si aspetterebbe di trovare in un ambiente ristretto in cui abitavano circa venticinque persone. In un dormitorio universitario, in una caserma militare o in un campeggio estivo si avverte quasi subito una certa dose di ostilità, ironica o polemica. Tutto questo sembrava mancare nell'*ashram*. Sollecitudine e intimità, riflesso della coesione del gruppo, parevano placare ogni espressione di animosità.

Ricevetti parole gentili, offerte di cibo, manifestazioni d'interesse e caldi sorrisi, tutto da persone che non avevo mai visto. Le domande trovarono risposte pronte, talvolta anticipate. Essendo stato invitato da una seguace e temporaneamente considerato uno di loro, ebbi la sensazione di entrare in un involucro rassicurante, di essere protetto dai ruvidi spigoli delle relazioni nel mondo esterno.

Per illustrarmi quanto fosse terapeutica la sua nuova

esperienza religiosa, Beth mi parlò di Janet, una seguace di ventisei anni, il cui caso dimostrava il ruolo vitale giocato dai vincoli sociali nell'ambito del gruppo nello stabilizzare condizione e comportamento soggettivi dei fedeli. In seguito trovai conferma dei dettagli parlando con la donna stessa e con i suoi parenti e amici. Dopo aver subìto diversi ricoveri ospedalieri in piena età adolescenziale, Janet era stata diagnosticata schizofrenica. L'avevano sottoposta a svariati trattamenti, generalmente con neurolettici in dosi da modeste a massicce. Nonostante questo, la ragazza andava sempre soggetta a intermittenti crisi allucinatorie, a scoppi di violenza incontrollata e a comportamenti inappropriati. Quando non era in ospedale, Janet abitava con gli sfortunati genitori, ed era molto esigente e facilmente agitata dalla loro presenza. I genitori, incapaci di metterla in condizione di vivere una sua vita indipendente, erano contenti che la figlia conservasse almeno degli amici, alcuni dei quali conosciuti in ospedale. Di tanto in tanto, quando il suo precario equilibrio si spezzava, apparivano vistosi sintomi psicotici, come deliri di persecuzione, e il suo comportamento imprevedibile rendeva spesso necessario un nuovo ricovero in ospedale. Nel periodo più tragico della malattia, temendo che fossero i suoi occhi la fonte di visitazioni demoniache, Janet arrivò ad accecarsi con le proprie mani.

Le sue palpebre incavate, e un successivo esame fisico, confermarono tale racconto, prova di un comportamento incontrollabile ben più convincente che non i ricoveri e i tentativi di cure con psicofarmaci. Ma ora Janet si comportava bene, benché non prendesse medicine da quando era entrata nel gruppo, tre anni prima. Durante la mia prima visita lei conversò con i compagni, apparentemente di buonumore, e fu in grado di raccontarmi la sua storia. Disse che si sentiva rilassata con gli altri *premies* e che non aveva avuto più sintomi psicotici da quando era lì, eppure aveva visto la «luce divina» durante la meditazione, un'esperienza comune ad altri seguaci.

Osservandola e parlando con altri affiliati, vidi chiaramente come il gruppo non solo le dimostrasse affetto e sostegno, ma stabilisse chiari modelli per il suo comportamento sociale. Questo avevano tentato di fare i suoi genitori senza riuscirci. Impegnata nella struttura coesiva del gruppo, lei si sentiva obbligata a conformarsi alle aspettative dei compagni, un processo che faceva arrestare la spirale di comportamento regressivo che a casa sfociava regolarmente in uno stato psicotico. Tale dinamica fu illustrata dal commento di un amico e compagno: «Quando lei si irrita o si lamenta, la informo che non è quello il modo in cui i *premies* dovrebbero comportarsi. Lei sa che noi ci interessiamo del suo benessere e che il nostro rimprovero è fatto con amore». Infatti i compagni non la lasciavano sola per lunghi periodi, anche se lei non si avvicinava a loro.

L'atmosfera protettiva e la sensazione d'intimità sembravano avere un forte impatto sullo stato mentale di taluni seguaci, specialmente quelli come Janet. In un certo senso la setta esercitava sulle persone affette da turbe psichiche un'influenza che la psichiatria convenzionale non riusciva ad avere. Creando un rapporto di vicinanza e di sostegno, la setta cambiava totalmente il pensiero e il comportamento di tali seguaci.

Ma questo era vero anche per i seguaci privi di turbe psichiche. Beth, per esempio, era stata profondamente cambiata. Prima di aderire alla setta era una persona molto intelligente e capace, che eccelleva nello studio senza grande sforzo. Spirito indipendente, aveva assunto un ruolo guida nel movimento pacifista alla fine degli anni Sessanta, eppure quando, pochi giorni prima della mia visita all'*ashram*, cenò con me, pareva impassibile, distaccata da tutte le preoccupazioni terrene. Solo quando parlò del suo nuovo impegno prese ad animarsi. Disse della luce divina che vedeva realmente, del sacro nettare che gustava, della musica divina che sentiva. Sotto l'influenza del gruppo Beth aveva acquisito un atteggiamento mentale totalmente opposto alle sue attitudini precedenti. Questa evoluzione mi sembrò non meno sorprendente di quella di Janet, dato che le due donne erano state trasformate nel comportamento, nei sentimenti e nelle percezioni.

Pochi mesi dopo cominciai a studiare questo interessante

fenomeno. Mi avvalsi dell'aiuto di Peter Buckley, un collega dell'Albert Einstein College of Medicine; facemmo interviste e ideammo un questionario per valutare due punti: primo, la liberazione da angosce psicologiche avvenuta entrando nel gruppo; secondo, il grado di coesione sociale avvertito dai seguaci nei confronti del movimento. Ipotizzai che esistesse una relazione fra il sollievo emozionale percepito e la fedeltà al gruppo.

Lo studio fu condotto alla periferia di Orlando, in Florida, a una festa nazionale della Missione della Luce Divina, uno degli incontri organizzati regolarmente per dare ai seguaci l'opportunità di un contatto personale (*darshan*) con il guru. Per l'evento, che sarebbe durato una settimana, avevano affittato un vasto terreno. I fatti dimostrarono come la coesione del gruppo venisse mobilitata quale potente forza sociale e come i non appartenenti venissero esclusi.

Quando circa 5.000 giovani adulti si radunarono per i preparativi, l'atmosfera di attaccamento era quasi palpabile. Si trattavano l'un l'altro con familiarità, anche se si erano conosciuti pochi istanti prima. Come minimo si può dire che quello non era un luogo di lavoro impersonale. Rappresentava una rete di persone che si affrettavano ad aiutarsi a vicenda e cercavano tutti i modi per favorire l'impegno comune di rendere la festa un'esperienza da condividere, una cosa preziosa per tutti.

Come gruppo, i seguaci parevano venuti da un campus universitario tra i migliori: svegli, non troppo curati né ben vestiti, erano vivaci, gioviali, impegnati nell'impresa comune. Alcuni montavano tende; altri vendevano opuscoli religiosi e spille con il ritratto del guru, della moglie americana e del loro figlioletto. Alcuni si occupavano del cibo; altri si aggiravano con un'aria di viva trepidazione. Non si vedevano tracce di pigrizia, impudenza, marijuana, birra, musica forte o amoreggiamenti — tutti segni distintivi di un tipico raduno di ventenni.

La struttura amministrativa aveva un che di informale, almeno in quell'occasione, ma non si notava alcuna disorganizzazione. Gli oratori si rivolsero al gruppo da una grande piattaforma che galleggiava sulle acque di un laghetto. Il programma si svolse senza inconvenienti, un po' cantando per il guru («He's Got the Whole World in His Hands», «Tutto il mondo è nelle sue mani»), un po' ascoltando i vari leader che celebravano il *satsang*.

La coesione di gruppo si estendeva a chiunque fosse ritenuto accettabile, purché venisse dato il giusto segnale. E siccome Beth aveva una posizione di rispetto nel gruppo e aveva dato il suo «okay» per il mio collega e me, fummo accettati. Dopo essere stati presentati alle persone giuste, fummo salutati calorosamente e trattati come se fossimo due di loro. Tutti si offrirono di aiutarmi quando cominciai a interrogare vari organizzatori sulla strategia da seguire. Era possibile scegliere persone a caso dagli elenchi degli iscritti per sottoporre loro il questionario? Il modo si sarebbe trovato, dopo che avessi discusso con loro delle varie possibilità. Occorreva spazio per permettere ai soggetti scelti di sedersi tranquillamente a riempire i formulari di ricerca? Qualche soluzione sarebbe stata escogitata. Ben presto ci trovammo tutti seduti in cerchio a parlare di esperienze di reciproco interesse, perfino di lontane conoscenze comuni.

Vedemmo anche il rovescio della medaglia: come il gruppo definiva e proteggeva i propri confini fra i seguaci e il mondo esterno. La demarcazione poteva essere tracciata esattamente, un po' come le gocce di mercurio si aggregano separandosi da ciò che le circonda, o come dei familiari fanno fronte comune impedendo agli estranei l'accesso nei loro affari privati. La nostra condizione cambiò bruscamente da interna a esterna quando un membro del settore amministrativo, più diffidente, mi chiese se il progetto era stato «approvato» dagli anziani della Missione. In mancanza di una precisa risposta, la nostra legittimità divenne discutibile. Benché non fosse troppo chiaro in che consistesse l'approvazione, una richiesta fu prontamente inoltrata alle alte sfere della gerarchia della Luce Divina e — con mia sorpresa e dolore — perentoriamente respinta.

I seguaci che avevo conosciuto ritirarono le loro offerte di amicizia, fornendo una dimostrazione pratica dell'esclusione da un gruppo coesivo. Mi sentii presto una non-persona, trattato civilmente ma con freddezza, essendo diventato un estraneo con la stessa rapidità con cui ero diventato uno di loro. Le persone che avevano gravitato attorno a noi per darci una mano ora trovavano imbarazzante fare conversazione. Sembrava che guardassero non noi ma *attraverso* noi.

Sul finire del giorno arrivò, inaspettata, l'approvazione e ci fu detto che la decisione era stata presa ad «altissimo» livello, presumibilmente dopo che era stato consultato lo stesso guru. Accoglienza e offerte di aiuto si manifestarono con rinnovato calore. Una rinata aria d'intimità, che parve scatenarsi automaticamente, improntò le nostre conversazioni.

Questa esperienza illustra la notevole mobilitazione di supporto che un tale gruppo coesivo può produrre, informalmente o con formale approvazione, nonché la forza del suo controllo sulle azioni. L'ideologia della setta conferisce alla struttura di controllo una legittimità che penetra negli strati decisori del singolo, provocando il comportamento sancito dal gruppo. In nessun momento dell'episodio di Orlando vi fu una significativa diversità negli atteggiamenti tenuti verso di noi. Ogni seguace aderì al consenso e quindi assicurò l'unanimità. Come nella famiglia di Ann, questa forte reciprocità rifletteva il bisogno di sicurezza di fronte al mondo esterno percepito come una minaccia, e la necessità d'impedire un conflitto interiore. L'accordo negli atteggiamenti e nelle opinioni serve a proteggere l'integrità del gruppo come sistema sociale.

In seguito, durante la festa, chiesi di interrogare persone che avevano avuto problemi psichiatrici o di droga, sperando che costoro potessero aiutarmi a chiarire l'influenza della setta su tali sintomi, nonché la funzione del suo intenso impatto sociale nel mediare il loro cambiamento psicologico. Venne fuori Ellen, una trentaquattrenne divorziata, impiegata part-time, con cinque figli che lei aveva molto trascurato per tutto il tempo in cui era stata afflitta da problemi psichiatrici e di droga. Tali problemi parvero ridimensionarsi quando lei si associò alla Missione della Luce Divina. La sua storia illustra due punti. Primo: come molti altri adepti, Ellen fu attirata verso un gruppo carismatico in un momento di crisi psicologica, quasi a cercarvi aiuto per far fronte alla propria estrema angoscia; secondo: il sostegno e la struttura offerti dalla setta le consentirono di fare appello alle proprie risorse psichiche. Lei usò la forza del gruppo come un Io ausiliario per riconquistare la stabilità emozionale.

Sette anni prima, Ellen aveva cominciato a drogarsi e prendeva da dieci a quindici capsule di barbiturico al giorno. Quando vennero di moda le droghe psichedeliche, cominciò a usare l'Lsd e in seguito passò a vari oppiacei: morfina, *Demerol*, eroina e metadone acquistato illegalmente. Il suo vizio divenne molto costoso e per quattro anni si mantenne esercitando la prostituzione. Mentre era sulle montagne russe della droga, fu ricoverata spesso per problemi psichiatrici, a volte per pochi giorni, a volte per settimane, e in quelle occasioni spesso spacciava di nascosto eroina nell'ospedale.

La disperazione che causava quei ricoveri la portò a diversi tentativi di suicidio. Ellen negò di avere mai avuto allucinazioni e non evidenziò un formale pensiero delirante. Cosa importante, riferì che il suo umore migliorava quando lei lasciava l'ospedale, spesso senza avere fatto cure antidepressive. Questo caso, con la sua presentazione un tantino istrionica, lasciò l'impressione che Ellen non fosse affetta da una grave sindrome depressiva. Pensai che potesse avere un iniziale squilibrio della personalità, con comportamento impulsivo e autodistruttivo, e scarse capacità di lottare; gli episodi che l'avevano portata in ospedale erano stati scatenati dalla droga e dalla tensione indotta dall'ambiente.

A un certo punto, disperando di potersi disintossicare dall'eroina e sottrarsi alla conseguente necessità di prostituirsi, Ellen chiese di essere curata con il metadone, terapia che le permise di stare lontana da altre droghe e dall'ospedale per oltre un anno. Ma la donna, non accettando costrizioni di alcun genere, non gradiva l'obbligo, richiesto dal programma, di sottoporsi a frequenti controlli in clinica. Come tanti pazienti trattati con il metadone, Ellen scambiò la sua ritrovata stabilità per vera capacità di far fronte alle tensioni del vivere quotidiano. Volendo «dirigere la propria vita», si ritirò dal programma a base di metadone e di lì a poco cominciò a fumare marijuana in abbondanza e di nuovo tornò ai barbiturici. Disse: «Usavo qualsiasi cosa pur di stare lontana dall'eroina».

Il ricorso alle droghe aumentò rapidamente e Ellen ricominciò a bucarsi. Terrorizzata da una probabile gravissima ricaduta, lasciò la natia Filadelfia e volò in Colorado, sperando che la vita in campagna la salvasse da un più grave deterioramento. Non fu così, e lei continuò a drogarsi, vivendo in strada.

Dopo un mese in Colorado, Ellen conobbe dei seguaci della Missione della Luce Divina. Si sentì subito a suo agio e in breve apprezzò la loro devozione religiosa. Volle entrare a far parte del gruppo per liberarsi da un profondo senso di desolazione. Ogni giorno andava al loro *ashram* dove era accolta affettuosamente, cominciò a ridurre l'uso di droga e si sforzò di meditare. Sebbene vivesse sola, si sentì parte di una «comunità unita nell'amore». E dieci mesi dopo, quando la incontrai, disse che fumava mezzo spinello solo di tanto in tanto.

Parte della mia conversazione con Ellen dimostrò quale ruolo avesse giocato per lei la coesione di gruppo.

M.G.: Come ti sentivi quando ti iniettavi eroina in Colorado?
ELLEN: Ero terrorizzata, ma sentivo anche di essere tornata da un amico, uno che mi avrebbe guarito i sentimenti feriti ma che mi teneva nelle sue grinfie. Sapevo di non potermi controllare...
M.G.: E i *premies* come ti hanno aiutata?
ELLEN: Quando imparai a conoscerli, mi resi conto che mi volevano bene. Strinsero amicizia con me e fu come se mi tenessero nelle loro braccia. Quando sentivo il bisogno di farmi di eroina, o di fumare [marijuana], sapevo che loro mi erano vicini per aiutarmi a starne lontana, anche se io ero sola. E la loro forza era là per me, prima ancora che imparassi a meditare. Contavo sulla loro mano invisibile, mossa dalla saggezza di Maharaj Ji, per aiutarmi a recuperare il controllo.
M.G.: Che cosa facevano?
ELLEN: Dopo un po' *ogni cosa* che facevano mi comunicava che

ero legata a loro. E sentire il loro affetto era proprio ciò di cui avevo bisogno.

La sindrome di tossicodipendenza che Ellen aveva quando arrivò in Colorado era seria, e scarsa la probabilità di non ricadere in pieno nell'eroina. Una fuga geografica generalmente serve a poco. Soltanto un esiguo numero di pazienti che, come lei, sono prigionieri della droga e mescolano oppiacei ad altre sostanze riesce a uscire da sé dalla schiavitù. La descrizione fatta da Ellen del forte sostegno trasmessole dai seguaci della Luce Divina faceva pensare a una dipendenza alternativa. La sua fede nel gruppo per avere la forza di affrontare lo stress della vita quotidiana era pari alla fede che aveva riposto nella droga. Entrambe la aiutavano a tenere testa al conflitto, sacrificando però l'azione indipendente.

La setta aveva influito in modo eccezionalmente positivo sulla tossicodipendenza di questa donna, con risultati che le nostre terapie psicologiche non ottengono. Che cosa genera tale influenza? Possiamo cominciare a rispondere alla domanda ricordando quanto già detto in questo capitolo sulla famiglia e sul gruppo di terapia citati. Ulteriori conoscenze vennero dai nostri studi dei seguaci della Luce Divina a Orlando.

Uno studio sulla coesione di gruppo

Lo studio oggettivo del comportamento in gruppi carismatici non è impresa semplice, e due sono i problemi che complicano questa ricerca: i preconcetti del ricercatore e la carenza di metodologie disponibili. Il fatto che il ricercatore sia prevenuto rispecchia la natura stessa dei gruppi carismatici. Tali gruppi conservano le loro opinioni anche di fronte a evidenze contrarie e, come abbiamo appena visto, lo fanno con una mutualità che è indipendente dall'evidenza contraria. Essi tendono anche a suscitare opinioni contrarie e animosità nella comunità circostante, la quale potrebbe essere non meno prevenuta verso una setta ignota. Di conseguenza, il ricercatore è quasi sempre costretto ad assumere una posizione che è in accordo o in contrasto con quelle assunte dal gruppo carismatico. Per esempio, talvolta i miei studi sulle sette carismatiche furono criticati perché denotavano che mi ero fatto «abbindolare» dai moonisti; altre volte gli stessi studi vennero invece giudicati una prova dell'uso delle mie «credenziali professionali per screditare» questi gruppi. [19] Una spassionata via di mezzo non è facile da trovare.

Il secondo problema sta nel concepire una valida metodologia. Dovemmo adattare approcci e tecniche tratti da una varietà di discipline, comprese psichiatria, psicologia sociale, antropologia e sociologia. Inoltre, le domande dovevano essere spesso preparate in modo da far uso della metodologia disponibile, piuttosto che di quello che poteva essere più interessante da studiare. Per esempio, nell'iniziare la mia ricerca a Orlando, ero interessato soprattutto a esaminare la più importante psicopatologia riscontrabile fra i seguaci della Luce Divina. In poche parole, la setta non poteva essere studiata in maniera controllata perché non disponevamo di dati di riferimento affidabili per le categorie diagnostiche relative. Invece dovemmo usare una scala più generale di adattamento psicologico.

In senso più ampio, la scelta di un idoneo contesto nel quale studiare l'interdipendenza dei membri di un gruppo carismatico presenta anche un rilevante paradosso. I fenomeni di gruppo osservati fra i seguaci — forte intimità, sentimenti intensi e fede — difficilmente si ricreano in laboratorio. Tuttavia, tante sono le variabili del mondo reale che interferiscono con i fenomeni da studiare che osservarli fuori dell'ambiente del laboratorio, senza ampi controlli, esporrebbe i ricercatori a un carosello di problemi esterni, per non parlare della loro soggettività.

Questo paradosso è illustrato dalla mia precedente ricerca sull'influenza del contesto sociale sull'uso e l'abuso di droga. Alcuni volontari, in un ambiente di laboratorio, fumarono sia marijuana vera sia marijuana placebo sia una «falsa» droga all'inizio di una serie d'incontri di gruppo sotto controllo medico. [20] L'ambiente controllato era, però, troppo artificiale per creare il grado di coesione solitamente associato all'uso di droga. Restava l'interrogativo: come fare un'efficace valutazione dell'interdipendenza di gruppo senza rinunciare ai necessari controlli.[21]

Fuori del laboratorio, studi sui riti *peyote* della Native American Indian Church nel sudovest degli Stati Uniti[22] mostrano che la coesiva struttura sociale della tribù è strettamente integrata nell'esperienza religiosa che si ha quando l'allucinogeno viene preso nel contesto di una comunità molto unita. Tale contesto religioso non può chiaramente riprodursi in una maniera *ad hoc*, ma possiamo supporre che gli stretti legami siano un veicolo efficace per trasformare una esperienza allucinogena potenzialmente distruttiva in qualcosa di costruttivo e terapeutico.[23]

In quale ambiente si può meglio studiare il ruolo dei legami sociali che sorgono naturalmente in una setta religiosa? L'accesso alla Missione della Luce Divina mi offrì l'opportunità di analizzare la coesione di gruppo in modo sistematico, controllato, e nel suo ambiente naturale. Specificatamente, si poteva fare una valutazione statistica del rapporto fra certe variabili quali coesione di gruppo e altri dati dello stato emotivo dei seguaci. A questo riguardo la setta offrì un «esperimento naturale».

Per condurre una simile analisi occorreva un ampio campione di soggetti, e quindi non era possibile puntare soprattutto sulle interviste data la carenza di personale. Mettemmo a punto un questionario di sette pagine a scelta multipla e ne distribuimmo copie a 119 soggetti che erano seguaci attivi della Missione della Luce Divina, scelti a caso negli elenchi dei partecipanti alla festa.*

Nel compilare il questionario dovemmo occuparci di certi problemi tecnici. Uno era la necessità di scegliere sintomi che evidenziassero la malattia o la salute mentale e tali da poter essere indagati nel ristretto spazio del formulario. Alcuni metodi di valutazione delle principali malattie menta-

---

* I seguaci di gruppi carismatici acconsentono facilmente a riempire lunghi questionari, purché la loro direzione approvi. Ho rilevato, tuttavia, che in gruppi meno obbedienti i tipi umani più indipendenti possono dare al ricercatore un'infinità di guai.

li, come lo SCL-90,[24] hanno limitata specificità e sono piuttosto lunghi. Era meglio usare una scala che si basasse su sintomi sofferti da una notevole fetta della popolazione, come ansietà, depressione, pensieri suicidi. Poiché dovevamo accertare la percezione che i soggetti avevano del loro stato psicologico prima e dopo essere entrati nel gruppo, occorreva un questionario breve e facile da riempire in base all'esperienza dei soggetti in più periodi della loro vita.

Per una breve scala *ad hoc* ci sembrò meglio sviluppare dei quesiti con una validità oggettiva, cioè che riflettessero chiaramente i sintomi di determinati disturbi psichici. Questo approccio contrasta con le scale psicologiche di riferimento come il Minnesota Multi-Phasic Personality Inventory (MMPI), una classificazione largamente usata ma assai lunga la cui validità è stata collaudata su grandi gruppi di persone con varie diagnosi psichiatriche. Ognuna delle domande del MMPI (paragonabile a «Mi piace collezionare francobolli») non ha, però, in sé un ovvio rapporto con i sintomi misurati dal test.

La Tabella 2-1 mostra gli elementi presi in esame per questa «Scala dei disturbi psichici», che ogni interpellato doveva valutare da 1 («niente affatto») a 5 («moltissi-

Tabella 2-1. **Scala dei disturbi psichici (e relativi sintomi)**

I soggetti dovevano indicare se avevano sofferto di stati d'animo del genere, con una classificazione da 1 («niente affatto») a 5 («moltissimo»).

1. Mi sentivo nervoso e teso [angoscia]	( )
2. Mi sentivo depresso e triste [depressione]	( )
3. Meditavo di porre fine alla mia vita [idee di suicidio]	( )
4. Avevo la sensazione di essere osservato o che gli altri parlassero di me [idee di riferimento]	( )
5. Non mi era chiaro che cosa fare della mia vita [anomia]	( )
6. Avevo problemi con il lavoro, a scuola, o con la giustizia [comportamentale]	( )
7. Udivo voci che altri non udivano [udire voci]	( )
8. Problemi emozionali interferiscono con il mio adattamento alla vita [disadattamento emozionale generale]	( )

mo»).[25] Il punteggio totale per gli otto sintomi indicava l'entità dell'angoscia psicologica. I soggetti dovevano quantificare ogni sintomo in quattro periodi di due mesi ciascuno: a) quando si erano sentiti nelle condizioni peggiori; b) appena prima di prendere contatto con la Missione della Luce Divina; c) immediatamente dopo essersi uniti al gruppo; e d) nel momento attuale. Questo avrebbe permesso di comparare la loro valutazione del disturbo psicologico avvertito prima e dopo essere entrati nella setta.

Oltre al problema psicologico, fu studiata una seconda variabile «conseguente», il ricorso alla droga. Furono elencate sei droghe comuni, e ai soggetti fu chiesto di indicare con quale frequenza facessero uso di ciascuna droga, durante i predetti quattro periodi di due mesi, sempre applicando una graduatoria da 1 («mai») a 5 («più di una volta nella maggior parte dei giorni»).

Le risposte furono poi messe a confronto con specifici aspetti dell'appartenenza al gruppo per verificare fino a che punto il gruppo potesse aver portato cambiamenti psicologici e nell'uso di droghe. Furono presi anche in considerazione la coesione di gruppo, quale prevedibile agente del cambiamento, e altri elementi, quali la pratica meditativa, di cui parleremo in seguito.

La coesione di gruppo fu misurata sulla scala della Tabella 2-2, adattata dal precedente studio sull'uso di marijuana e interazione sociale. Furono registrati i sentimenti coesivi di un seguace verso tre diversi gruppi: i dieci membri della setta che il soggetto conosceva meglio; tutti i membri della setta; e i dieci non-membri che il soggetto conosceva meglio. Si evidenziò così un contrasto fra i sentimenti di affiliazione dei soggetti verso persone all'interno e all'esterno del gruppo.

Risultati dello studio

L'indagine portò a scoperte rivelatrici per quanto riguardava la psicologia del gruppo carismatico. Primo, le informazioni fornite dai membri evidenziavano un'attenuazione

Tabella 2-2. **Scala di coesione sociale**

I soggetti dovevano valutare i loro sentimenti verso il gruppo per ciascun quesito, con una classificazione da 1 («niente affatto») a 5 («moltissimo»).

1. Queste descrizioni quanto si applicano al gruppo?	
a. S'interessa di me	( )
b. È contento	( )
c. È diffidente verso di me [punteggio negativo]	( )
2. Come descriveresti i tuoi sentimenti verso il gruppo?	
a. M'interessa	( )
b. Mi rende felice	( )
c. Lo vedo con diffidenza [punteggio negativo]	( )
3. I membri del gruppo hanno le qualità che un *premie* dovrebbe avere?	( )
4. Ti piace partecipare alle loro attività?	( )

dell'angoscia da quando erano entrati nel gruppo. Secondo, la loro coesione con il gruppo era strettamente associata a questo sollievo. Da tali scoperte emerse un'iniziale presa di coscienza dei motivi che spingevano i seguaci a uniformarsi al gruppo.

Quelli che erano entrati nella setta da circa due anni denunciarono un considerevole regresso dei disturbi psicologici e dell'uso di droga da quando erano lì. Molti avevano un'anamnesi di problemi psicologici e diversi erano stati in cura da specialisti (il 38%) o in ospedale per vari disturbi emozionali (il 9%). Queste risultanze formarono la prima testimonianza obiettiva del ruolo giocato dal disturbo psicologico quale spinta ad aderire a tali gruppi. Inoltre, il livello dei sintomi d'angoscia regredisce nel corso della conversione. L'incidenza media dei sintomi citati nella Scala dei disturbi psichici è evidenziata dalla Tabella 2-3, come pure quella relativa all'uso di marijuana ed eroina, che rispecchia il regresso generalizzato di disturbi psicologici e uso di droga.[26] Questa osservazione rivelò un evidente miglioramento complessivo dello stato psichiatrico in seguito alla conversione e alla continuità di appartenenza al gruppo. Tali risultanze furono confermate in ricerche successive sulla Chiesa dell'Unificazione dove si poterono studiare adepti e membri disaffiliati.

I punteggi di coesione mostrarono che gli interpellati si sentivano molto più vicini a membri della loro setta che non ai non-membri, per intimi che fossero.[27] Quasi tutti (99%) dissero di interessarsi molto dei dieci seguaci che conoscevano meglio, e la maggioranza (56%) di provare sentimenti simili verso l'intera comunità religiosa. Solo una minoranza (39%) rispose in questo modo in relazione a dei non-membri. Se valido, questo significherebbe che la maggioranza dei seguaci si sentiva più legata alla setta in generale (della quale avevano conosciuto pochi membri) che non alle dieci persone estranee alla setta che essi conoscevano meglio. Il legame con il gruppo contava per loro assai di più dell'attaccamento verso estranei.

Per esaminare il rapporto, ammesso che vi sia, fra il sentimento di coesione e i cambiamenti sintomatici denunciati, analizzammo statisticamente la regressione media nei punteggi dei sintomi.[28] La coesione sociale rappresentava il 37% della regressione totale del disturbo psicologico verificatasi dopo che i soggetti erano entrati nel gruppo. Cioè, una larga parte del benessere riacquistato dopo l'entrata

Tabella 2-3. **Conseguenze dell'affiliazione alla Missione della Luce Divina**

I numeri indicano la percentuale delle risposte date dai soggetti presi in esame relativamente alla presenza e incidenza dei sintomi in ognuno dei quattro periodi di due mesi.

Tre quesiti campione	*I quattro periodi*			
	Il peggiore	*prima di entrare*	*dopo essere entrato*	*adesso*
Scala dei disturbi psichici, media per gli 8 quesiti	80	71	45	37
Uso giornaliero di marijuana	65	45	0	7
Uso di eroina	14	7	1	0

nella setta poteva attribuirsi ai sentimenti di connessione fra seguaci.

Tali rilevamenti furono di notevole interesse dato che il grado di disturbo nevrotico sofferto dai singoli è determinato da molti fattori, tra cui differenze di temperamento, qualità della vita e modo di vedere se stessi in rapporto con il resto del mondo. Ma per i giovani adulti presi da noi in esame la regressione dei sentimenti di angoscia psichica era direttamente proporzionale al grado di coesione che sentivano verso il gruppo.

Si sarebbe potuto pensare che seguaci come Ellen, afflitti da forti turbe emozionali prima di entrare nella setta, avrebbero beneficiato al massimo dalla loro aggregazione. Invece l'indagine indicò che gravi problemi emozionali preesistenti all'entrata nel gruppo non erano specificatamente correlati con un maggiore o minore regresso del disturbo psichico. Né i problemi emozionali erano correlati con un più alto punteggio di coesione sociale.[29] Tutti i membri, con gravi turbe o meno, indicarono un migliorato stato emozionale da quando facevano parte del gruppo.

Ovviamente queste rilevazioni sollevano il dubbio se i soggetti sopravvalutassero il grado di disturbo anteriore all'entrata nella setta e la misura di miglioramento successiva. Sebbene questo non si possa escludere, un ulteriore studio sulla Chiesa dell'Unificazione (*v.* capitolo 8) confermò l'opinione che l'entrata nel gruppo avesse un effetto realmente positivo sul benessere psichico.

Tali vantaggi emozionali rafforzano il coinvolgimento dei membri nel gruppo, «ricompensandoli» utilmente della loro fedeltà a esso. La ricompensa, specificatamente, è un ritrovato benessere quando si sentono più legati l'uno all'altro e serve anche a spiegare la loro straordinaria conformità alle aspettative del gruppo, poiché accettazione e conformità portano sollievo dall'angoscia.

3

FEDE CONDIVISA

La fede che gli affiliati ai culti hanno in comune costituisce una forza vitale per l'attività del gruppo. Tiene uniti i seguaci, modella i loro atteggiamenti e li motiva ad agire anche a costo di sacrificare se stessi. Cominciai a valutare l'importanza di tale fede verificandone l'influenza sulla mia amica Beth che si era affiliata alla Missione della Luce Divina. In principio pareva che il suo interessamento fosse passeggero; sicuramente quella donna razionale e di successo sarebbe presto tornata alle sue tradizionali radici occidentali. Ma tale ipotesi si rivelò sbagliata. Beth si trasferì di casa più di una volta nel paese per seguire il suo giovane guru e fece una quantità di viaggi in India assieme ai seguaci del gruppo. Diversi anni dopo sposò un *premie*, suo compagno. Dopo la nascita di un figlio, ottenne una cattedra universitaria e tornò all'insegnamento, ma rimase profondamente devota al guru.

Alcuni anni dopo essere entrata nella Missione della Luce Divina, fu evidente che Beth credeva fortemente in qualcosa che il gruppo le offriva e che il suo coinvolgimento rifletteva una fede costante, non facile da sondare ma assai efficace nelle sue implicazioni per la psicologia dei gruppi carismatici. Esaminiamo una lettera in cui lei parla della propria fede nel guru, il cui effettivo contatto con migliaia di seguaci doveva essere stato limitato.

La sua rivelazione del Regno dei Cieli dentro tutti noi è un'esperienza completamente pratica per tutti e per ognuno... Il dono della Conoscenza che Maharaj Ji mi ha dato è così profondamente soddisfacente e gioiosamente costante che non so immaginare un altro essere che comunichi la verità così come lui l'ha rivelata.

Beth accettò il messaggio trascendente del guru così come altri prima di lei avevano abbracciato gli insegnamenti dei profeti e dei messia dell'antichità. Questa fede cieca era difficile da comprendere in una donna che da anni giudicavo agnostica e critica, poiché era chiaramente in disaccordo con la mentalità latente in una persona, con il suo passato e con le sue vedute pluralistiche. Per comprendere il ruolo che tali forti dottrine hanno nei gruppi carismatici, esamineremo un pertinente esempio storico.

Comunità di fede condivisa

Una comunità utopistica

Alla metà del diciannovesimo secolo diverse comunità utopistiche, ciascuna radicata nelle sue particolari interpretazioni del dogma cristiano, sorsero nel nord-est degli Stati Uniti. Per la maggior parte furono limitate per dimensione e durata. Erano, tra le altre, la comunità di Oneida, gli Shakers, la Harmony Society, e — trapiantati dall'Europa centrale — gli Hutteriti. Pur avendo avuto una vita breve, queste comunità dimostravano un alto grado di compattezza sociale e di fede comune, erano tipicamente guidate da un leader carismatico ed esigevano obbedienza alle loro insolite norme di comportamento. Di particolare rilevanza è l'importante ruolo che i credo religiosi ebbero nel sostenere questi gruppi. Rosabeth Kanter [1] studiò trenta sette e trovò che quelle con la massima stabilità sociale e longevità erano tutte fondate su fedi religiose condivise: i loro rispettivi sistemi di fede e di rito erano essenziali alla stabilità dei gruppi, consentendo ai seguaci di sacrificare i propri bisogni e rinunziare al mondo materiale. In più, i codici morali trascendenti dei gruppi servivano a mantenere salda la supremazia dei loro capi.

Fra i gruppi più fortunati c'era la comunità di Oneida,

fondata nel 1847 nella parte settentrionale dello Stato di New York e scioltasi trentadue anni dopo, in seguito alla morte del capo.[2] Rientrava in un diffuso rinnovamento religioso che iniziò poco dopo il 1830. A quell'epoca John Humphrey Noyes si laureò al Darmouth College e fece un deludente tirocinio in uno studio legale del New Hampshire. Deluso e amareggiato, prese parte a un *camp meeting* di quattro giorni nel suo natio Vermont e subì una conversione religiosa. Noyes si dichiarò senza peccato, traendo questa convinzione da una personale interpretazione della redenzione di Cristo, e cominciò a cercare seguaci per il suo nascente e controverso sistema dottrinario. In meno di un decennio raggruppò attorno a sé alcune dozzine di persone che adottarono pratiche di comunismo economico e di «messa in comune» dei coniugi notevolmente devianti per quell'epoca. Sotto la minaccia di un'accusa d'adulterio, Noyes dovette spostare il suo gruppo in una località isolata nel nord dello Stato di New York. La comunità che vi creò arrivò a oltre cento fedeli in pochi anni e a tremila prima del suo declino. Le forti dottrine di quei Perfezionisti, com'erano chiamati, erano straordinarie. Abbracciavano un obiettivo utopistico di «creare il cielo in terra», una ricerca che negli anni di vita della setta ebbe il suo centro in una grande residenza comunitaria chiamata Mansion House. Qui la loro comunità gravitava attorno a servizi finalizzati al gruppo, come sala da pranzo, biblioteca e locali ricreativi comuni. Tre generazioni dopo che la comunità si era sciolta, i discendenti abitavano ancora vicino a quella casa, a riprova della loro perdurante fedeltà.[3]

La forte fede dei membri nel principio che la proprietà è un bene comune è evidente anche nell'atteggiamento dei bambini. A un certo punto il principio di proprietà condivisa fu reinterpretato affinché ogni bambina potesse possedere una sua bambola, anziché condividere le bambole della comunità, come avveniva per tutti gli altri beni, ma, quando gli adulti notarono che le bambine passavano troppo tempo con quelle bambole e poco nei lavori domestici, riunirono tutte le loro figliolette invitandole a distruggere le bambole: ognuna doveva gettare la propria nel fuoco. Il figlio di Noyes scrisse in seguito: «Durante tutta la mia fanciullezza l'idea di possedere io solo una cosa qualsiasi mi pareva un rozzo espediente al quale si attaccava un mondo esterno non illuminato... non mi sarebbe mai venuto in mente di tenere per me una slitta escludendo altri ragazzi».[4]

In un gruppo carismatico le dottrine comuni si instaurano soprattutto grazie a uno stretto sistema di comunicazione in cui le opinioni accettabili siano direttamente o implicitamente incoraggiate e quelle dissenzienti eliminate. Il controllo si esercita più efficacemente con la pressione sociale anziché con la proibizione forzata del dissenso che produrrebbe soltanto disillusione e adesione passiva. Nella comunità di Oneida questo era evidente negli incontri giornalieri di gruppo. Ogni sera gli Oneidiani si radunavano nella grande sala della Mansion House per unire riti religiosi a funzioni secolari e dibattiti. Canto di inni e letture bibliche facevano parte del pasto serale. Lo stesso Noyes parlava, raffrontando la pratica religiosa del gruppo al comportamento e agli atteggiamenti dei fedeli. Questi potevano esprimere anche preoccupazioni personali, per cui argomenti solitamente non trattati in ambienti pubblici venivano discussi dal gruppo e poi risolti ricorrendo agli ideali religiosi di Noyes. Ciò permetteva alla comunità di stabilire norme in tutti i settori di interazione sociale e di promuovere l'obbedienza sociale. Queste riunioni furono definite da un membro «la parte più amata della nostra vita quotidiana»,[5] riflettendo il modo in cui l'influenza del gruppo su una comune serie di valori era accettata dai seguaci e non considerata invadente.

Nell'isolamento rurale il gruppo sviluppò un'ideologia e i relativi riti, devianti da quelli della popolazione in generale, e divenne noto in particolare per la natura dei suoi rapporti sessuali, che alla fine portarono a vaste critiche pubbliche, una delle cause dello scioglimento del gruppo.

Noyes credeva che il matrimonio monogamo fra i membri della comunità potesse danneggiare i princìpi comunisti della sua setta perché escludeva altri dal partecipare a un vitale legame affettivo. Quantunque tale opinione fosse probabilmente scaturita da delusioni personali, Noyes citava la Bibbia per supportare il suo ragionamento logico: «Nel Regno dei Cieli l'istituzione del matrimonio — che assegna il possesso esclusivo di una sola donna a un solo uomo — non esiste» (Matteo 22, 23). Il sistema che attuò a Oneida permetteva a un uomo, che volesse avere un rapporto sessuale con una particolare donna, di proporlo semplicemente a costei. Se la donna accettava, lui passava la notte nella sua stanza. La contraccezione avveniva interrompendo il coito prima della eiaculazione, un metodo praticato con evidente successo. Anni dopo divenne corrente l'uso di un «mezzano». Questa persona giudicava l'accettabilità di un dato legame e scoraggiava relazioni «amatorie», considerate contrarie all'ideologia comunitaria del gruppo.

La gestione dei vincoli coniugali e affettivi tramite il sistema dottrinale di un gruppo carismatico può essere un potente elemento di controllo sociale, e il sistema dei mezzani serviva chiaramente a questo scopo. In epoca successiva il sistema fu organizzato in modo che le decisioni relative agli accoppiamenti venissero prese dallo stesso Noyes, con un controllo centralizzato sul gruppo.

La comunità di Oneida è una interessante illustrazione storica di come credenze di gruppo si integrino in un sistema di controllo sociale. Dimostra, inoltre, il ruolo centrale che un capo religioso carismatico sostiene nella loro attuazione. Queste tecniche sono in netto contrasto con quelle rozze e coercitive descritte da Lifton e altri nei loro studi sul cosiddetto «lavaggio del cervello» praticato dai comunisti cinesi.[6]

Fede e guarigione

Presunte fedi, modelli di comunicazione e, da ultimo, norme di comportamento erano tutti definiti nell'ambito della comunità di Oneida. A una certa distanza abbiamo l'entità non altrettanto ben definita di una sottocultura, che non si pone come fisicamente isolata dal più vasto ambiente sociale ma tuttavia modella la comunicazione fra i suoi membri per mezzo di una fede da tutti condivisa.

Più spesso applichiamo il termine «guarigione per suggestione» a terapie usate in culture le cui fedi fondamentali sono estranee ai valori contemporanei della medicina scientifica. Nei loro studi sulle guarigioni dei Navajo, Alexander e Dorothy Leighton [7] misero in risalto il ruolo che giocavano la fede, il sostegno di gruppo, l'esperienza emozionale condivisa e il corredo legato ai riti comunitari, come penne d'aquila e di gufo. Una disgregazione del consueto stato psichico e fisico dei fedeli (che verrà trattato in seguito parlando di coscienza alterata) rafforzava ulteriormente il modo in cui il gruppo faceva appello al proprio sistema di fede condivisa. Per esempio, fra i partecipanti ai riti era frequente l'uso di emetici e attizzatoi roventi venivano applicati spesso dagli sciamani sia sul paziente che su altri presenti alla cerimonia di guarigione. Alcune sindromi trattate dai Navajo sono state classificate secondo sottotipi di malattie mentali propri di quella cultura, e alcune si potrebbero anche descrivere, nei termini dei criteri diagnostici attuali, come gravi malattie psichiatriche, quali schizofrenia, depressione agitata, isteria e intossicazione patologica. [8]

Negli ultimi decenni un incremento della devozione religiosa negli Stati Uniti, in particolare nell'ambito della religione fondamentalista, ha avvicinato la guarigione per suggestione alla corrente tradizionale. La presenza in chiesa è notevolmente aumentata nell'ultimo mezzo secolo. Per esempio, una metà circa di tutte le coppie sposate va regolarmente in chiesa, contro un quarto di cinquant'anni fa, e il rapporto fra edifici di culto e popolazione è cresciuto di quasi due terzi. [9]

Mansell Pattison e i suoi colleghi [10] hanno studiato le guarigioni per suggestione negli Stati Uniti ai giorni nostri, valutando i tratti psicologici di quanti hanno ottenuto la guarigione pentecostale. I «guariti» affermavano di saper riporre tutta la loro fede in Dio e che quindi non c'era ragione di preoccuparsi o di agitarsi per i loro problemi. Una valutazione sistematica del loro stato mentale mediante colloqui psichiatrici rivelò scarsa evidenza di importanti malattie mentali, ma le loro risposte allo MMPI indicarono che queste persone si affidavano moltissimo al meccanismo di difesa psicologica della negazione. Usando tale difesa, un individuo non in grado di tollerare una realtà obiettiva o le sue implicazioni pensa e agisce come se quella realtà non esistesse; ciò avviene anche se la persona affronta regolarmente fatti spiacevoli. I soggetti di Pattison percepivano la loro esperienza di guarigione per suggestione come una terapia risolutiva *indipendentemente* dalla presenza o assenza di successivi sintomi fisici. Pattison e i suoi colleghi conclusero che la funzione primaria della guarigione per suggestione non era necessariamente quella di risolvere i sintomi, ma piuttosto di rafforzare la prospettiva religiosa del gruppo e fornire quindi ai malati i mezzi per evitare dure realtà. Sebbene la guarigione fosse lo scopo dichiarato del rito, in realtà essa serviva a integrare i membri nel gruppo.

La capacità di rimuovere la realtà mediante il rito religioso può essere una soluzione per certi problemi psicologici. Questo emerge nelle ricerche sulla plasticità di alcune reazioni individuali ai cambiamenti fisiologici che sono alla base delle emozioni. In uno studio condotto da Stanley Schacter e Jerome Singer [11] fu somministrata ai soggetti una dose di adrenalina, stimolante presente nell'organismo umano, suscitando poi in loro sentimenti di euforia o collera, a seconda della situazione fittizia che veniva creata. I soggetti messi davanti a un attore che fingeva collera furono indotti a sentire collera. Altri messi davanti a un attore che diceva sciocche spiritosaggini finirono per diventare euforici. Lo studio fu importante perché suggerì che le reazioni emozionali alle droghe possono essere determinate in larga misura dal contesto sociale. Quindi non fa meraviglia che una fervente funzione religiosa possa preparare gli individui ad accettare l'interpretazione del gruppo di come dovrebbero sentirsi e come dovrebbero percepire il proprio stato fisico.

Un altro interessante studio di Pattison [12] riguardava un gruppo con episodi prolungati di manifesta omosessualità.

Dopo essere entrati nella Chiesa pentacostale e averne adottati i sistemi di fede, questi uomini arrivarono a essere soltanto eterosessuali. Fu l'impegno religioso a produrre un vero cambiamento (guarigione, per così dire) nell'orientamento sessuale, o la tendenza all'omosessualità venne soltanto repressa? È difficile dare una risposta definitiva, ma gli uomini riferirono di soddisfacenti rapporti eterosessuali con nuove amiche e mogli, e con il tempo le fantasie omosessuali divennero, in questi convertiti, assai limitate o non esistenti, essenzialmente entro i limiti riscontrati nella popolazione eterosessuale.

Come fecero questi uomini a cambiare le loro tendenze sessuali attraverso la religione? Nell'ambito del sistema di fede della Chiesa pentecostale l'omosessualità era definita un atteggiamento immorale che l'individuo stesso poteva respingere, e i fedeli dovevano astenersi da ogni pratica del genere. In virtù della loro personale esperienza nel gruppo e del comportamento che avrebbero dovuto tenere, essi abbandonarono quello che da molti è ritenuto un tratto quasi irreversibile.

I Pentacostali non consideravano l'omosessualità una devianza derivante da una caratteristica innata o una condizione fisicamente radicata. Perciò colui che ne era afflitto poteva assumere un ruolo attivo nel cambiare atteggiamenti e comportamento, in collaborazione con la Chiesa. Si noti che gli studiosi rilevarono che questi omosessuali «convertiti», devoti alla fede pentecostale e attivamente conformi a essa, erano molto meno soggetti ad angoscia emozionale che non un paragonabile campione di omosessuali praticanti nella popolazione generale.

Un ospedale psichiatrico

Talvolta i sistemi di fede si scontrano nelle corsie psichiatriche. Spesso i medici, legati ai valori della scienza e della razionalità, non tengono in debito conto prospettive alternative con pazienti le cui idee di culto li hanno portati in ospedale o sembrano intrecciarsi con la psicopatologia.

Alcuni anni fa mi fu chiesto di dare un giudizio su Carol, una nera ventinovenne di famiglia disagiata, da poco trasferita nel nostro reparto psichiatrico. Aveva appena subìto un intervento chirurgico esplorativo all'addome a seguito di una ferita da arma da fuoco che lei stessa si era inflitta, mettendo a rischio la propria vita. Durante la sua degenza potei scoprire i contatti di Carol con tre sistemi di fede condivisa, ognuno dei quali avrebbe esercitato una certa influenza sul suo comportamento. Il primo era un sistema di fede delirante, quello per cui era finita in ospedale; il secondo era la visione del mondo abbracciata dai suoi medici; e il terzo consisteva nelle dottrine pentecostali che lei adottò in seguito.

Quantunque Carol fosse riluttante, in principio, a fornire dettagli, sua madre riferì che la ragazza e un'altra donna si erano divise l'amante, un uomo che le aveva portate a una varietà di comportamenti bizzarri. Bobby, l'amante, una volta aveva fatto sfilare le due donne nude per strada. Occasionalmente si vantava di avere poteri speciali, di essere un «genio» che avrebbe «cambiato il corso della storia e instaurato il regno nero». Carol ripeteva spesso le sue parole e idee, dicendo: «I diavoli bianchi succhieranno come mignatte il colore del mondo». Altri informatori riferirono che talvolta, mentre erano con Bobby, le due donne parevano cadere in «trance» e dicevano di vedere sullo schermo televisivo immagini trasmesse da lui. Una volta Carol disse a sua madre che Bobby le controllava letteralmente i sentimenti di giorno in giorno.

L'episodio che portò Carol in ospedale avvenne il giorno dopo che Bobby le aveva mostrato la foto di una pistola assieme a un libro intitolato *The Power of Decision* («La forza della volontà»), portandola a concludere che lui voleva che si sparasse. Lo fece il giorno dopo, e gli telefonò: Bobby la consigliò di chiamare un'ambulanza e farsi portare in ospedale.

Quando Carol venne trasferita nella struttura psichiatrica, i medici furono perplessi. Avevano la sensazione di trovarsi di fronte a un fenomeno al punto di congiunzione fra una psicosi delirante condivisa (quindi una forma di «pazzia») e un culto (presumibilmente non religioso ma «culturale»). La psichiatria ha difficoltà a trattare patologie condivise da gruppi perché essa è innanzitutto una disciplina che si occupa di alterazioni psichiche individuali più che di fenomeni sociali. La tendenza del personale medico era di curare Carol come un caso di psicosi «standard».

Su richiesta del personale ebbi un colloquio con Carol e trovai che lei non presentava disturbi del pensiero né sintomi palesi di psicosi delirante, anche se era possibile che dissimulasse pensieri bizzarri. Non sembrava affetta da psicosi schizofrenica. E non era particolarmente depressa; risultava soltanto abbastanza ansiosa e confusa sulle proprie motivazioni quando fu messa di fronte al racconto fatto da sua madre. Ipotizzai che i suoi sintomi psichiatrici sarebbero regrediti ora che lei era lontana da Bobby.

Nel corso di diversi giorni fu evidente il cambiamento nel modo di pensare di Carol. Lei fece la seguente dichiarazione, una riprova del divario che la ragazza cominciava a creare fra se stessa e il credo condiviso con Bobby:

> Solevo pensare che Bobby potesse spiegare ogni cosa, ma ciò che lui diceva non sempre aveva senso. Penso che dovrei dimenticare il Regno da lui promesso; era solo una sua pazza idea. Mi ripugna biasimarlo per il colpo di pistola, ma forse lui ha avuto una cattiva influenza su di me.

Carol era stata influenzata dalla visione razionale del mondo del personale ospedaliero che le spiegò in che modo lei avesse sviluppato idee deliranti sotto l'influsso di Bobby. Scacciando il suo demonio, però, i medici non avevano offerto a Carol un insieme alternativo di dottrine che fosse per lei convincente, diversamente da persone impegnate in gruppi religiosi. Spiegazioni di stati deliranti e funzione mentale significavano poco per quella giovane donna che aveva smesso di andare a scuola a quindici anni.

Durante la degenza la stessa Carol trovò per caso la soluzione. Ebbe una Bibbia da un paziente affiliato a una setta pentecostale, e in lei nacque subito un forte interesse per le Sacre Scritture. Ne seguì la sua devozione al pentacostalismo che aveva conosciuto da bambina in casa della nonna, e cominciò a spiegarsi sia il fatto del colpo di pistola sia una netta liberazione dal suo malessere in termini di crescente fede in Gesù.

A tre settimane dal giorno del ricovero Carol dichiarò che era sua intenzione trasferirsi a casa della nonna non appena avesse lasciato l'ospedale. Spiegò:

> Tanto tempo fa, quando andavo a letto alla sera mi sentivo piombare addosso i demoni prima che mi addormentassi... Non c'era modo di evitarli, così restavo sveglia fino all'alba per difendermi. Bobby mi disse che i demoni mi avrebbero seguita sempre, e che io avrei commesso inconsciamente i loro peccati. Talvolta mi diceva che dovevo correre per strada senza vestiti, così i demoni mi avrebbero abbandonata per la vergogna, ma adesso essi sono spariti per sempre, ed è stato Gesù a cacciarli. Se ne sono andati quando io sono tornata da Lui, e perciò sarò al sicuro con mia nonna e con la Chiesa.

Carol aveva, dunque, scelto la prospettiva del pentecostalismo che pareva darle più conforto che non i consigli del personale medico. Lo dichiarò esplicitamente alla quarta settimana di degenza nel nostro reparto.

> Senta, le dirò questo. Gesù afferma che è male spararsi, ma Lui mi perdonerà, e io sono pronta a implorare la Sua misericordia, e ricominciare. Voi medici dovreste prendere lezioni da Lui. È l'unico che ha le risposte... Bobby? Deve avermelo mandato il diavolo; questo è poco ma sicuro.

Non vedeva l'ora di andare a casa, e la sua precedente tendenza all'ansietà aveva lasciato il posto a una sicurezza esteriore. Non soffriva più di deliri o allucinazioni e presto fu dimessa e affidata a sua nonna.

Carol aveva cominciato a passare da un sistema di dottrine condivise, i deliri di Bobby, a un secondo sistema, la prospettiva psicologica del personale ospedaliero, ma infine ne accettò un terzo più adatto a lei: il cristianesimo pentecostale. Il fatto che il suo primo complesso di fedi bizzarre fosse stato legittimato da altre due persone potrebbe riflettersi un po' meno negativamente sulla integrità della funzione mentale di Carol. Ciò nonostante, lei aveva evidenti turbe psichiche. Le dottrine pentecostali le fornirono una spiegazione della sua malattia che lei poté accettare, attribuendola a influenze sataniche esterne, e consentendole di sentirsi integra dopo avere rinunciato a tali influenze.

Nel caso di Carol abbiamo visto come un piccolissimo gruppo carismatico possa generare un sistema di fede delirante. Queste opinioni fortemente difese possono poi condurre un membro a idee e comportamenti patologici, perfino all'autodistruzione. In definitiva, l'accettazione di tali fedi bizzarre mal si distingue dalla vera malattia mentale.

Un secondo caso di conflitto fra sistemi di fede in un reparto psichiatrico riguardò il seguace di una setta carismatica bene organizzata. Quando mi fu chiesto di dare un giudizio su Tom, un ventiseienne scapolo, degente in un ospedale vicino, il conflitto fu evidente fin da principio: il personale ospedaliero era diventato agente della famiglia di Tom, che ne aveva proposto il ricovero.

All'arrivo vidi, dagli edifici in stile Tudor e dalle stanze spaziose, che l'ospedale si occupava di una classe di pazienti con accesso a qualsiasi servizio la struttura psichiatrica potesse offrire. La psichiatra interna che aveva curato il paziente in ospedale m'illustrò il caso e mi spiegò che Tom era stato ricoverato su richiesta del suo psichiatra privato. Il giovane era di famiglia benestante, disposta a fargli avere tutte le cure necessarie purché tornasse a un'esistenza «normale». Gli furono riscontrati due problemi. Uno era la depressione che aveva portato al suo ricovero; l'altro, il suo attaccamento a Shri Rajneesh, il noto guru orientale. Il secondo problema preoccupava maggiormente la sua famiglia. Dopo tre mesi con la setta, Tom aveva pressoché rotto i contatti con i familiari, provocando in loro rabbia e costernazione, e dopo quattro anni si era trasferito nel luogo remoto dell'Oregon dove i seguaci del guru si erano trasferiti da poco.

La psichiatra interna mise in rilievo un conflitto che, secondo lei, si era sviluppato nella famiglia di Tom. La depressione, disse, era cominciata quando Tom si era trovato ad affrontare suo padre che era in ospedale in seguito a un grave incidente d'auto. L'uomo insisteva nel dire che Tom stava facendo una vita assurda ed era tempo che abbandonasse le sue sciocche idee e tornasse a casa, dove poteva entrare nell'azienda di famiglia e avere un adeguato futuro. Come in precedenti occasioni, Tom rifiutò l'offerta. La psichiatra supponeva che Tom si sentisse in colpa per le precarie condizioni del padre, ma che fosse incapace di esprimere risentimento per le sue richieste, in quella particolare situazione.

Dopo quel confronto Tom passò alcune settimane con i seguaci di Rajneesh in un'altra città, però poi ritornò a casa. Doveva sentirsi già depresso e nelle settimane successive divenne ancora più chiuso in sé. Alla fine accettò di farsi ricoverare, poiché non era motivato a fare nessuna attività, eccetto incontrarsi con i seguaci locali del guru.

Per proteggere Tom da ulteriori tensioni in ospedale, la psichiatra interna aveva proibito le visite dei confratelli della setta, ma non quelle dei familiari. In principio Tom s'irritò per questo, ma in seguito accettò l'isolamento, e in breve sviluppò un soddisfacente rapporto con il suo medico. Mentre era sottoposto a psicoterapia e cure antidepressive, cominciò a migliorare. Quando poté essere dimesso, fu affidato di nuovo al suo psichiatra privato che continuò la terapia ambulatoriamente.

Tutta l'operazione servì a isolarlo dai compagni di culto. Poiché l'adesione alle inusuali credenze del gruppo si basava sulla erezione di una barriera mentale contro la cultura comune, il regime terapeutico della psichiatra abbatté efficacemente la solidità della sua visione religiosa del mondo.

Lo psichiatra privato di Tom era stato presente quando la psichiatra interna mi aveva illustrato il caso. Lui espresse il suo disgusto per il «culto» e si compiacque di affermare che con il tempo Tom avrebbe abbandonato il suo interesse per il gruppo per dedicarsi a cose pratiche e immediate, che ruotavano attorno alla necessità di avere un proprio ruolo nell'azienda di famiglia e di riacquistare una sicura identità nella comunità in generale.

La storia che mi avevano presentato non mi convinse troppo, avendo io conosciuto molti giovani affiliati a sette che avevano rotto ogni legame con la propria famiglia quando i genitori si erano opposti al loro interesse per una setta fanatica. Infatti, in gruppi del genere i genitori erano regolarmente esclusi quando ficcavano il naso nelle loro attività. Perché Tom voltò a quel punto le spalle alla setta e tornò dai suoi? Inoltre, per qualsiasi membro in difficoltà era normale rivolgersi ai compagni della setta, per lontani che fossero.

Quando parlai con Tom, fu chiaro perché lui non aveva contattato altri seguaci di Rajneesh. Evidentemente aveva avuto dei conflitti con figure più anziane del movimento mentre era nella comunità religiosa nell'Oregon e cominciava a mettere in dubbio la propria capacità di raggiungere gli obiettivi religiosi che costoro avevano tracciato per lui, sebbene ne riconoscesse i meriti. Tom insistette nel dire che, comunque, era stato contento degli anni passati nel gruppo, e aveva stabilito stretti rapporti con altri seguaci. Aveva avuto un breve legame con una ragazza del gruppo e stava pensando di tornare da lei, ma non era disposto ad affrontare i compagni a causa della difficoltà nel risolvere la sua *impasse* spirituale.

Tre mesi prima del suo ricovero, Tom si era offerto di organizzare un centro regionale per i seguaci di Rajneesh sulla costa del Pacifico, sperando di eliminare i suoi conflitti in quell'ambiente, ma apparentemente anche in quell'impegno aveva incontrato delle difficoltà con alcuni confratelli, difficoltà che rispecchiavano il suo precedente problema di relazione con la gerarchia del gruppo. A causa di questi fatti, stava diventando sempre più disincantato quando gli era giunta la telefonata della famiglia che lo informava dell'incidente del padre.

Da quanto Tom disse, i suoi problemi con la setta erano la principale causa dei suoi sentimenti d'insuccesso. La decisione di rimanere in famiglia fu in primo luogo un tentativo di creare un ambiente in cui lui potesse risolvere quei conflitti, per poi ritornare nella setta alla quale era rimasto devoto. La coscienza del fallimento lo deprimeva e lui non era sicuro di poter essere gradito ai membri della setta, qualora si fosse rivolto a loro per aiuto. Quando i genitori gli offrirono l'opzione dell'ospedale, a lui non restò che accettare, pur temendo che quello fosse un espediente per toglierlo dal movimento.

Impedendo il costante contatto di Tom con la setta, la psichiatra interna esercitò un'implicita pressione su di lui perché abbandonasse un'identità e le relative dottrine che erano state molto importanti per lui. Entrambi gli psichiatri operarono effettivamente per farlo allontanare sempre di più dal gruppo, identificando la «guarigione» con il ritorno alle credenze e ai valori della cultura più generale. Che potesse tornare a suo vantaggio adottare la prospettiva dei medici e della famiglia, era questo un dubbio che assillava Tom, perché lui parlava ancora della possibilità di ritornare nella setta. Non soffriva più di depressione, ma era chiaramente infelice, perché si sentiva incapace di accettare l'una o l'altra scelta. Era in mezzo al guado, fra due sistemi di fede.

Per cercare di aiutarlo, i medici sostenevano una serie di credenze in conflitto con quelle che Tom professava quando era entrato in ospedale. Sarebbe stato più felice con i vantaggi e i valori della sua famiglia o se fosse tornato nella setta dove aveva vissuto per cinque anni? Ma questo giudizio di valore veniva dato per lui, almeno implicitamente, dai suoi medici.

Era anche preoccupante che i dottori, i quali condividevano i valori della famiglia, non si rendessero conto di dare un giudizio soggettivo, interpretando quindi male certi conflitti di Tom. Specificatamente ritennero che la sua depressione scaturisse dal senso di colpa per la risposta data al padre, piuttosto che per avere fallito come seguace della setta. Considerarono patologica la sua affezione alla setta in contrasto con l'ingresso nell'azienda di famiglia e nel mondo sociale, mentre per Tom si trattava di una scelta ragionevole che tuttavia non aveva ancora fatto.

Da ultimo Tom scelse di restare in famiglia e fu strettamente controllato dai genitori per diversi mesi dopo che era uscito dall'ospedale. In quel periodo lavorò come impiegato nell'azienda e gradualmente riallacciò i contatti con gli amici che aveva prima di diventare un seguace di Rajneesh.

Questo caso può far capire come giudizi soggettivi possano entrare nella nostra valutazione delle fedi condivise da membri di gruppi carismatici, e come sia difficile staccarsi dai propri convincimenti nel dare tali giudizi. Diventa ancor più difficile decidere il tipo più adatto di terapia per chi sia affiliato a una setta quando intervengono anomalie psichiatriche. Dopotutto, i genitori fecero ricoverare Tom. Diversamente da lui, molti hanno resistito al tentativo degli specialisti di reinserirli nella cultura d'origine.

La cura della schizofrenia

Nella cura delle malattie mentali il problema del credo fanatico non riguarda soltanto una piccola minoranza. La speranza nel futuro, basata su dedizione e fede, è una delle componenti vitali di tutte le terapie psicologiche. I pazienti devono accettare un presunto sistema (come psicoanalisi o autosostegno) che spiega implicitamente il modo per farli stare bene.

Jerome Frank [13] evidenziò che un aspetto centrale del processo psicoterapeutico sta nell'infondere speranza. Purtroppo questo manca nella cura di molti pazienti con gravi malattie psichiatriche perché la terapia si concentra normalmente su sintomi acuti, dopo avere fatto affidamento sull'uso di psicofarmaci. Fin troppo spesso pazienti gravemente schizofrenici vengono curati con successo per liberarli da allucinazioni e psicosi deliranti, dopo di che sembrano in condizioni tali da essere dimessi, senza che si ponga seria attenzione al loro atteggiamento nei confronti di un futuro riadattamento.

È anche vero che gli schizofrenici ricoverati in ospedali psichiatrici sono spesso incapaci di affrontare la disillusione di sé e della loro vita — solo sostanze chimiche possono migliorare i loro disturbi del pensiero — e non hanno fedi connesse con la propria malattia attorno alle quali costruire una visione positiva del futuro. Per conservare una certa speranza, talvolta negano la realtà stessa del loro problema passato, e potrebbero anche essere incapaci di accettare le circostanze immediate che li hanno portati a cercare aiuto.

Nel tentativo di affrontare il problema della disillusione in schizofrenici in via di guarigione, fu condotto un interessante esperimento, sotto gli auspici del National Institute of Mental Health, da Loren Mosher e Alma Menn. Essi aprirono un centro di terapia psichiatrica chiamato *Soteria House* in un modesto edificio residenziale e cercarono d'infondere nei loro pazienti una prospettiva diversa. Applicarono in un contesto chiaramente terapeutico molti dei princìpi psicologici operanti, come abbiamo osservato, nei gruppi carismatici. In particolare, crearono un gruppo coesivo che fornì una spiegazione per la malattia dei pazienti e diede loro anche una ragione per sentirsi ottimistici sul recupero della sanità mentale.

Il Programma sperimentale Soteria era contrario al ricovero in ospedale per evitare il trattamento in una grande istituzione impersonale. Si rifuggiva anche dall'usare psicofarmaci, visti solo come ultima risorsa per casi ingestibili; i pazienti, in larghissima maggioranza (92%), non prendevano medicine. Erano assistiti da personale non professionista che stava in stretto contatto con loro in turni da 48 a 60 ore, consentendo interazioni continuative e intense.

Che cosa offriva ai pazienti questa terapia sperimentale? Gli assistenti non avevano una base professionale o scientifica per considerare la schizofrenia alla stregua di una malattia innata; ritenevano, invece, che i pazienti di *Soteria House* fossero persone che avevano reagito in maniera insolita ma *sensata* ai rispettivi problemi esistenziali, e ora, con l'aiuto di chi stava attorno a loro, potevano ricostruire la propria vita sfruttando le loro esperienze uniche. [14] Questo atteggiamento è assai lontano dalla visione biologica della schizofrenia oggi condivisa dalla maggior parte degli psichiatri. Mosher e Menn usavano il termine *fede* per caratterizzare il modo in cui il personale di *Soteria* dava forma al concetto dell'esperienza psicotica. [15] In realtà una fede comune nel valore delle esperienze personali dello schizofrenico viene data agli ospiti in cura, offrendo loro un punto di vista fondamentalmente ottimistico al quale potrebbero «convertirsi».

Questo dà allo sforzo una qualità trascendente. Esso rientra in una tradizione che associa la pazzia ad attributi sacri quasi divini; pazienti e personale assumono una posizione filosofica largamente applicabile alla coscienza alterata che potenzialmente ognuno potrebbe avere. [16] Da ciò deriva una norma comportamentale: per passare al successivo livello d'integrazione della personalità i pazienti devono adottare un insieme di comportamenti costruttivi e positivi. Lo fanno con la speranza di andare verso questo stadio successivo più che per il sentito bisogno di eliminare qualche innata mancanza. Quello è l'ideale di *Soteria House*, e vi sono prove che i pazienti schizofrenici possono sviluppare un controllo attivo sui sintomi della malattia quando siano adeguatamente motivati dal loro ambiente sociale. [17] Purtroppo questa prospettiva è ancora estranea alla maggior parte dei terapeuti tradizionali. [18]

Fede condivisa nella Chiesa dell'Unificazione

La Chiesa dell'Unificazione (i moonisti) è una delle più note sette carismatiche che si sono affacciate sulla scena americana negli anni Settanta. L'incomprensione che sorse fra i seguaci e la cultura circostante ricevette vasta attenzione da parte dei mass media; mise i fautori di vari sistemi di fede l'uno contro l'altro in una società che aveva faticato molto a raggiungere la tolleranza religiosa.

La setta si guadagnò una considerevole notorietà per come attirava a sé giovani proseliti, dato che la conversione rappresentava una drastica rottura di legami familiari e di fedi religiose. I nuovi affiliati entravano in sedi comunitarie e per settimane o mesi rifiutavano di avere rapporti con la famiglia. Alcuni genitori, sconvolti, pensarono di avere perduto per sempre i figli; in certi casi si ricorse a «deprogrammatori» i quali rapivano e sequestravano i loro figli, costringendoli a ripudiare le nuove dottrine. Fra questi i più (che non erano minorenni) sfuggirono ai tentativi di sequestro, ritornarono dai loro correligionari e generalmente furono spediti in remoti centri della Chiesa dove fossero al sicuro da ulteriori tentativi di rapimento.

Incontri iniziali

Il mio primo contatto con i moonisti avvenne tramite il dottor Richard Rabkin, psichiatra alla New York University, che aveva sentito parlare del programma di studio sulla Missione della Luce Divina. Dopo aver tenuto in una vicina università una conferenza sulla psicologia delle sette religiose contemporanee, era stato avvicinato da rappresentanti dei moonisti i quali gli chiesero se fosse interessato a saperne di più sul gruppo. Rabkin ritenne che io potessi essere il tipo adatto per organizzare uno studio sistematico su di esso.

L'opportunità era seducente perché avevo già iniziato a sperimentare un approccio terapeutico per l'alcolismo, modellato sulla psicologia dei gruppi carismatici, e volevo capire meglio come essi operassero. M'interessava soprattutto imparare come la divulgazione delle dottrine del gruppo e il concomitante controllo della comunicazione nella setta influenzassero lo stato psicologico dei seguaci. Un programma di studio sui moonisti poteva far luce sulle sorprendenti credenze concepite da questi gruppi fanatici e sulle motivazioni promosse nei seguaci per portarli a tali livelli di dedizione.

Rabkin e io fummo presto affiancati nella ricerca dai dottori Judith Rabkin della Columbia University e Alexander Deutsch della New York University. Il nostro principale collegamento con la gerarchia della setta fu una simpatica e franca donna, prossima alla trentina, che era direttore degli affari pubblici per la Chiesa negli Stati Uniti. Furono presi i necessari accordi durante un lungo incontro con Neil Salonen, presidente della Chiesa dell'Unificazione in America, il quale aveva indubbiamente ritenuto necessario accertare di prima mano l'atteggiamento dei ricercatori e aveva voluto interessarsi direttamente di qualsiasi accordo definitivo. Salonen era un euro-americano affabile ed estroverso sui trentotto anni che somigliava più a un direttore regionale di una società americana media che non a un fervente religioso o a un discendente di stranieri sovversivi. Prima di entrare nella Chiesa aveva lavorato a lungo in un'amministrazione d'ospedale e aveva lasciato malvolentieri quel posto dopo un prolungato periodo di affiliazione, allorquando aveva deciso di contribuire più attivamente al lavoro della sua nuova religione. Lui e sua moglie, entrambi seguaci da dieci anni, avevano avuto e allevato due figli dopo essere entrati nella setta.

Lo schema basilare che presentai a Salonen per incoraggiare la partecipazione dei suoi fedeli al nostro studio fu quello poi utilizzato in programmi successivi. Misi in rilievo che la setta riceveva spesso un'attenzione negativa dalla stampa, come lui ben sapeva. La partecipazione avrebbe permesso di far emergere la natura della setta in modo obiettivo, e mostrato che loro non avevano nulla da nascondere quanto a lavaggio del cervello e coercizione, poiché erano disposti a far valutare le esperienze dei seguaci da osservatori esterni. Spiegai che la loro disponibilità a questi studi avrebbe avuto ripercussioni positive sulla credibilità del gruppo.

Conversione e fede

Le interviste a seguaci della Chiesa dell'Unificazione rivelarono parecchie vie di entrata nel gruppo carismatico. Alcuni convertiti non ricercavano attivamente un nuovo ordine ed erano stati introdotti alle dottrine della setta per mezzo di *sotterfugi*. Altri si erano affiliati solo dopo aver fatto un lungo viaggio *alla ricerca* di un mondo accettabile. Altri ancora erano stati attratti inizialmente verso il gruppo perché l'impegno idealistico favoriva la loro *identificazione* con una figura o un ideale ammirato, mentre c'era chi si era sentito coartato ad accettare il dogma della Chiesa che inizialmente aveva *avversato*. Ora esamineremo più attentamente questi quattro modi di reclutamento.

La prima possibilità di parlare a fondo con un affiliato, di cui mi fu chiesto di valutare la capacità mentale, me la diede Jerry, un ventenne in lite con i genitori che volevano toglierlo dalla setta. Il suo caso esemplificò il metodo di conversione mediante sotterfugio, spesso esercitato in maniere sorprendenti.

SOTTERFUGIO

Tre settimane prima che incontrassi Jerry, i suoi genitori erano stati designati da un tribunale locale come suoi tutori legali. Il giovane era stato dichiarato incapace di intendere e di volere, sulla base di due testimonianze. La prima era una dichiarazione del medico di famiglia che aveva visto per l'ultima volta Jerry quando, quindicenne, aveva avuto delle crisi d'angoscia a causa della situazione familiare perturbata; la seconda era l'attuale interesse di Jerry per un presunto «culto» o «setta». Il dottore scrisse allora che Jerry aveva «tendenze schizofreniche ed era instabile, dipendendo dall'ambiente».

Parlai con l'avvocato assegnato al caso dall'American Civil Liberties Union. Questa organizzazione da tempo difendeva i diritti delle persone che sposavano cause impopolari e più recentemente aveva cominciato a fornire aiuto legale a seguaci di nuovi movimenti religiosi come la Chiesa dell'Unificazione. L'avvocato mise in evidenza la preponderante importanza per casi di questo genere del primo e del quattordicesimo emendamento alla Costituzione: libertà di religione e diritto alla difesa. Per esempio, lo Stato di New York richiedeva che, perché un individuo nella situazione di Jerry venisse posto sotto tutela, fosse accertato il suo stato di malato mentale pericoloso per sé e per gli altri. Conoscevo bene quella disposizione di legge da quando era usata come criterio per il ricovero coatto di pazienti psicotici.

Intervistando Jerry, scopersi che la tutela era ingiustificata su quelle basi, perché lui era lucido, contento della sua condizione, e senza indizi di malattia mentale, secondo i normali criteri diagnostici. L'esposizione della natura delle sue dottrine era simile a quella di seguaci di altri ferventi gruppi religiosi organizzati. Da Jerry seppi uno dei modi con cui i convertiti arrivavano ad accettare un sistema di fede fortemente deviante. I membri della setta lo avevano introdotto a un complesso di convinzioni generiche che erano servite da ponte per il suo successivo coinvolgimento nel dogma specifico della Chiesa. In effetti Jerry si trovò affiliato prima di avere preso coscienza dell'identità del gruppo, ma durante tutto il processo di conversione era stato pienamente consapevole e in grado di fare domande a volontà. Come molti altri, non le fece e, al contrario, si lasciò trascinare da una causa più popolare che in seguito lo portò ad accettare la Chiesa e il suo credo. L'introduzione alle credenze della setta fu attuata con il sotterfugio.

Mentre si era bene inserito nella seconda superiore, Jerry incontrò delle difficoltà quando lasciò la famiglia per frequentare l'università. Da quanto disse, aveva molto sofferto per l'alcolismo del padre che in quel periodo aveva avuto una crisi. Inoltre, c'erano in lui incertezze sulla scelta della carriera, accentuate dalle scarse prospettive del padre.

Dopo il primo anno, Jerry decise di chiedere il permesso di assentarsi sei mesi per lavorare in un programma antipovertà, sperando di risolvere così quelle sue ansie interiori. Tornò all'università la primavera seguente, ma con scarso profitto, e si sentì isolato anche fra gli amici che si era fatto l'anno prima. Disse ai genitori che non aveva più l'entusiasmo del semestre precedente, allora appagante, e che stava pensando di piantare gli studi. Questo preoccupò il padre che manifestava esagerate aspettative per Jerry, sperando forse di compensare così le sue recenti disgrazie.

Mentre andava da un amico in un *college* vicino, Jerry fu avvicinato da una giovane di origine giapponese che lo impegnò in una discussione sul «futuro dei poveri nel mondo», e poi, dopo un animato dialogo, lo invitò a un seminario di un giorno organizzato dalla One-World Crusade. Jerry accettò. Il seminario si occupava di una gamma di problemi generali collegati all'assistenza ai poveri in America e altrove. La donna telefonò a Jerry la settimana dopo per chiedergli se era interessato ad andare per un weekend a un secondo seminario sui problemi di cui avevano discusso, ma in un primo momento lui rifiutò. Quando lei gli propose di andarlo a prendere, Jerry accettò e fu condotto a un vicino centro di conferenze. Dopo un intero weekend di dibattiti di gruppo, sport, canti, Jerry fu ancora più attratto dagli ideali di fratellanza universale del gruppo e dalla sua devozione a un Principio Divino. Tuttavia, fra i partecipanti al seminario ben pochi si rendevano conto che il Principio Divino era in realtà la base del sistema di credo religioso della Chiesa dell'Unificazione. Jerry ammise che, se avesse saputo questo all'inizio, non avrebbe accettato di parteciparvi.

Prima che il seminario del weekend finisse, gli organizzatori chiesero alle otto persone presenti se gradivano passare il resto della settimana in ritiro. Per Jerry la cosa non comportava grande scompiglio dato che non aveva lezioni nell'imminenza delle vacanze pasquali. In più disse: «Ho trovato nel gruppo dei princìpi in cui potrei credere, e un vero interesse per la gente». Assieme ad altri due frequentatori del seminario Jerry decise di continuare il programma di una settimana, e i tre, con altri quattro attivisti della One-World Crusade, furono trasportati con un furgone al luogo di ritiro. Lui non aveva ancora capito che stavano andando al seminario della Chiesa dell'Unificazione a Barrytown (New York), una struttura che era appartenuta a un ordine monastico ed era stata acquistata recentemente. Sul furgone Jerry sentì un'altra recluta menzionare i moonisti mentre parlava con l'autista. Ricordava di averne allora chiesto spiegazioni alla giovane giapponese, quella che per prima lo aveva invitato al seminario, e ricostruì il seguente dialogo:

JERRY: Dì un po', il Principio Divino ha a che fare con i moonisti?
LEI: Vuoi dire la Chiesa dell'Unificazione?
JERRY: Non so. Sono collegati?
LEI: Il reverendo Moon ha scritto il Principio Divino.
JERRY: Oh? È il coreano che parlò allo Yankee Stadium?
LEI: Sì, è un grande saggio che ci diede le idee di cui abbiamo parlato negli ultimi giorni.

Jerry: Oh, capisco. Come mai non lo hai detto?
Lei: La gente critica ingiustamente il reverendo Moon; ti dissuaderebbe dal partecipare al seminario, e tu perderesti la possibilità di ascoltare le sue parole. Noi desideriamo soltanto che tu abbia l'opportunità di scoprire ciò che lui ha da dire.

Jerry non ricordava di essersi sorpreso o angustiato molto a quel punto. Per la verità pensò poco al suo crescente coinvolgimento con un sistema di dottrine che avrebbero avuto una profonda influenza sulla sua vita. Il passaggio da visioni genericamente sostenibili ad altre chiaramente devianti ebbe luogo con un sotterfugio così *casual* da suscitare scarse reazioni contrastanti nel convertito. Jerry passò da un generico amore per i poveri di tutto il mondo all'accettazione delle insolite credenze della Chiesa senza neppure accorgersene: un riflesso evidente della plasticità di fede quando coloro che sono investiti di autorità promuovono tale cambiamento.

Il giorno dopo essere arrivato al seminario, Jerry telefonò a suo padre, dicendogli più o meno dove fosse. Ricordava di avere evitato di proposito di menzionare il movimento dei moonisti perché sapeva che suo padre non avrebbe approvato. Di lì a pochi giorni Jerry ritelefonò e la famiglia insistette perché partisse, ma lui era fortemente intenzionato a finire la settimana.

Nel frattempo, però, i genitori di Jerry si erano consultati con un avvocato e con il medico di famiglia, e si presentarono al seminario con un documento che dava loro il diritto di tutela del figlio. Jerry interpellò subito i leader della Chiesa. Dopo aver discusso sulla strategia da seguire, lui optò per la fuga e andò a rifugiarsi in un remoto centro della Chiesa dell'Unificazione, mentre i membri del gruppo ricorrevano all'assistenza di un legale per preparare la sua difesa. Gli ostacoli che Jerry dovette affrontare contribuirono a consolidare la sua fede. Non solo abbracciò il credo della Chiesa, ma dovette anche difenderlo.

Sebbene l'inizio del suo coinvolgimento con i moonisti fosse dovuto a un malinteso, in seguito la sua accettazione delle loro dottrine fu chiara, e la sua capacità mentale di aderirvi (o di intraprendere qualsiasi linea d'azione di sua scelta) apparve intatta. Era stato introdotto con un sotterfugio a un nuovo insieme di credenze in un momento in cui il suo stato mentale alterato lo rendeva vulnerabile. Il malessere che sentiva a causa dell'alcolismo del padre e del proprio incerto futuro lo avevano predisposto ad accettare l'offerta di una soluzione universalista. Pian piano fu attirato in un sistema di fede che dava un senso di certezza e una indispensabile dose di speranza e d'impegno. I propugnatori di sistemi di fede impopolari usano rivelare, durante il reclutamente iniziale, solo ciò che ritengono saggio.

CERCATORI

Diversamente da Jerry, alcuni convertiti hanno avuto lunghe carriere come «cercatori» (*seekers*)[19] di esperienze spirituali prima di entrare in uno dei nuovi movimenti religiosi. Impegnarsi in un'attiva ricerca di approccio globale può rappresentare un tentativo per risolvere conflitti sul significato della vita. Tali preoccupazioni sono comuni negli adolescenti, ma per alcuni esse possono diventare ossessive e protratte, e servire da punto di partenza per un impegno intellettuale. Anche la cultura nella quale un giovane cresce può contribuire moltissimo a prepararlo a tale disposizione mentale, e la prospettiva di controcultura degli anni Sessanta e primi anni Settanta portò molti giovani a ricercare una filosofia che li guidasse. Tuttavia, per molti cercatori le caratteristiche ideologiche della setta a cui si affiliarono erano evidentemente meno determinanti per la loro scelta particolare che non le coincidenze relative ai loro incontri iniziali con il gruppo. In altre parole, se il tempo, la gente e il luogo fossero stati giusti, qualsiasi movimento avrebbe potuto attirare la loro attenzione.

Uno che pose fine a una prolungata ricerca entrando nei moonisti è Bill; la sua esperienza illustra l'attività di un cercatore. Al pari dei suoi genitori, Bill fin da bambino si considerò agnostico e non coltivò nessuna formale identificazione religiosa. Verso i quindici anni prese a interessarsi al suo passato culturale ebraico e dopo il diploma andò in Israele. Mentre trascorreva una settimana in Europa, s'imbatté in alcuni seguaci della Chiesa dell'Unificazione, ma, come ricordò in seguito, non fu attirato dal loro sistema di vita o dalla loro religione.

L'anno dopo, matricola all'università, seguì due corsi di filosofia, sperando di arrivare a una migliore conoscenza dei «punti essenziali», e trascorse molto del suo tempo libero con un gruppo neo-indù, ma alla fine si disamorò.

Andò a una conferenza che la Chiesa dell'Unificazione tenne nella propria sede all'università, per cercarvi «idee su come gira il mondo». Sebbene il gruppo offrisse interessanti vedute, lui preferì altre opportunità di trovare un'identità significativa. Per mesi «divenni un hippie, per vedere se le droghe fossero la strada che portava alla conoscenza», e più tardi, per citare le sue parole, «un intellettuale; lessi molto. Sapevo tutto sul valore delle "idee" come essenza della vita».

Mentre frequentava il secondo anno di università, Bill cominciò a partecipare attivamente al movimento pacifista; andò di nuovo in Israele a passare l'estate in un kibbuz hassidico. Anche lì rimase deluso, sentendo di non poter accettare la posizione hassidica secondo la quale gli ebrei occupano un posto speciale in quanto popolo eletto di Dio.

In autunno Bill tornò all'università, ma solo come studente part-time, essendo incerto sui propri obiettivi futuri. Entrò di nuovo nella sede della Chiesa dell'Unificazione, ma ricordò di non avere trovato né molto cameratismo né elementi in comune con la propria esperienza. Comunque il Principio Divino lo interessò e Bill si offrì di svolgere lavori nell'ambito della sede, considerandolo un mezzo conveniente per conoscere gli aspetti «insoliti» del panorama locale. Quando ne parlammo, mi disse che, forse, aveva sentito il bisogno di unirsi a qualche gruppo su base più permanente, avendo esaurito il proprio ruolo di «fanatico» di movimenti.

In breve, fu invitato a una conferenza di quattro ore sul Principio Divino; vi partecipò con qualche timore, pensando che quelle origini non erano compatibili con il suo retroterra ebraico. Dopo la conferenza, però, la sua reazione alla filosofia del gruppo fu di «gioia. Avevo trovato il mio scopo nella vita. Ormai avevo convinzione e fede, ciò che prima mi era mancato». Aveva raggiunto un luogo di riposo nella sua attività di cercatore, e sei anni dopo, nel raccontare le sue esperienze, sottolineò che la successiva influenza delle dottrine del gruppo aveva rafforzato il suo impegno.

IDENTIFICAZIONE

Altri convertiti si affiliarono per identificarsi con valori che percepivano nei propri genitori; per costoro il gruppo rappresentò spesso fin dall'inizio una causa significativa. Una ragazza, Barbara, osservò che il motivo più importante per cui era entrata nel gruppo era che i seguaci avevano una dedizione ai valori sociali uguale a quella di sua madre che lei ammirava fin da quando era bambina. Sua madre era stata molto attiva nella lotta per l'uguaglianza razziale e aveva operato in favore della pace fin dai primi anni della guerra in Vietnam.

Al primo anno di università Barbara s'interessò del movimento femminista e scrisse un ampio saggio sulle musiciste contemporanee. Su consiglio del suo professore, adattò il saggio per farne un articolo da pubblicare sul giornale universitario. Barbara disse: «Inseguii quella idea perché ero determinata a cambiare, ma conclusi che stavamo grattando soltanto la superficie. Come mia madre, volevo credere in una filosofia di azione per costruire un mondo ideale e, appena conobbi la Chiesa, presi coscienza che le loro dottrine potevano realizzarlo».

OPPOSIZIONE

Al contrario di Barbara, un potenziale convertito può assumere agli inizi una posizione di contrasto. A molti giovani piace mettersi in conflitto con un'autorità costituita, in questo caso rappresentata da un nuovo movimento religioso. In principio sono ben visibili l'autonomia e la ribellione chiassosa proprie dell'adolescenza; ma, alla fine, il loro nascosto bisogno di dipendenza, contro il quale i giovani si battono in questa fase della vita, si manifesta nell'essere attratti dalle esigenze totalitarie del gruppo. Un atteggiamento indipendente può stare alla base della loro conversione alla stessa setta che avversano, mentre s'impegnano nel contrastarne le idee. Osservazioni simili sono state fatte in studi sulla psicologia sociale del cambiamento di atteggiamento.[20]

Il giovane Carl fu introdotto alla Chiesa in un periodo in cui era abbastanza soddisfatto della propria vita. Un suo amico era entrato nella Chiesa dell'Unificazione, e Carl tentò di convincerlo a lasciarla, cogliendo l'occasione per criticare la posizione della setta. L'amico persuase Carl a partecipare a un seminario, sostenendo che lui non poteva comunicare efficacemente se non si esponeva al Principio Divino. Carl ricordava quel seminario come un'esperienza «interessante», ma disse che l'aveva lasciato teso e irritato, poiché si era sentito costretto a confutare le idee del leader quando, dopo le sedute formali, avevano parlato insieme.

Il punto cruciale della conversione venne tre giorni dopo, quando Carl fu sfidato da due conoscenti a giustificare l'interesse che pareva mostrare per quella chiesa. Ne seguì una discussione e, insistendo sulla propria neutralità, da un atteggiamento ambivalente Carl passò a sentimenti più positivi. Quella stessa sera sentì il bisogno di telefonare al suo amico presso la sede della Chiesa. E quasi senza accorgersene disse che l'indomani sarebbe andato alla seduta presso il centro per «conoscere meglio» la setta. Quella notte Carl sentì un intenso desiderio della Chiesa e della verità che essa pareva offrire. «Allora desiderai credere nel Principio per poter trovare conforto in esso. L'indomani decisi di entrare nel gruppo».

Questa esperienza è simile a quella di molti alcolisti che si associano agli Alcolisti Anonimi, anch'essi un gruppo carismatico. La loro affiliazione nasce dal bisogno di trovare un punto d'appoggio sicuro in opposizione al desiderio compulsivo dell'alcool, ma spesso sono scettici verso l'impegno semireligioso richiesto dall'appartenenza agli AA. Nonostante questo, la posizione degli alcolisti, antitetica alla dipendenza dal gruppo e dal suo credo, può trasformarsi da ultimo in un forte impegno. Lo si desume dai commenti di un alcolizzato a proposito del Primo Passo di AA, cioè il riconoscimento dell'impotenza di fronte a un Potere Superiore.

Inizialmente pensavo che fosse assurdo sottomettersi a un Potere Superiore. Sapevo che la verità era un'altra, e discussi la cosa con alcuni membri. Ma dopo un po' mi resi conto che loro *avevano* ragione e che io avevo sempre desiderato riconoscere la mia fede, ma l'avevo combattuta troppo a lungo. La forza di questi princìpi mi fu chiara quando mi resi conto con quanto impegno dovevo lottare per evitarli.

Spesso il bisogno di opporsi aggressivamente al credo di un gruppo carismatico è alimentato da una difesa psicologica del convertito contro bisogni di dipendenza, che vengono accresciuti dalla seduzione di sottomettersi a un complesso di dottrine assolute. Quando il convertito ha maggiore intimità con il gruppo, sia pure sotto forma di collera ribelle, il bisogno di dipendenza può produrre sottomissione.

Studio dei seguaci

Quando cominciai a progettare uno studio che affrontasse il tema della fede condivisa in un gruppo carismatico, fu chiaro che i funzionari della Chiesa non avrebbero imposto limitazioni *a priori*, quindi parve fattibile toccare argomenti delicati come uso di droga, coercizione fisica e atteggiamenti verso il sesso. Preparai un questionario su questi e altri argomenti psicologici e demografici tratti dallo studio della Luce Divina. Il questionario doveva essere riempito in forma anonima per evitare che i seguaci si preoccupassero di eventuali controlli delle loro risposte.

La direzione del gruppo collaborò a sua volta aiutandoci a sottoporre il questionario durante un grande raduno nella sede della Chiesa a New York dove gli affiliati seguivano un programma normale d'intrattenimento serale. La riunione era tipica e, a causa della notevole mobilità dei membri della Chiesa in tutto il territorio degli Stati Uniti, il campione di soggetti comprese persone di tutte le regioni del paese. [21]

La nostra équipe di ricerca era presente per distribuire i questionari e coordinare un insieme di membri che io avevo già preparati a rispondere alle domande che sarebbero state fatte. Quando cominciammo, il presidente nazionale presentò la nostra iniziativa, pregando i seguaci di rispondere con sincerità affinché ne uscisse un'immagine esatta della Chiesa. Quella sera vi erano 307 membri e furono analizzati questionari riempiti da 237 soggetti di origine americana e affiliati al gruppo, in media, da circa tre anni.

Le risposte indicarono che il passato dei membri della Chiesa dell'Unificazione era simile a quello osservato nella Missione della Luce Divina. Rifletteva un mutamento anteriore al loro ingresso nella setta, sia in termini di interruzione degli studi e di problemi emozionali, sia di interesse precedente per altre sette. Per esempio, i membri avevano cominciato a lasciare il normale corso di studi prima di conoscere il gruppo, dato che meno di un terzo degli ex studenti si era associato a tempo pieno. Inoltre, sebbene la maggioranza (58%) avesse iniziato l'università, solo una minoranza (25%) si era laureata. I più (67%) si consideravano poco o molto attaccati all'orientamento religioso della loro famiglia prima dei quindici anni, ma la stragrande maggioranza (90%) riferì di una successiva predilezione per uno degli altri nuovi movimenti religiosi — denotando almeno qualche esperienza come cercatori religiosi.

Non rare erano anche le difficoltà psicologiche prima di entrare nel gruppo (come si è visto nello studio della Missione della Luce Divina). Una buona porzione (39%) riteneva di avere sofferto in passato di gravi problemi emozionali, tali da indurre molti a consultare medici (30%) e anche a farsi ricoverare in ospedale (6%). La natura dei correnti stati emozionali dei membri fu accertata con uno strumento standardizzato creato dal National Center for Health Statistics, la Tabella del benessere generale psichico. Tale strumento ci permise di comparare i seguaci della Chiesa dell'Unificazione con un campione rappresentativo della popolazione generale, basato su dati di indagini nazionali.[22] Dalle loro risposte fu evidente che anche all'epoca dello studio il senso di benessere dei seguaci era notevolmente al di sotto di un gruppo paragonabile di popolazione generale.[23] Questo è tanto più significativo perché i punteggi di disturbo psicologico dei membri per il periodo *antecedente* l'affiliazione erano assai più alti (48%) di quelli ottenuti all'epoca dell'indagine. Ciò fece pensare che i seguaci, come gruppo, avessero avuto un notevole livello di angoscia psicologica già prima di entrare nella setta, il che li rendeva indubbiamente vulnerabili a un insieme di credenze che promettevano di offrire loro una rinnovata coscienza di propositi. Inoltre, le informazioni sui membri che non avevano terminato l'università e sui loro contatti con altre sette indicarono una concomitanza comportamentale di quelle turbe dell'emotività.

Per esaminare il rapporto fra l'accettazione delle dottrine della Chiesa dell'Unificazione e il corrente benessere emozionale dei seguaci, avevo messo a punto una scala d'impegno religioso (Tabella 3-1) in cui i soggetti valutavano una serie di quesiti in relazione a come si erano sentiti in tre diversi momenti: immediatamente prima di entrare nella setta, immediatamente dopo, e nel momento presente.

Non c'è da meravigliarsi che la corrente dedizione alle dottrine religiose fosse molto alta. Per esempio, un folto numero di seguaci (74%) sentiva uno «stretto legame con Dio... molto forte». Il loro zelo di proselitismo si rifletteva anche nel forte sentimento che i non-membri dovessero «adottare le stesse dottrine religiose» che essi avevano (80%). Inoltre, con riferimento alle esperienze religiose trascendenti, i più (90%) riferirono di avere «visto intensamente un nuovo significato speciale nella vita... durante la preghiera quotidiana».[24] Questi sentimenti furono riferiti con molta più forza che non per il periodo anteriore all'affiliazione.

Questo grado d'impegno come influenzò lo stato emozionale dei seguaci? In primo luogo una grande maggioranza (91%) indicò che il loro livello di disturbo psicologico

Tabella 3-1. **Scala relativa alla fede religiosa**

Ogni voce è valutata da 1 («niente affatto») a 5 («moltissimo») relativamente al periodo in questione.

1. Sento uno stretto legame con Dio ( )
2. Le mie credenze religiose mi danno conforto ( )
3. Dovrei evitare di pensare al sesso ( )
4. Dovrei evitare di «fare il pieno» di alcool ( )

Coloro che non sono membri del mio gruppo religioso dovrebbero

5. adottare le mie stesse credenze religiose ( )
6. evitare di pensare al sesso ( )
7. evitare di «fare il pieno» di alcool ( )
8. Preghiera o meditazione danno un significato alla mia vita ( )
9. Preghiera o meditazione mi sollevano lo spirito quando mi sento turbato ( )

era più basso nel periodo immediatamente successivo alla conversione che non in quello immediatamente precedente. L'abbassamento medio equivaleva a un cambiamento da «moderatamente» a «lievemente» ansioso nella Scala dei disturbi (da un punteggio di 3 a 2). Cosa altrettanto importante, la reale regressione dei sintomi era direttamente correlata alla forza dei loro sentimenti religiosi, cosicché coloro che migliorarono di più avevano mostrato un maggiore aumento di punteggi di religiosità nel corso della conversione.

Le tre variabili in questione poterono essere considerate insieme, onde valutare l'impatto della fede religiosa e della coesione dei seguaci sul loro benessere emozionale. Questa analisi dimostrò che i quesiti delle due scale di affiliazione di gruppo — fede e coesione — erano forti indicatori del senso di benessere emozionale dei seguaci (cioè, essi indicavano insieme il 36% di variazione nei punteggi di Benessere generale). Due elementi di fede religiosa, «Le credenze religiose mi danno conforto» e «Sento uno stretto legame con Dio», furono gli indicatori di più alta valutazione in questa analisi. [25] Uno stato emozionale in atto era fortemente collegato al grado di affiliazione che il seguace sentiva verso la Chiesa. Se era molto legato al gruppo in termini di fede e vincoli sociali, aveva assai più benessere psicologico generale che non se ne era più distaccato.

Fu anche interessante accertare la misura in cui la fede dei seguaci influiva sul loro reale comportamento, dato che il cambiamento comportamentale è certamente un test di vera dedizione. Furono presi in considerazione due settori di atteggiamento e relativo comportamento: relazioni sessuali e uso di droghe e alcool. I membri indicarono un eccezionale aumento del controllo della sessualità dopo essere entrati nel gruppo. Solo pochi (11%) riferirono di avere sentito con forza che «dovevano evitare di pensare al sesso» immediatamente prima dell'affiliazione, ma all'epoca del questionario una larga maggioranza (76%) confermò questa sensazione, e una porzione simile di interpellati credeva che evitare quei pensieri fosse appropriato anche per i non-membri. I seguaci mettevano in pratica tali idee, dato che non sentii parlare di contatti sessuali di alcun genere fra i molti membri che intervistai, e cercare di indurre altri ad accettare queste norme era l'attività principale. Come poi osservai studiando coppie di seguaci fidanzati e futuri sposi, veniva rispettata la proibizione di contatti sessuali per tre anni e più di fidanzamento e anche dopo, nei mesi del «periodo di separazione» prescritto, successivo al matrimonio.

L'impatto delle dottrine sul loro comportamento fu anche riscontrato nei cambiamenti sull'uso di droghe e alcool. Quali figli della cultura giovanile contemporanea, i seguaci avevano fatto largo uso di sostanze inebrianti prima di associarsi alla Chiesa, per cui una discreta percentuale di loro (23%) dichiarava di aver avuto in passato seri problemi di droga. Una grande maggioranza aveva fumato marijuana (79%) o bevuto alcolici in dosi eccessive in passato (90%), e quasi la metà (45%) aveva usato allucinogeni. In quel momento la maggior parte dei membri (88%) accettava con forza la norma preferita del gruppo, «evitare di fare il pieno di alcool», e solo una piccola minoranza (13%) aveva bevuto alcolici nei due mesi precedenti. Un solo interpellato (0,4%) ne aveva fatto uso giornaliero in quel periodo, contrariamente a un discreto numero (17%) che si era dato al bere in qualche momento prima di entrare nella setta. Nel mio studio successivo sull'esperienza di reclutamento (di cui parlerò in seguito), scopersi che tali atteggiamenti a fondamento religioso venivano acquisiti rapidamente: i partecipanti a un seminario manifestarono livelli d'impegno simili a quelli di membri di vecchia data dopo non più di due giorni di contatto con il gruppo.

Dalle interviste e dall'indagine emerse un quadro della flessibilità del singolo convertito ad acquisire una forte fede in un periodo relativamente breve. Prima ricettivo al gruppo carismatico e poi parte di esso, lo stato psicologico del convertito si lega a queste dottrine. Lo stato di benessere si conserva nella misura in cui uno aderisce a tali dottrine, ma l'angoscia emerge quando uno si sente meno impegnato verso la fede e verso i compagni del gruppo. Questo stretto rapporto fra affiliazione e benessere emozionale rafforza obbedienza e legami continuativi con il gruppo senza bisogno di coercizione esterna. Il meccanismo non viene percepito coscientemente dal seguace, così come tanta gente non si chiede perché ogni sera torni a casa dalla famiglia o perché cerchi ripetutamente gli amici per impegni sociali. Norme di fede e relativo comportamento sono interiorizzate molto rapidamente e sorgerebbe una notevole angoscia se qualche circostanza indebita portasse un membro di un gruppo carismatico a violare queste regole.

Spesso ci sorprendiamo del comportamento deviante di seguaci di culti quando esso è dettato da credenze contrarie alle nostre. Quando un moonista passa la giornata ad avvicinare con insistenza le persone per strada, noi troviamo tale comportamento incomprensibile, come riteniamo bizzarro che un seguace degli Hare Krishna si presenti con lunghe vesti fluttuanti e testa rasata. Ciò nonostante, fintanto che un modello particolare di comportamento è adottato in relazione a un sistema di fedi e a una compatta rete sociale di setta carismatica, esso non viene giudicato insolito o forzato dai seguaci stessi, anche se scandalizza o ripugna il pubblico in generale.

L'attribuzione del significato

Per considerare ulteriormente come il convertito acquisisca un insieme di dottrine che contrastano con i suoi atteggiamenti precedenti, possiamo attingere dalla teoria dell'attribuzione. Delineata in origine dallo specialista di psicologia sessuale Fritz Heider, [26] questa teoria si occupa di come le persone attribuiscano un significato ai fatti, ispirandosi ai loro atteggiamenti esistenti e a suggerimenti ambientali. È stata applicata al modo in cui le persone interpretano la propria esperienza in campi diversi come psicoterapia, politica e religione. [27]

Un modo per acquisire i propri atteggiamenti è quello di osservare letteralmente se stessi. Daryl Bem [28] indicò questo aspetto di autopercezione quando scrisse che gli individui arrivano a «conoscere» atteggiamenti, emozioni e altri stati interiori di se stessi in parte «arguendoli da osservazioni del proprio comportamento palese, e/o dalle circostanze in cui tale comportamento si verifica... Come funzione, l'individuo è nella stessa posizione di un osservatore esterno, uno che deve necessariamente contare su quegli stessi suggerimenti per supporre gli stati interiori dell'individuo».

Per esempio, alcune persone possono attribuire significato a importanti esperienze della vita ricorrendo al bagaglio religioso della propria famiglia, ma solitamente costoro avevano adottato quegli atteggiamenti senza intenzione formale, in parte perché *osservavano se stessi* vincolati a quella fede mentre crescevano. Non si arriva necessariamente a una decisione cosciente sul proprio orientamento religioso, ma piuttosto si ammette: «sono cattolico» o «sono ebreo» perché si sono messi in pratica atti associati a quella fede.

Questo tipo di attribuzione si applica anche a esperienze più transitorie. Una persona può essere gettata nell'incertezza da una sconcertante serie di eventi, e poi ricorre a qualsiasi spiegazione accessibile suggerita dal *contesto sociale* nel quale detti eventi si verificarono. Dopo, l'individuo può usare quella spiegazione in altre situazioni in cui essa sembra pertinente. Ammesso uno stato incerto di umore e di percezione, l'individuo risponde con la spiegazione più prontamente accessibile e credibile. Noi tendiamo a trattare l'incertezza rifacendoci a esperienze passate o a suggerimenti nella situazione, e dopo possiamo arrivare a una conoscenza senza valutare attentamente tutte le informazioni disponibili. Certe situazioni tendono ad accrescere la probabilità che un individuo venga influenzato da suggerimenti accidentali anziché da attente osservazioni da lui fatte e verificate. Harold Kelly [29] ipotizzò che questo fosse molto probabile se uno ha:

1. Scarso sostegno sociale.
2. Precedenti informazioni che siano mediocri e ambigue.
3. Problemi difficili al di là delle proprie capacità.
4. Opinioni che si siano dimostrate inappropriate o scorrette.
5. Altre esperienze che producano poca sicurezza di sé.

Queste idee svelarono come mai reclute potenziali cominciassero ad acquisire nuove credenze mentre frequentavano i seminari della Chiesa dell'Unificazione. Per esempio, quando la reclutatrice telefonò a Jerry all'università e lo invitò a partecipare al seminario del weekend, lui si trovava nella situazione di instabilità descritta. Aveva lasciato il lavoro che aveva assunto durante l'assenza dall'università, era incerto sul proprio futuro e si sentiva alla deriva. Le difficoltà del padre alcolizzato lo preoccupavano molto, contribuendo al suo malessere e alla bassa stima di sé. Nel seminario della Chiesa dell'Unificazione si sottopose a una esperienza di gruppo imprevedibilmente intensa, che lo costrinse a sviluppare qualche prospettiva, se non altro per dare un senso all'imprevisto affetto riversato su di lui. Inoltre, il contrasto fra la sua incertezza precedente e la certezza mostratagli dai membri della One-World Crusade (così i moonisti chiamavano il loro gruppo) lo predispose ad attribuire un significato più ampio a tale esperienza. A quel punto i capi del seminario gli offrirono il ruolo trascendente della loro Crociata come giustificazione di tanta dimostrazione d'impegno.

Jerry fu anche influenzato dall'osservazione del proprio comportamento, poiché si ritrovò coinvolto nel seminario:

un fitto programma di dibattiti di gruppo, canti, sport e lo scambio di sentimenti intimi. Partecipare a quelle attività di gruppo plasmò la sua percezione di sé quale membro della Crociata che condivideva i valori del gruppo. Quindi il proprio comportamento nell'aderire agli esercizi di gruppo e i messaggi impartiti dalla dirigenza del seminario attribuirono significato alla sua esperienza.

Una volta stabilita, questa attribuzione guidò il suo comportamento successivo e servì implicitamente da modello esplicativo attorno al quale lui definì la propria esperienza futura. Ciò diventa chiaro da quanto mi disse circa i suoi sentimenti dopo il seminario del weekend.

Era strano, ma l'intensità dei due giorni mi fece capire molto chiaramente perché fossi stato così incerto, e dove potevo dirigermi per il futuro; fu come se la nebbia si fosse sollevata. Cominciai a comprendere cose che prima non avevano senso, perché tanta gente si affannava a correre senza ragione, senza una costante coscienza di propositi. Ebbi la sensazione di poter cercare la direzione con l'aiuto dei miei amici della One-World Crusade.

Quando poi entrò nella Chiesa dell'Unificazione, Jerry si fece un piccolo gruppo di compagni che conobbe personalmente, ma ora esisteva per lui anche una più grande *pseudocomunità* — tutti gli affiliati alla Chiesa. Questo gruppo, di cui lui conosceva poche persone, stava diventando una realtà quanto coloro che conosceva. L'uso di una vasta rete interpersonale, esistente soltanto nella mente del singolo, consente al seguace del gruppo carismatico di sentirsi vicino ai molti che sostengono le attribuzioni da lui stabilite. Fede deviante, missione stravagante e fedeltà a una figura di culto sono tanto più sostenibili se migliaia di persone le difendono. È più facile che una filosofia accettata da poco venga anche mantenuta quando i suoi dogmi sono condivisi da molti altri. [30]

Il concetto della pseudocomunità ha rilevanza anche per la conoscenza di certi tipi di psicopatologie, in particolare la paranoia. Per il paranoide la pseudocomunità è autistica — essa è evocata senza la conferma unanime di altri. Come

John Cameron[31] per primo la descrisse, la pseudocomunità consisteva di persone che il paranoide immaginava popolassero il mondo, solitamente potenziali aggressori, potenziali agenti dell'Fbi, membri della Mafia o di simili gruppi minacciosi e potenti.

Per Carol una pseudocomunità aveva compreso i diavoli che lei e Bobby combattevano. In ospedale fu in grado di liberarsi da quello stato delirante adottando un diverso insieme di attribuzioni — una prospettiva religiosa pentecostale — e si liberò della sua alienazione entrando in una nuova pseudocomunità, quella dei credenti pentecostali in attesa di salvezza. Jerry, il cercatore, ci offre invece un interessante contrasto. Il suo contatto con la Chiesa dell'Unificazione, prima del weekend di seminario, era stato breve, e i dogmi del gruppo avevano poca attinenza con i suoi atteggiamenti precedenti. Ci si potrebbe chiedere che cosa lo portò a impegnarsi nella più grande comunità della Chiesa dell'Unificazione e nella sua missione trascendente. Questo dovrebbe dirci parecchio, riflettendosi sulla eccezionale capacità dei seminari di impegnare i partecipanti a sposare il sistema di dogmi della setta.

Due studi portano in primo piano il ruolo della conformità di gruppo nell'alterare il giudizio del singolo. Solomon Asch[32] fece entrare un soggetto di studio in un gruppo di sei persone, sedute a un tavolo rotondo. I sei, in realtà, collaboravano con gli sperimentatori ed erano stati istruiti su come comportarsi. A tutti e sette fu mostrata una lavagna sulla quale era tracciata una linea verticale e poi altre tre linee, e fu loro chiesto di scegliere quella di lunghezza identica alla prima. Il compito era strutturato in modo da facilitare la scelta corretta. Fu eseguita una serie di prove in cui i sei collaboratori, ciascuno dei quali rispondeva *prima* del soggetto, davano risposte esatte. Nell'ultima prova, però, tutti i collaboratori diedero la medesima risposta *sbagliata*. Quando toccò a lui, il soggetto poteva conformarsi con gli altri e fare una scelta sbagliata o scegliere correttamente ed essere in contrasto con il gruppo. In una serie di questi esperimenti, solo un terzo dei soggetti diede la risposta giusta in quasi tutti i casi, mentre i più risposero nel modo sbagliato. Qui vediamo un prototipo di acquiescenza del non-membro all'opinione del gruppo.

L'importanza dell'unanimità fra i collaboratori si rivelò in uno studio successivo in cui uno diede la risposta *corretta* durante l'ultima prova, gli altri cinque no. La conformità dei soggetti nel dare risposte sbagliate si abbassò notevolmente (dal 32% di prove nello studio iniziale al 6%).

Questi esperimenti indicano perché i culti devono mantenere un alto grado di conformità alle opinioni del gruppo nei loro sforzi di proselitismo. Tipicamente la Chiesa dell'Unificazione fa partecipare una maggioranza di membri attivi ai suoi seminari introduttivi, anziché un solo membro come leader in un gruppo di non-membri. Il tenore delle comunicazioni è quindi gestito più facilmente dalla maggioranza dei seguaci. Analogamente negli Alcolisti Anonimi il reclutamento avviene nelle riunioni in cui i presenti sono per la maggioranza membri attivi che raccontano della loro salvezza grazie agli AA e del loro impegno a mantenersi astemi.

Durante i seminari della Chiesa dell'Unificazione, Jerry si unì alle attività del gruppo e osservò che si comportava come gli altri della One-World Crusade, persone che lui era arrivato a trovare gradevoli e a rispettare. Disse: «Partecipai a tutte le attività perché loro erano sinceri e facevano cose per una buona causa, anche se talvolta esse sembravano stupide». Con il passare del tempo, però, la sua percezione dei propri atteggiamenti fu influenzata dall'osservazione del proprio comportamento. Come Bem ipotizzò, dopo un certo punto colui che volontariamente esteriorizza una serie di atteggiamenti arriverà a sentirli come propri.

Mentre il seminario progrediva, i valori del gruppo guadagnarono credito via via che Jerry osservava il proprio comportamento e cominciava a sentire un benessere emozionale. Così lo ricordò: «Mi resi conto che il Principio doveva essere importante. Potei notare ciò che esso stava facendo per me». Il gruppo divenne per lui sempre più un punto di riferimento per le sue percezioni del mondo circostante e una base per le decisioni che doveva prendere.

Consideriamo a questo riguardo la comunità di Oneida

del secolo scorso. L'accettazione delle sue dottrine utopistiche e l'adesione agli ideali del capo da parte dei seguaci si rafforzavano negli incontri giornalieri della comunità nella *Mansion House*, dove i problemi personali venivano esposti e valutati rifacendosi ai valori di gruppo. Le decisioni riguardanti le attività quotidiane, dal lavoro in cucina alle pratiche sessuali, venivano spiegate e attuate ricorrendo al parere di John Noyes, il leader carismatico del gruppo; con ciò si promuoveva l'attribuzione di tutte le esperienze alla visione mondiale della comunità.

Il riferimento di quanto accade alle prospettive della setta può avvenire anche in riunioni di piccoli gruppi, come Synanon, una comunità terapeutica per drogati sorta sul finire degli anni Cinquanta nella California meridionale. I «giochi» di Synanon sono prolungate sedute di gruppo in cui i partecipanti s'incontrano diverse volte alla settimana. In tali occasioni affrontano in modo aggressivo problemi minori sorti nelle loro relazioni e deviazioni dalle norme prescritte riscontrate negli atteggiamenti di alcuni seguaci, fino a quando non raggiungono un consenso e un'adesione unanimi ai valori della comunità. [33] L'impostazione di questo piccolo gruppo è potente; essa ha permesso ai membri di rinunciare alla dipendenza dall'eroina agli inizi della vita del gruppo, e in seguito è servita di base per creare una comunità rigidamente controllata e compatta con propria sistemazione residenziale e occupazionale autonoma. In tutta la sua storia la comunità è stata strettamente controllata dal proprio capo carismatico Charles Dederich le cui idee sono state trasmesse ai seguaci attraverso una catena di questi «giochi». La comunicazione controllata nel piccolo gruppo caratterizza pure la persuasione coercitiva, o «lavaggio del cervello», dove l'individuo è costretto ad adottare le idee del gruppo *contro* la propria volontà. Robert Lifton ha osservato che il «lavaggio del cervello», come veniva praticato nei campi di prigionia cinesi, richiedeva pieno controllo sul contesto di comunicazione, [34] ma nelle conversioni volontarie il contatto deve essere mantenuto in maniera sottile (o ingannevole), senza forzare l'individuo a uniformarsi alle idee del gruppo.

In situazioni di gruppi altamente strutturati gli individui possono essere portati a dare giudizi assai diversi dalle decisioni che prenderebbero autonomamente. Quando sono ben preparati dall'ambiente sociale, essi possono accettare dottrine insolite che il gruppo in cui sono entrati rafforza continuamente. Come vedremo, queste s'intensificano di più quando i sentimenti e lo stato di coscienza del singolo si sono alterati nell'ambiente del gruppo.

4

COSCIENZA ALTERATA

Le persone sono più vulnerabili all'influenza sociale quando vengono indotte a pensare, intuire, sentire diversamente dal solito, quando qualcuno o qualcosa distrugge il loro equilibrio emozionale. Tali cambiamenti nell'esperienza soggettiva (o alterazioni della coscienza) possono minare la matrice psicologica in cui sono radicate le nostre idee, fino a farci perdere traccia degli abituali indicatori interiori. Possono anche introdurre un sentimento di mistero, o la sensazione che stiano operando forze al di là del nostro controllo. Così ci spingono ad accettare spiegazioni insolite per le nostre esperienze e ad adottare nuovi atteggiamenti impliciti in quelle spiegazioni. Sotto questo aspetto la coscienza alterata può contribuire a modellare gli atteggiamenti dei seguaci in un gruppo carismatico.

Fui colpito dall'importante ruolo delle alterazioni di coscienza mentre studiavo la Missione della Luce Divina. Fin dal mio primo contatto con questo gruppo, i membri menzionarono l'importanza delle quattro «meditazioni» per il loro impegno personale. Ognuna faceva leva su un senso diverso, provocando percezioni visive, gustative e uditive inattese. La stessa setta portava il nome di una di queste esperienze sensoriali, la «Luce Divina» che i seguaci dicevano di vedere durante la meditazione personale. In un primo tempo tali pratiche meditative non mi sembrarono compulsive, forse a causa della mia tendenza a liquidare come ingannevoli o patologiche quelle esperienze non verificabili con un'osservazione indipendente. La loro importanza, tuttavia, divenne chiara quando parlai con una persona, Raymond, le cui idee mi parvero degne di essere prese in seria considerazione, dato che anche lui era uno psichiatra. La comune professione facilitò l'identificazione con lui. Inoltre, Raymond era un giovane sveglio, ben versato nel pensiero psicologico contemporaneo e disposto a considerare tutti i lati di un problema. Ciò nonostante, nel suo racconto parve quasi ossessionato dalle alterazioni di coscienza che attribuiva all'esperienza religiosa.

Quando era all'università, Raymond aveva deciso di diventare medico generico e aveva fatto il necessario tirocinio in ospedale. Poi aveva accettato un posto nella clinica di una cittadina per avere quel contatto diretto con i pazienti che aveva tanto desiderato. Dopo due anni in quella clinica affollata, si disincantò a causa delle limitate opportunità di lavorare in stretto contatto con i pazienti e cominciò a vagheggiare altre possibilità. Un conoscente lo invitò a partecipare al *satsang*, il sermone religioso della Missione della Luce Divina. Raymond ci andò e trovò nei seguaci una coscienza di convinzione che mancava nella sua vita. Aveva cominciato a sentirsi annoiato e il gruppo gli offrì un fulcro d'interesse. Tornò al *satsang* e descrisse la seguente esperienza capitatagli dopo la sua terza visita.

Era seduto comodamente in un gruppo di dodici persone, in maggioranza affiliati, e ascoltava una giovane donna che parlava dell'importanza della missione del guru. Non prestava eccessiva attenzione alle sue parole, ma si lasciava cullare dal ritmo del discorso fino a sentirsi rilassato. D'improvviso vide una forte luce emanare dal corpo di lei e formare un alone. In seguito ricordò:

> La luce era intensa. Lei risplendeva come se fosse una figura religiosa in un film, e questo le dava una sembianza di santità. Era una luce reale, come quella di una lampadina. Così stetti là ad ascoltare attentamente le sue parole, che non erano diverse da quelle che aveva pronunciato pochi minuti prima. Ecco, io sono abbastanza scettico, e non accetto le cose insolite sulla base della loro apparenza; perciò ebbi un ripensamento e distolsi lo sguardo, prevedendo che la luce sparisse — ma c'era sempre. Nessuno mi aveva detto di aspettarmi una luce come quella, e pareva che gli altri non la vedessero.

Quando la donna finì, mi alzai per andarmene e mentre camminavo verso la porta — lei risplendeva ancora — presi coscienza che mi era accaduta una cosa che non potevo ignorare. L'esperienza doveva in qualche modo diventare parte della mia conoscenza del mondo circostante. Nelle settimane seguenti mi ritrovai sempre più coinvolto con il gruppo e presto decisi di chiedere di ricevere la Conoscenza [di associarmi].

Raymond continuò a lavorare nella clinica per alcuni mesi, ma poi volle portare ad altri il messaggio del gruppo, e si occupò di un programma di cura dell'alcolismo, con la speranza di aiutare i suoi pazienti, trasmettendo loro il messaggio. Dopo che da sei mesi era impegnato in quel programma e i pazienti sembravano insensibili al suo messaggio, Raymond decise che la specializzazione in psichiatria gli avrebbe offerto una migliore opportunità di occuparsi dei problemi spirituali che la sua conversione aveva sollevato. Seguì dei corsi di specializzazione e continuò a meditare, sperimentando occasionalmente intense sensazioni visive e corporee, e cambiamenti nella sua coscienza del tempo.

Questo episodio di coscienza alterata non era molto diverso dai tanti di cui dispone la letteratura sulle conversioni religiose, ma era difficile da spiegare da un punto di vista psichiatrico. La visione dell'alone si potrebbe interpretare come un'esperienza allucinatoria in termini psichiatrici convenzionali, e quindi attribuibile a cause di cambiamento della percezione come una reazione dissociativa, una psicosi transitoria, o anche una isteria di massa. Ma la sua storia, il comportamento e il contegno di Raymond mentre parlavamo, non fornirono il minimo elemento per una tale diagnosi. Quella «visione» ben si adattava alle sue successive esperienze di meditazione e non poteva essere definita sbrigativamente un fenomeno isolato.

Mi restò quindi un racconto fattomi da un osservatore attento e lucido che aveva descritto un fenomeno estraneo al mio manuale di diagnosi. Ciò nonostante, l'esperienza gli era servita come base per attribuire un nuovo significato alla sua vita. L'aveva disorientato, e lui si era attaccato alla filosofia della setta per spiegare lo sconcertante evento.

Da lì in poi il rapporto di Raymond con la Missione della Luce Divina fu inevitabile e basilare per fargli conoscere il suo ruolo nella vita. Tale esperienza ebbe molte conferme nelle mie interviste con altri membri della Missione, in quanto emerse che la coscienza alterata sotto forma di inspiegabili percezioni e stati emozionali trascendenti era normale nella conversione e nella successiva esperienza religiosa.

I dati raccolti costituirono un argomento convincente per il ruolo della coscienza alterata come forza nel gruppo carismatico, anche se i fenomeni riferiti mal s'integravano nei modelli contemporanei di funzione psichiatrica. La ricerca sulla funzione mentale viene condotta generalmente a livello di comportamento osservabile, o neurofisiologia, e di regola non contempla aspetti soggettivi di esperienza. La nomenclatura si basa su ciò che viene visto e misurato da osservatori indipendenti, mentre le alterazioni della coscienza sono percepite solo soggettivamente.

Tuttavia la coscienza alterata può essere un'eccellente forza motrice nel caso di individui bene adattati e non. Come la coesione di gruppo e la fede condivisa, essa agisce da veicolo per la trasformazione di identità e l'impegno che spinge le persone a entrare in un gruppo carismatico.

Innanzitutto, per comprendere il ruolo della coscienza alterata nei gruppi carismatici dobbiamo risalire all'opera di William James di circa un secolo fa. James asserì che «la distribuzione di coscienza si rivela tale e quale ci aspetteremmo in un organo aggiunto per meglio guidare un sistema nervoso divenuto troppo complesso per regolare se stesso».[1] Questo concetto di coscienza quale metaorgano è utile e rappresenta una base credibile per la definizione di stato alterato di coscienza fatta da Arnold Ludwig:

> qualsiasi stato mentale, indotto da vari tipi di manipolazione o forze fisiologiche, psicologiche o farmacologiche, che possa essere riconosciuto soggettivamente dall'individuo stesso (o dall'osservatore obiettivo dell'individuo) in quanto rappresenta una sufficiente deviazione [dalla]... coscienza vigile, sveglia.[2]

Data questa definizione, quali specifici aspetti di percezione si alterano nello stato di coscienza alterata? Possiamo considerare la coscienza come se fosse uno spazio multidimensionale, in cui ogni dimensione rappresenti qualche aspetto di percezione o sensazione.[3] Stati alterati diversi possono essere poi definiti in rapporto alle dimensioni alterate. Noi tratteremo di una varietà di dimensioni, con riferimento a gruppi carismatici, come senso del tempo, identità personale, stimoli di appetito e percezione visiva. Ogni dimensione contribuisce alla totalità dello stato di coscienza di una persona e consente di tracciare un quadro di somiglianze e differenze fra uno stato alterato e l'altro. Quando è alterato dall'esperienza di un gruppo carismatico, ognuno può servire da punto di partenza per l'attribuzione di un nuovo significato alla propria esperienza.

La coscienza e le sue alterazioni si fondano sulla fisiologia, per cui stati percepiti soggettivamente come simili possono avere anche simili caratteristiche fisiologiche. Questo è illustrato dai cambiamenti nella funzione neurale accertati in alcuni stati di rilassamento e riflessione mentali. Per esempio, gli studi elettroencefalografici (EEG) di ormai esperti «professionisti» della Meditazione Trascendentale rivelano un aumento del ritmo alfa[4] durante la meditazione. Questo stato calmante può paragonarsi a quello sperimentato durante l'intossicazione da marijuana quando i soggetti possono rilassarsi in assenza di stimoli sociali. Qui l'EEG è caratterizzato da onde alfa di maggiore ampiezza.[5] Si ottiene un aumento di attività dell'onda alfa abbinato ad analogo rilassamento mentale anche attraverso l'esercizio di biofeedback.[6]

Il fatto che gli stati alterati possano sostituirsi l'uno all'altro suggerisce anche alcune somiglianze. Per esempio, molti aderenti ai nuovi movimenti religiosi passavano dalle droghe alla meditazione per raggiungere effetti mentali simili. I fedeli della Luce Divina che in precedenza avevano «gravi problemi di droga», e frequentemente una coscienza alterata dall'uso della droga, dopo essere entrati nella setta praticavano la meditazione con regolarità maggiore rispetto a coloro che avevano fatto scarso uso di droghe.[7] La possibilità di passare da uno strumento a un altro per provare alterazioni della coscienza fa pensare che vi sia un rapporto intrinseco fra questi due stati soggettivi; questo conferma anche l'osservazione che gli stati possono essere indotti con mezzi differenti.

Meditazione

L'importante ruolo degli stati alterati nella Missione della Luce Divina fu messo in rilievo dalle risposte di membri che descrissero le proprie esperienze trascendentali durante la meditazione che quasi tutti (95%) praticavano giornalmente.[8] Rispondendo al questionario riassunto nella Tabella 4-1, essi usarono una scala predisposta per quantificare livelli crescenti di fenomeni pseudoallucinatori, e quindi più profonde alterazioni di coscienza. Per esempio, nella sfera auditiva fu chiesto ai seguaci se avessero «udito qualcosa di speciale che nessun altro riusciva a udire», il primo quesito della scala. Una larga maggioranza (92%) riferì di avere tali esperienze durante la meditazione. Di questi la metà (49%) riferì di udire «solo dentro» di sé, pochi (14%) risposero: «Lo sentivo quasi nell'orecchio»; ma poco meno di un terzo (29%) diede la risposta più letterale per tali esperienze allucinatorie: «Lo sentivo con le mie orecchie». Questa risposta è molto singolare in quanto sarebbe compatibile con una diagnosi di psicosi fuori del contesto di esperienza religiosa.

La Tabella 4-1 riflette una diffusa alterazione negli stati soggettivi e sensoriali durante la meditazione, ma vanno anche considerate con attenzione le modalità di questa meditazione. I seguaci non solo le riservavano un periodo di tempo preciso, ma meditavano anche mentre si occupavano di attività quotidiane, secondo il consiglio del guru. Quasi tutti (99%) meditavano qualche volta, la maggioranza (54%) «abitualmente».

Il rapporto di questa esperienza con la partecipazione a un gruppo carismatico risulta chiaro considerando come questi seguaci attribuiscano significato alle loro esperienze giornaliere. Un'alterazione nello stato soggettivo di una

Tabella 4-1. **Coscienza alterata durante la meditazione**

Ogni interpellato indicò la misura in cui ebbe le seguenti esperienze durante la meditazione, usando la scala di 0-3. La prima cifra dopo ogni quesito indica la percentuale di membri che dichiararono esperienze del genere (scala di risposte 1-3), la seconda cifra la percentuale di chi riferì un'esperienza molto intensa (risposta 3).

1. Udii qualcosa di speciale che nessun altro riusciva a udire. [92% in totale; 29% lo sentiii con le mie orecchie]
2. Vidi qualcosa di speciale che nessun altro riusciva a vedere. [92% in totale; 30% lo vidi chiaramente con i miei occhi]
3. Ebbi forti sensazioni sessuali senza un contatto sessuale fisico. [39% in totale; 14% chiaramente più intense dell'orgasmo]
4. Ebbi una sensazione speciale e insolita nel mio corpo. [91% in totale; 49% molto intensa]
5. Il tempo passò più in fretta o più lento del solito in modo molto speciale. [90% in totale, 34% molto intenso]
6. Mi sentii diverso dal solito in un modo molto speciale. [94% in totale; 56% molto intenso]
7. Considerai un nuovo significato speciale nella mia vita. [96% in totale; 61% molto intenso]
8. Mi sentii meglio di quanto fossi mai stato prima in un modo molto speciale. [96% in totale; 66% molto intenso]

persona, indotta da droghe o da un nuovo contesto sociale, la rende pronta ad attribuire nuovo significato alle esperienze. Questo vale certamente per la coscienza alterata associata alla meditazione, che serve da veicolo per destabilizzare i vecchi atteggiamenti e preparare chi pratica la meditazione ad accettare le dottrine del gruppo. Ne facilita la coesione e aiuta il seguace a stabilizzare e anche rafforzare la sua accettazione del gruppo.

Come nel caso di Raymond, la meditazione funge anche da base per *entrare* nel gruppo carismatico. Lo dimostrano le risposte degli affiliati alla Luce Divina ai quali fu chiesto se le esperienze di coscienza alterata elencate nella Tabella 4-1 fossero avvenute all'epoca della loro conversione. Risultò che erano state allora quasi della stessa intensità che nelle meditazioni successive, anche se modesta era stata l'esposizione all'influenza del gruppo prima dell'affiliazione. Una larga maggioranza riferì che, in qualche misura, durante il periodo di conversione «videro qualcosa di speciale che nessun altro riusciva a vedere» (90%) e «udirono qualcosa di speciale che nessun altro riusciva a udire» (83%). Tali esperienze dovettero renderli più ricettivi all'influenza del gruppo.

In un lungo periodo di appartenenza al gruppo la meditazione aveva anche un ruolo importante nel favorire il costante impegno del convertito. Un'analisi del rapporto fra il tempo passato in meditazione e l'abbassamento del livello di disturbi nevrotici dei membri rivelò che una maggiore meditazione era associata a un minore disturbo nevrotico. Questo rapporto fa pensare che la reazione emozionale alla meditazione sia rafforzata da una pratica assidua.[9] Cioè, più un affiliato medita e meglio dovrebbe sentirsi. Evidentemente usavano la meditazione per alleviare l'angoscia, sia in orari stabiliti, sia *ad hoc*. Questo tranquillante, per così dire, aveva proprie qualità rinforzanti e indubbiamente serviva a cementare l'impegno verso la setta. In questo senso dava assuefazione.

Il ruolo della meditazione nell'alterare le prospettive di vita individuali è dimostrato in maniera interessante dai professionisti americani della Meditazione Trascendentale (MT), seguaci di Maharishi Mahesh Yogi. Inizialmente questa setta ebbe un approccio diretto per raggiungere uno stato meditativo, basato su un metodo di concentrazione su una personale parola in codice o *mantra*. La capacità di facilitare il rilassamento con questa tecnica rese popolare la MT nei primi anni Settanta e suscitò interesse nei profani e negli ambienti medici. Istruttori autorizzati insegnavano la tecnica ai clienti che pagavano per il corso d'istruzione, ottenendo un minimo di informazioni rituali, sebbene vi fosse la segretezza che circondava il *mantra* della recluta. Verso la metà degli anni Settanta vi erano 350 centri d'istruzione MT disseminati nel paese, con 10.000 persone al mese che imparavano la pratica, per lo più gente istruita e di successo. Professionisti del mondo economico e culturale riferirono di vere esperienze trascendentali durante la meditazione. La direttrice di una casa editrice di New York aveva moderate allucinazioni se superava i prescritti quaranta minuti al giorno, «non spaventose; solo fiori, uccelli e fontane».[10] Anche fra i medici l'accettazione fu molto diffusa e la MT venne usata per calmare la tensione di ogni giorno, dare sollievo al dolore in odontoiatria e per altri scopi clinici.[11]

Con il tempo la MT si sviluppò in una specie di movimento carismatico con un sistema di fede che trascendeva il campo della sua pratica. La prospettiva del movimento si allargò parecchio con la fondazione della Maharishi International University a Fairfield, nell'Iowa. Essa prese il nome dal guru della MT. Una gamma di dottrine irragionevoli finì con l'essere accettata per vera dai seguaci più devoti, come la capacità di levitazione degli esperti in meditazione. Si riteneva che la meditazione di gruppo producesse diretti cambiamenti negli affari politici ed economici internazionali, e riducesse perfino gli incidenti stradali in città lontane. Difatti a un certo punto i leader del movimento organizzarono una riunione di migliaia di seguaci di Maharishi i quali speravano di influenzare con i loro sforzi congiunti il corso dei conflitti militari in atto nel Medio Oriente e nel Sud-est asiatico.[12] In questo movimento lo stato alterato associato alla meditazione contribuì chiaramente all'accettazione da parte dei seguaci di un complesso inverosimile di dogmi.

Coscienza alterata indotta dalla droga

A causa del loro potente effetto su percezione, pensiero e sentimento, le droghe psicoattive come marijuana, cocaina, eroina e alcool possono modificare comportamento e struttura sociali. Molto a proposito il termine farmacologia sociale[13] è stato usato per descrivere l'azione reciproca fra effetti fisiologici delle droghe che alterano lo stato mentale e l'impatto che esse possono avere sulle interazioni sociali. L'uso di droghe psicoattive fa quasi sempre parte del complesso di rituali e comportamento accettato in seno a una società, e quindi contribuisce alla stabilità della struttura sociale. L'alcool, per esempio, è così strettamente associato alle norme di comportamento sociale accettato nella cultura contemporanea che è difficile cambiare tali abitudini, come abbiamo imparato durante il proibizionismo.

Studi pluriculturali indicano che le droghe psicoattive favoriscono generalmente l'inserimento di membri di una società in modelli di conformità sociale. L'osservazione è stata fatta in diversi ambienti sociali e in diversi periodi storici, da culture primitive a culture complesse. Nelle culture preindustriali, dove troviamo l'uso rituale di piante psicoattive, si riscontra l'assenza o quasi di abuso, e la droga è usata quasi sempre come mezzo per un fine socialmente approvato, come il contatto con il soprannaturale. [14] Anche negli Stati Uniti del diciannovesimo secolo, dove gli oppiacei venivano usati largamente sotto forma di soluzioni, il loro ruolo era accettato in quanto parte della farmacopea standard. [15]

Droghe e controcultura

Le droghe che alterano la coscienza ebbero un ruolo preminente nel promuovere l'accettazione dei valori di controcultura negli anni Sessanta, favorito dalla loro capacità di alterare lo stato soggettivo degli individui e quindi di prepararli ad accettare una nuova visione del mondo. Il movimento psichedelico, alimentato dalla marijuana e infiammato da psicotico-mimetici come Lsd, psilocibina e mescalina, arrivò quasi a meritare la definizione di gruppo carismatico. Gli aderenti acquisirono un buon grado di coesione sociale, un miscuglio di ideologie e fedi in comune, e notevoli cambiamenti nei valori personali.

Alcuni di quelli che usavano Lsd tentarono di creare nuove prospettive fondate sul presunto valore della realizzazione di sé inerente alla coscienza alterata; noi esamineremo questi tentativi poiché illustrano lo sviluppo incompleto di un potenziale movimento carismatico fondato sull'uso di droghe che alterano la mente. Il leader più noto fu

Timothy Leary che emerse dalla prospettiva, relativamente libera da valori, di un laboratorio di ricerca psicologica. Leary si trovò esposto all'Lsd nel contesto delle sue prime indagini sugli effetti psicotico-mimetici di tale droga. La frase che in seguito lui rese popolare — «Sintonizzati, eccitati, vattene» — divenne lo slogan della controcultura, ma fu, innanzitutto, una negazione di valori. Il suo successivo desiderio di costituire un movimento quasi religioso più trascendente, la «League for Spiritual Democracy», la cui sigla è Lsd, non ebbe sufficiente importanza da attirare i giovani. Leary, efficace oratore, raccolse numerose folle all'inizio, ma l'interesse nel nascente movimento svanì e l'uso della droga non divenne la base di un nuovo movimento religioso.

Esistendo scarso rapporto storico fra sostanze psichedeliche e misticismo cristiano, la coscienza alterata, indotta da droghe, non fu considerata una via accettabile nella tradizione cristiana. Di particolare interesse è un tentativo di studiare come le droghe aiutino a raggiungere l'esperienza trascendente nel quadro di una religione riconosciuta. Il ricercatore Walter Pahnke [16] fece una varietà di indagini sugli effetti di esaltazione della coscienza causati dalle droghe psichedeliche. In uno studio degno di nota diede una sostanza psichedelica, la psilocibina, a dieci studenti di teologia cristiana, e un placebo attivo (tale che i suoi effetti marginali potessero farlo passare per droga) a un uguale numero di soggetti di controllo, anch'essi studenti di teologia. I due gruppi erano stati preparati alla possibilità di una reazione spirituale esaltata e subito dopo furono condotti a una funzione del Venerdì Santo in una cappella.

Pahnke rilevò che coloro i quali avevano ricevuto la droga attiva si classificarono molto più in alto sugli indicatori di esperienza mistica, come sentimenti di unità e trascendenza di tempo e spazio, rispetto ai soggetti di controllo. Sulla base di esperimenti ripetuti nell'arco di sei mesi, Pahnke riferì che l'esperienza aveva prodotto anche «effetti di miglioramento e arricchimento della vita simili ad alcuni di quelli dichiarati dai mistici», e aveva avuto un profondo impatto sulla vita di otto dei dieci soggetti trattati con droga attiva. Evidenziò che l'esperienza aveva avuto luogo nel contesto di una funzione religiosa il cui uso di simboli era familiare e significativo, e che lo studio aveva avuto lo scopo di fornire un quadro appropriato affinché gli studenti traessero significato e integrazione dalla loro esperienza.

Tale approccio nel promuovere un'esperienza mistica cristiana era interessante, ma, in fondo, il misticismo cristiano si associa all'ascetismo e alla negazione dei piaceri corporei, mentre l'uso di psichedelici, almeno nella generazione della controcultura, arrivò ad associarsi a orientamenti edonistici e ribellione contro i valori tradizionali. Da ultimo la contraddizione fra queste due prospettive rese improbabile la loro fusione.

Altri cercarono di far rinascere i valori religiosi riconosciuti tramite le droghe ma attinsero a religioni orientali più che a idee occidentali, cosa questa più idonea per via dell'accettata presenza di stati alterati di coscienza nella meditazione orientale. Sebbene la spiritualità orientale non sia associata per tradizione a droghe psichedeliche, la mancanza di familiarità con quelle tradizioni indusse i giovani a collegare le esperienze di droghe alla loro nuova pratica di meditazione. Alcuni americani sperimentatori di droghe, esposti alla cultura indiana come Richard Alpert, che in seguito assunse il nome di Baba Raam Dass, enunciarono questa posizione.

Per molti fu una transizione naturale da coscienza alterata connessa alla droga a stati alterati associati a meditazioni in una setta carismatica orientale. Nell'ambiente coesivo della Missione della Luce Divina l'impegno aiutò molti a vincere la dipendenza dalla droga, ma l'esperienza di questi giovani riflette anche l'intercambiabilità dell'uso di droga con la pratica meditativa di questo gruppo di orientamento indù. Il caso di Ellen fu presentato come esempio di una donna che, rischiando di ricadere nell'uso massiccio di eroina, era riuscita a reagire ricorrendo a una tale esperienza. Era sull'orlo della ricaduta quando conobbe casualmente la Missione della Luce Divina in Colorado e fu reclutata nella sua rete di sostegno. Inizialmente accettò il supporto sociale offerto dall'*ashram*, ma in seguito scoperse che la pratica meditativa le era essenziale per dare stabilità all'astinenza. Così disse:

> In principio non dovetti fare altro che aggrapparmi agli altri seguaci, ma continuavo a pensare all'eroina. Dopo una settimana o due fui in grado di meditare e, passato altro tempo, le meditazioni cominciarono a sostituirsi alle droghe che desideravo tanto. Certe volte le sensazioni che avevo durante la meditazione somigliavano all'eccitazione di quando mi drogavo, e in breve potei mettermi in uno spazio senza droga semplicemente meditando — prima per pochi minuti, dopo per gran parte del giorno. Alla fine potei procurarmelo quando era necessario.

Talune sette orientali furono molto esplicite sulla diretta transizione alla meditazione mistica che offrivano ai drogati. Per esempio, Alexander Deutsch [17] studiò un piccolo culto d'impostazione orientale e trovò che moltissimi seguaci avevano fatto almeno un moderato uso di Lsd prima del loro contatto con il gruppo. Baba, il loro capo, parlava dell'esperienza psichedelica come di «anteprima di prossime attrazioni». I fedeli ritenevano che l'uso di sostanze psicoattive avesse influito, anche in maniera essenziale, sulla loro adesione al culto, e riferirono che quelle esperienze di droghe con un contenuto mistico erano importantissime per entrare nel gruppo.

L'adozione di dottrine irrazionali in questo gruppo fu anche chiaramente sostenuta da esperienze di droghe psichedeliche fatte da membri. Come riferì un seguace di questo guru, «Baba dice di sapere che qualcuno sta venendo se tale persona pensa a lui mentre viene qui. Un tempo questo mi sarebbe sembrato ridicolo, ma, dopo tutte le cose insolite che ho sperimentato sotto l'effetto dell'Lsd, ora posso crederci». Questa affermazione rispecchia il potere della coscienza alterata nel preparare l'individuo ad accettare fedi inusuali.

Gli psichedelici promossero l'introduzione di un movimento sposato con grande zelo da molti sostenitori della controcultura, ma a esso mancò la direzione o la missione per cristallizzarsi in un vero gruppo carismatico. Poiché era incompatibile con il tradizionale misticismo cristiano, non poté fondersi con sistemi riconosciuti di fede occidentale. Tuttavia le esperienze di coscienza alterata lasciarono un vuoto d'impegno fra i giovani e questo spinse molti di loro ad accettare i nuovi movimenti religiosi degli anni Settanta, specialmente perché questi offrivano stati meditativi quali sostituti dell'esperienza di droga. Per molti genitori ciò servì a generare un movimento contrario nella loro aperta battaglia contro le droghe. [18]

Induzione sociale

Indurre uno stato alterato di coscienza in esperienze religiose di gruppo mediante suggestione dall'ambiente sociale non è un fenomeno recente. L'esperienza mistica di cadere in trance, avere visioni, parlare lingue sconosciute è stata in gran parte minata dall'influenza del pensiero razionale empirico. Il successo delle scienze fisiche e biologiche, che determinò il progresso materiale, ha quasi finito per imporre osservazione e sperimentazione obiettive come unica base legittima d'indagine, e con questo si è rimossa una visione del mondo fondata su valori spirituali.

Quantunque l'esperienza trascendente su base religiosa sia diminuita drasticamente nei secoli recenti, certi gruppi carismatici nella pratica cristiana contemporanea sposano una tradizione di coscienza alterata e di esperienza mistica, in particolare nella preghiera di gruppo. Questi gruppi asseriscono la validità di esperienze soggettive non razionali guidate da fede come base definitiva per ricercare una realtà «superiore». Introducono i loro associati alla coscienza alterata in un contesto sociale dove la cultura del gruppo li porta a prevedere l'esperienza trascendente. Questa previsione li prepara a esperienze intense e commoventi, come quelle che avvenivano nei secoli passati.

Sulla scena americana contemporanea ciò si riscontra fra i protestanti pentecostali e i cattolici carismatici, nonché fra i fedeli della Chiesa dell'Unificazione. Noi prenderemo in esame ognuno di questi movimenti, e poi la coscienza alterata di diverso tipo indotta socialmente in un ambiente *non* religioso contemporaneo, i seminari «est» con finalità di autosostegno.

La Chiesa dell'Unificazione

Possono mostrare coscienza alterata i fedeli di sette religiose che pubblicamente ne propagandano l'importanza. Tipici in questo senso sono i nuovi movimenti religiosi meditativi orientali. In altre sette ciò può verificarsi spesso ma solo raramente se ne parla con estranei. Quantunque la Chiesa dell'Unificazione non sia nota per tali esperienze, esse sono comuni ai suoi membri e importanti per la loro costante coscienza d'impegno religioso. Il ruolo che occupano nella conversione è illustrato dalla storia di Ed, un moonista che aveva insolite percezioni all'epoca in cui decise di affiliarsi. Ed fu invitato a un seminario di reclutamento da un seguace più anziano che partecipò con lui alle esperienze del gruppo, fungendo da mentore spirituale. Dopo pochi giorni il mentore si preoccupò perché l'atteggiamento di Ed non rifletteva una giusta conoscenza della missione del gruppo e lo consigliò di dedicare tempo alla preghiera per due giorni interi; gli diede anche suggerimenti per come elevare la sua consapevolezza spirituale. Per esempio, disse a Ed di non mangiare cibi solidi, ma di bere succhi o liquidi a volontà.

Ed rimase quasi sempre in casa nei due giorni seguenti, andando solo brevemente al centro. Cominciò presto a provare uno stato inconsueto di coscienza che descrisse così:

> Mi sentivo un po' debole, ma meno confuso dentro, e nel corpo potevo intuire di essere vicino alla liberazione dai miei vecchi problemi. Le preghiere svilupparono presto un ritmo loro, e siccome mi ero ormai allontanato dagli amici, vi era una solitudine che quasi toccavo. Era stranamente piacevole.

Al centro della Chiesa gli avevano parlato di sogni in cui potevano apparire degli spiriti, e infatti lui ebbe sogni vividi e intensi la prima delle due notti. Udì anche come si poteva entrare in una «condizione di protezione» in cui si stabiliva un rapporto con spiriti soprannaturali.

La seconda notte finì le preghiere e lesse brani del Principio Divino mentre era solo in casa. Improvvisamente sentì di essere in presenza del reverendo Moon e lo udì parlare

in modo così reale come noi parliamo adesso. Non mi voltai ma sapevo che il reverendo Moon era là. La sua presenza era reale come quella di qualsiasi persona viva. Mi disse che stavo facendo la cosa giusta e che dovevo continuare su quella via, così avrei trovato l'illuminazione spirituale.

Ed non riuscì ad addormentarsi e camminò su e giù fino al sorgere del sole quando ruppe il digiuno. Non aveva avuto mai un'esperienza del genere, né soffriva di turbe psichiche da quanto potei constatare.

Le aspettative caratteristiche del gruppo (aspettative implicite nel contesto sociale) avevano avviato questo giovane a sperimentare percezioni anomale. Lui era stato esposto a un seducente ambiente sociale nel centro e nel seminario della Chiesa, e i seguaci di cui lui ora si fidava avevano dichiarato in modo convincente che potevano avere alterazioni di percezione e di coscienza. Inoltre, isolamento, preghiera, digiuno gli avevano alterato lo stato mentale, per cui la sua normale coscienza del proprio posto nel mondo fu destabilizzata, rendendolo pronto ad accettare la prospettiva del gruppo.

L'aspettativa caratteristica di un ambiente sociale può determinare il comportamento di una persona in maniera inaspettata. Ciò potrebbe accadere anche se coloro che formano il gruppo *non* desiderano pregiudicare gli eventi, un problema che talvolta sorge in laboratori di ricerca psicologica, dove l'aspettativa caratteristica di un progetto scientifico porta implicitamente i partecipanti a essere «buoni soggetti» e a percepire il proprio stato in un modo soggettivo che darà allo sperimentatore risultati conformi all'ipotesi.[19] Ed voleva essere un buon discepolo, e in un certo senso cercò di sentirsi in una maniera che implicitamente sapeva gradita al gruppo e al suo mentore. Tanto l'aspettativa dell'ambiente del seminario quanto lo stato soggettivo alterato che Ed si procurò con la preghiera e il digiuno lo indussero ad attribuire i suoi insoliti sentimenti al «mondo dello spirito» della Chiesa. Le conseguenze di tale attribuzione possono essere state sorprendenti, ma pur sempre in linea con le aspettative del gruppo.

I seguaci della Chiesa dell'Unificazione esperimentano alterazioni di sensazione e percezione come quelle riferite dai membri della Luce Divina. Nel nostro studio dei moonisti usammo lo stesso questionario dello studio della Luce Divina onde rilevare le affinità fra i due gruppi.

L'esperienza dei moonisti *fuori* della preghiera formale era particolarmente valida, poiché la loro vita era spesso toccata da stati trascendenti durante la routine delle attività giornaliere. Ciò emerge da cambiamenti nella sensazione del tempo. Una maggioranza (72%) aveva avuto la coscienza distorta del passare del tempo fuori dell'esperienza di preghiera, e gran parte di questo gruppo (50% del totale) la sentì «chiaramente» o «molto intensamente».[20] Tale esperienza non è senza conseguenze per il giudizio e la percezione degli eventi quotidiani da parte dell'individuo.

Si può trarre un parallelo da uno studio sperimentale di Fred Melges e dei suoi collaboratori su soggetti che fumavano delta-9-THC, il componente attivo della marijuana.[21] Essi studiarono il cambiamento della coscienza del tempo prodotto dalla droga e ne esaminarono l'effetto sull'attenzione e sul pensiero rivolto a un oggetto. I soggetti divennero suscettibili di alterazioni nella percezione di sé (sentimenti di depersonalizzazione) e idee simili al delirio (come sentimenti di essere influenzati da forze esterne). I ricercatori paragonarono la situazione a quella osservata in pazienti psichiatrici e anche in individui normali che palesano sensazioni di chiaroveggenza. In tali circostanze i soggetti traggono «collegamenti» intuitivamente, trascurando spesso considerazioni di buonsenso.

Analoghi cambiamenti possono verificarsi nelle distorsioni soggettive di coscienza del tempo stimolate dal contesto sociale dei membri della Chiesa dell'Unificazione. Per la maggioranza dei moonisti le esperienze trascendenti favorirebbero i cambiamenti del loro normale modo di pensare. Possono trarre conclusioni cui altrimenti non giungerebbero se avessero applicato le norme di deduzione valide per la società in generale. In questo stato alterato della mente è più probabile che accettino atteggiamenti e credi insoliti promossi dal gruppo, e, forse, siano pronti per ulteriori esperienze allucinatorie.

Ripetute esperienze in cui le dimensioni della coscienza sono alterate rappresentano anche un'opportunità per rinnovare l'adesione alle idee del gruppo — miniconversioni, per così dire. Per esempio, moltissimi membri riferirono di avere avuto fuori del contesto di preghiera «una sensazione speciale e insolita nel mio corpo» (52%) e di avere visto «un nuovo significato speciale nella mia vita» (90%). Alcuni avevano alterazioni più intense nelle sensazioni che definiscono la coscienza: oltre un terzo (39%) riferì che si erano sentiti «in presenza fisica di qualcuno importante [per loro] anche se tanti non erano riusciti a vederlo», o di avere visto «qualcosa di speciale che nessun altro era riuscito a vedere» durante il loro stato normale; metà di questo gruppo (18%) riferì che «lo videro chiaramente con [i loro] occhi».

Consideriamo come queste esperienze si integrano nel sistema di fede del gruppo. Una notevole maggioranza (74%) riferì che sentiva *fortemente* «uno stretto legame con Dio», e che non aveva «nessun dubbio sulla validità del Principio Divino nella [sua] vita personale». Questi sentimenti si univano a un forte impegno nella setta, per cui gli episodi trascendenti erano probabilmente percepiti come messaggi divini, interpretati nel quadro delle aspettative del gruppo, associati al «mondo dello spirito» e alla «condizione di protezione» del seguace.

Naturalmente i racconti di visioni erano assai più comuni nel medioevo. Non sarà che la visione del mondo indotta dell'èra della scienza empirica abbia soffocato l'accettazione consensuale dell'esperienza mistica? E tali esperienze non potrebbero essere più accessibili oggi se fossero più largamente percepite quale valida parte della nostra esistenza soggettiva?

Più vicini alla tradizione: Pentecostali e Carismatici

Il movimento protestante pentecostale vanta diversi milioni di seguaci americani e la sua influenza si è propagata ad altri milioni fuori degli Stati Uniti. [22] Ciò che distingue il movimento è la sua esperienza religiosa estremamente intensa, caratterizzata da rituali che comportano un significativo grado di coscienza alterata in molti partecipanti. Fra queste: la *glossolalia*, ossia parlare in lingue, usando strane espressioni ritenute la voce di Dio; *comportamento di possessione* durante il quale una persona può danzare, far piroette, rotolarsi per terra; e il *segno di gratitudine*, una fervente e spontanea dichiarazione di fede, fatta tipicamente dalla persona dopo essersi alzata per parlare nel corso del servizio religioso pentecostale. Si noti che un attento studio empirico dei Pentecostali rivela che tutti e tre i comportamenti associati a stati alterati sono pure collegati con la liberazione da disturbi emozionali; quanto più frequentemente i fedeli di una congregazione pentecostale si dedicano a questi rituali, tanto meno lamentano sintomi di angoscia in una misura psicologica normale. [23] Questo offre un parallelo con il sollievo dall'angoscia associato alla meditazione fra i seguaci della Luce Divina.

La glossolalia è una forma di pseudolinguaggio che si dice sia accessibile a tutte le persone e che può essere acquisita per ispirazione o pratica. [24] Essa si ispira a esperienze raccontate nel Nuovo Testamento, e i Pentecostali la considerano una prova del battesimo nello Spirito Santo. Il movimento pentecostale contemporaneo risale al 1901 allorché il reverendo Charles Parham lasciò il pulpito tradizionale a Topeka, nel Kansas, e cominciò a praticare guarigioni per suggestione. Nonostante l'opposizione locale, poco dopo creò un *college* per l'insegnamento della Bibbia. Ad alcuni studenti assegnò il compito d'indagare nella esperienza del «battesimo dello Spirito», chiamato anche Benedizione Pentecostale, e chiese loro di fornire i risultati dopo le vacanze natalizie. In seguito scrisse che «con suo stupore, tutti raccontarono la stessa storia... La prova inconfutabile, in ogni occasione, fu che essi parlavano in lingue». [25]

La conformità di tutte le storie arrivò ad assumere grande importanza per il crescente movimento pentecostale, e ben presto esperienze simili furono riferite in altre zone degli Stati occidentali dell'America. In pochi decenni il pentecostalismo si diffuse nel paese e il fenomeno di parlare in lingue sconosciute fu visto come il culmine della riscoperta di Cristo in quanto salvatore personale. Quando presero forma, i servizi religiosi pentecostali assunsero uno stile partecipatorio libero e rumoroso, con sermoni e canti spesso interrotti da grida di «Amen», appelli in «lingue strane» e testimonianze di fede e supplica. Alcune di queste esplosioni vocali e di parossismi fisici portarono a definire i Pentecostali «Holy Rollers».

La pratica della glossolalia serve spesso (ma non sempre) come veicolo per conseguire uno stato simile alla trance. In un processo chiamato «*driving*» (spinta)[26] il capo di una congregazione, tipicamente un oratore dotato, stimola il pubblico a raggiungere uno stato di eccitazione. Il *driving* avviene spesso per gradi; il primo è il canto di inni con colpi di tamburo ripetitivi e battere di mani per scandire il tempo, spesso arricchiti da accompagnamento musicale. Poi i membri e il capo della congregazione pregano per un particolare supplicante, a gran voce e scandendo il tempo. Poco dopo si passa da questa evocazione alla fase finale di glossolalia in cui canto e preghiera si mescolano in lingue sconosciute, di solito gridate dal supplicante che a quel punto può anche entrare in trance.

Gli stati di coscienza alterata possono fare da base per stabilizzare rituali di gruppo assai stravaganti. Ai margini del movimento pentecostale ne sono esempio i culti dove si maneggiano serpenti, nel sud-est degli Stati Uniti. Nelle campagne del Tennessee, per esempio, i seguaci della Holiness Church of God in Jesus' Name traggono la loro pratica religiosa dall'interpretazione letterale dei seguenti versetti della Bibbia:

Nel mio nome scacceranno i demoni, parleranno lingue nuove, prenderanno in mano i serpenti e, se berranno qualche veleno, non recherà loro danno; imporranno le mani ai malati e questi guariranno (Marco 16, 17-18).

Parlando in lingue, spesso con accompagnamento di grida, movimenti bruschi o a scatti, i membri di questa congregazione praticano non solo guarigioni per suggestione ma si espongono al rischio di morte bevendo veleni e maneggiando serpenti velenosi. Un fedele descrisse come aspettava il giusto stato di mente, o «*anointing*» (consacrazione), durante una funzione in chiesa in modo da essere pronto a maneggiare il serpente particolarmente velenoso chiamato mocassino acquatico.

Quando sono consacrato, il volto e le mani cominciano a diventare insensibili e sento come se dell'olio mi colasse dalle dita. È anche simbolico, come se di colpo il braccio si addormentasse. Ma è pieno di gioia... una sensazione stupenda. Mi pare di camminare in un altro mondo. È difficile da spiegare.

Un altro seguace descrisse così l'esperienza:

È come una vocina muta. La calma mi pervade dalla cima del capo alla punta dei piedi. Quando sento quella voce vado avanti e mi muovo. Ma desidero essere doppiamente sicuro che è Dio... [*Poi, parlando di una volta in cui fu morso dal serpente*,] punge come un'ape. Come due aghi. Sentii male per circa 12 ore quella volta. Soffrii, ma questo non mi fece ammalare. Le braccia mi si gonfiarono... io non credo di dover andare da un medico quando vengo morso dal serpente. Vedi, se Dio lascia che il serpente ti morda, non ritengo che tu abbia il diritto di fare qualcosa per questo. Dio può guarirti. [27]

In realtà, negli Stati Uniti, fra il 1910 e il 1960, almeno diciannove persone risultarono decedute per morsi di serpente avvenuti durante tali servizi religiosi, e il primo dei due seguaci appena citati calcolò che almeno dieci persone della sua chiesa erano state colpite a morte in dieci anni. Infatti la Holiness Church cui gli informatori appartenevano si attirò l'attenzione internazionale a causa di vertenze giudiziarie sul diritto a tali pratiche, allorquando due membri morirono per avere bevuto stricnina durante un rito religioso.

Oltre un cinquantennio dopo la loro apparizione nel Kansas, alcune pratiche pentecostali cominciarono a diffondersi anche nella Chiesa cattolica americana. Nel 1966 due giovani docenti della Duquesne University a Pittsburgh fecero il patto di pregare reciprocamente per il loro rinnovamento spirituale. Intervennero a un incontro di preghiera protestante e presto furono ispirati a parlare in lingue. Con altri docenti e studenti dell'università formarono un gruppo di preghiera impegnato in attività carismatiche, e la loro missione si diffuse nei campus dell'università cattolica di Notre Dame e di quella statale del Michigan.

In un tipico raduno carismatico cattolico dell'epoca, [28] alcuni neofiti riferirono la loro esperienza di risveglio religioso, indicando spesso che questo aveva fatto seguito al loro coinvolgimento nella subcultura della droga. Gli stati di coscienza alterata erano chiamati «doni dello Spirito Santo» e questi dovevano portare i fedeli a una rinascita spirituale. Tali esperienze includevano glossolalia, attività motoria involontaria e trance, tutte generate dalla dinamica del raduno di preghiera.

Il movimento si diffuse rapidamente e nell'arco di un decennio almeno 350.000 cattolici in tutti gli Stati Uniti seguivano incontri di preghiera di questo tipo. [29] Poiché le somiglianze tra la pratica rituale dei Pentecostali e quella dei Carismatici cattolici cominciarono a superare le differenze, esse servirono di base per riunire molti seguaci delle tradizioni cattolica e pentecostale in servizi religiosi tra persone di fede diversa e in pubblicazioni religiose comuni, un tipo di ecumenismo che era stato a lungo considerato di difficile realizzazione.

Tuttavia le esperienze di coscienza alterata non si limitano ad ambienti religiosi poiché risulterebbero anche fra il pubblico in generale. Andrew Greeley studiò un campione rappresentativo di americani, ai quali chiese se si erano mai sentiti come se «fossero molto vicini a una potente forza spirituale che pareva sollevarli fuori da se stessi», e rilevò che più di un terzo (35%) rispose positivamente. Quando al gruppo fu chiesto quali situazioni avessero provocato tali esperienze, le risposte più comuni furono di natura religiosa, come la preghiera, la partecipazione a una funzione religiosa e l'essere soli in una chiesa.[30] Una testimonianza multiculturale fornisce pure la conferma del diffuso potenziale per questi stati alterati. Erika Bourguinon[31] analizzò i dati su 488 società tratte dallo *Ethnographic Atlas*, un riferimento multiculturale standard; moltissime erano preindustriali e tribali nella struttura. Un buon 90% risultò con pratiche istituzionalizzate, tra cui qualche forma di coscienza alterata, di natura simile a una trance, e per lo più le trance erano attribuite, in un modo o in un altro, a possessione per opera di qualche forza religiosa. In realtà il collegamento fra fede e stato di trance risalirebbe al paleolitico superiore.[32]

Nella tradizione secolare: est

Per un'altra visione del ruolo della coscienza alterata nel promuovere l'adesione a un gruppo carismatico, potremmo chiederci come una popolazione attuale diventi suscettibile a tali influenze quando vi è il giusto ambiente sociale. Considerate un problema «sperimentale» nella psicologia del gruppo carismatico: come si potrebbe indurre una popolazione di adulti smaliziati e bene istruiti in centri metropolitani a seguire una nuova ideologia abbracciata con fervore, in cui le tecniche impiegate comprendano lo sviluppo di un gruppo coesivo e la stimolazione di cambiamento di atteggiamento tramite la coscienza alterata? Una risposta ci viene dall'esempio di est, sigla di Erhard Seminars Training.

Questo movimento secolare fu iniziato nel 1971 da Werner Erhard, un uomo senza alcuna formale esperienza nel settore della salute mentale, dell'autosostegno o del revivalismo religioso, ma con un passato di venditore al minuto. In meno di cinque anni dalla fondazione, fu detto che est aveva istruito oltre 83.000 persone benestanti e colte, allo scopo di «trasformare la vostra capacità di vivere la vita».

Erhard e i suoi istruttori univano aspetti di una quantità di filosofie popolari, dalla religione orientale alla psicoanalisi, in un programma che doveva far apprezzare ai partecipanti il bisogno di affrontare i propri conflitti e le circostanze sociali, abbandonando vecchie illusioni.

Il programma educativo consisteva di due lunghi weekend di seminari e di sedute serali durante i giorni lavorativi della settimana. I seminari con circa duecento iscritti erano guidati da un istruttore designato da Erhard, e da diversi assistenti esperti. Nell'arco di nove giorni gli iscritti venivano adulati e colpiti emozionalmente, e incoraggiati a regredire al punto in cui finalmente «ottenevano» uno stato simile alla conversione.

Certe alterazioni della coscienza e delle condizioni soggettive nel contesto di questo grande gruppo venivano usate per promuovere tale esperienza di pseudoconversione. I membri del seminario erano sottoposti per lunghe ore di seguito a svariate circostanze sconvolgenti che servivano a rimuovere quegli strati di stabilità psicologica che normalmente sostenevano il loro usuale stato di coscienza. Si emettevano diversi ordini: rilassarsi, non parlare se non autorizzati dall'istruttore (vale a dire raramente), non lasciare il proprio posto, non fumare, non mangiare, non andare in bagno se non durante intervalli a distanza di molte ore l'uno dall'altro. I partecipanti sopportavano per lunghi periodi di stare a occhi chiusi e ascoltare diatribe, offese e oscenità dispensate dall'istruttore. Generalmente erano anche tenuti in stanze senza la luce naturale, a temperature che potevano diventare disagevoli (come 40°). Inoltre, erano in contatto con una quantità di persone del gruppo che rispondevano con intensa emozione, piangendo abbondantemente e gridando. Quindi veniva turbata una varietà di parametri fisiologici ed emozionali, sconvolgendo l'omeostasi degli iscritti. Partecipare al programma non era privo di rischi di disturbi psichici, e diversi sono stati i casi di reazione psicotica segnalati.[33]

Che cosa significasse «farcela», ottenere lo scopo, in est è difficile da definire. Dopo un'iniziale corrispondenza con Werner Erhard, ebbi un prolungato incontro con il suo direttore della ricerca per prendere in esame lo studio di quella trasformazione. Le nostre discussioni al riguardo non produssero, tuttavia, una definizione operazionale (o per meglio dire una possibile base di studio).[34] Descrivere l'atteggiamento di un istruttore est può aiutare a definire meglio questa osservazione. Poco prima del diploma, l'istruttore chiedeva sempre se le persone «ce l'hanno fatta». Alcune dicevano di sì ed erano applaudite. Un altro gruppo non era sicuro. L'istruttore parlava a quelle persone, che poi dichiararono di «avercela fatta». Infine uno o due erano sicuri di non «avercela fatta», e l'istruttore diceva di sì. «Ebbene, voi ce l'avete fatta, l'avete ottenuto, perché la verita è che non c'è nulla da ottenere». Tutta la cosa veniva trattata come uno scherzo, mettendo a disagio i nuovi convertiti.[35] Ciò nonostante, lo studio di un grande campione di allievi est, che avevano completato il «training» almeno tre mesi prima, rivelò che i più giudicavano l'esperienza positiva (88%), e si consideravano in condizioni migliori perché avevano seguito il corso (80%).[36]

La buona conoscenza della psicologia non sembrava generare scetticismo fra coloro che seguivano il programma. Nello studio degli allievi est, per esempio, non vi era nessuna differenza rilevante nella proporzione di terapeuti di professione o di profani che davano una valutazione positiva del programma. In un altro studio un esperto clinico valutò una serie dei suoi pazienti psichiatrici che seguivano il corso est e concluse che la maggioranza traeva benefici dal programma.[37]

Uno psicologo che aveva completato il corso mi parlò della sua angoscia di fronte alle aggressioni psicologiche contro alcuni dei membri più instabili del seminario, ma le sue parole rivelarono anche il ruolo della coscienza alterata nel superare tali apprensioni.

Disagio e tormento fisici mi lasciarono inorridito, e con strane sensazioni. Il tempo aveva smesso di correre nel senso normale, e avevo inaspettati sentimenti di ogni genere. A un certo punto, quando l'istruttore diede dello stronzo al mio amico perché cercava di consolare una donna che piangeva, io m'infuriai. Avrei voluto vedere morto l'istruttore. Mi accorsi che cominciavo a perdere ogni coscienza di dove fossi nel mondo reale, e anche di chi fossi normalmente.

E poi, all'improvviso, mi fu chiaro! Ero prigioniero della *mia stessa* ossessione di aiutare chiunque e di essere gentile con gli altri. L'istruttore aveva ragione: non *dovevo* restare attaccato a quell'atteggiamento. Ero libero di scegliere cosa pensare e sentire dentro di me, indipendentemente da quarant'anni di programmi. Poi tutta la stanza parve scivolare via, non mi curai più di mangiare, far pipì, o sapere quanto a lungo la dannata cosa sarebbe durata. Mi sentii liberato, uscito da un lungo periodo di prigionia.

In un certo senso questo rappresentava una transizione verso una piena «cultura del narcisismo» in cui l'individuo deve fedeltà solo a se stesso. I partecipanti al programma est — che, in quella forma, oggi non esiste più — si sentivano spesso liberati dagli impegni nati dalla fedeltà ai propri simili, e ciò permetteva loro d'indulgere verso se stessi senza sentirsi in colpa. In un altro senso, tuttavia, est evidenziava quanto ognuno di noi agisca secondo il proprio complesso di comodi fraintendimenti. Se, in ultima analisi, la percezione di questo psicologo gli fosse utile o no, essa venne in realtà dopo che il suo sentimento e il suo pensiero si erano alterati dallo stato normale.

PARTE SECONDA

UN MODELLO DEL GRUPPO CARISMATICO

Abbiamo parlato delle forze psicologiche che consentono a un culto di esercitare la sua potente influenza sui seguaci, e ora passiamo a sviluppare un modello che spiegherà come questi gruppi funzionano. Per farlo dobbiamo collegare tre livelli di organizzazioni umane — biologia, psicologia e struttura sociale. Il comportamento è radicato nella biologia, anche se azionato da forze psicologiche che influenzano l'individuo nel suo insieme; il singolo affiliato al gruppo è impegnato in organizzazioni sociali che assumono vita propria.

5

BIOLOGIA E COMPORTAMENTO

Abbiamo esaminato l'eccezionale potere che le forze psicologiche hanno in seno al gruppo carismatico nel modellare atteggiamenti e comportamenti dei seguaci. Ora esamineremo l'origine di queste forze. Sono innate nella natura umana, o sono il semplice prodotto di cultura e circostanze?

La tendenza ad aggregarsi a gruppi sociali locali si riscontra nelle più diverse culture, e senza dubbio nasce dai vantaggi che una comunità offre nel soddisfare bisogni giornalieri e nel lottare contro le avversità. Questa tendenza si rafforza, perfino si distorce nei gruppi paramilitari che nascono in nazioni tormentate da conflitti micidiali, come attualmente in Irlanda del Nord e in Libano. Il forte legame che i componenti di gruppi militari possono sviluppare fra loro potrebbe comportare l'estremo sacrificio di sé, come nella tattica delle ondate umane costituite da ragazzi iraniani nella guerra contro l'Irak.

Nella Chiesa dell'Unificazione, come in altre sette contemporanee, i seguaci si espongono al rischio in molteplici modi per fedeltà al gruppo. Possono compiere lunghi periodi di duro lavoro, assoggettarsi al ludibrio pubblico o rimandare di molti anni una gravidanza.

La tendenza a un tale comportamento di sacrificio di gruppo si rileva in quasi tutte le culture; può, ovviamente, aiutare ad affrontare i bisogni del gruppo d'intraprendere la guerra, sopportare trasferimenti, o sopravvivere in tempi di privazione economica. Questo modello di comportamento potrebbe servire anche come meccanismo di sopravvivenza del gruppo e dei suoi obiettivi comuni.

L'attrazione provata dall'essere umano per gruppi molto compatti è un tratto onnipresente e apparentemente innato. Ammesso questo, come si sarebbe evoluto tale tratto? È un istinto di affiliazione basato sul vantaggio evolutivo che il gruppo — incluso quello carismatico — dà a tutti i membri nel loro insieme, particolarmente in periodi di crisi e di minaccia esterna?

In *L'origine dell'uomo* [1] Charles Darwin si rivelò interessato a mettere a punto un metodo di psicologia che spiegasse la comparsa di simili tratti sociali in specie assai diverse. Incorse anche in affermazioni di «estremo antropomorfismo» [2] scrivendo

> con quale cura gli uccelli maschi mostrano le loro varie attrattive, e lo fanno con la massima abilità... sembra che le azioni, dapprima forse volontarie, siano diventate istintive. In tal caso non dovremmo accusare gli uccelli di vanità coscienti; eppure, quando vediamo un pavone che si muove impettito e allarga le penne della coda a ventaglio, sembra il vero emblema dell'orgoglio e della vanità. [3]

Konrad Lorenz [4] avrebbe considerato *analoghi* dal punto di vista comportamentale il vanitoso incedere osservato sia nei pavoni sia nell'*Homo sapiens*. Lorenz rilevò che tali analogie sorgono quando due specie diverse sviluppano indipendentemente mezzi simili a base biologica per adattarsi al loro ambiente. Perché siano analoghi, occorre trovare i tratti in specie che sono separate nella catena di evoluzione da altre che *non* portano tale tratto. Come esempio di analogo sociale, Lorenz considerò il comportamento delle oche, una specie da lui studiata molto a lungo. Riconobbe che termini come «innamorarsi», «sposarsi» o «essere geloso» potrebbero sembrare inopportuni parlando di volatili, ma indicò che comportamenti paragonabili a quelli umani si ritrovano facilmente fra coppie monogame di oche. Inoltre, vi sono molte affinità di ruolo e di valore di sopravvivenza in entrambe le specie. [5]

La possibilità che osservazioni etologiche aiutino a spiegare aspetti problematici del comportamento umano è quindi molto affascinante. Per i nostri scopi potremmo invocare paradigmi evolutivi onde definire il seguente paradosso centrale del comportamento di un gruppo carismatico: l'affiliazione a tali gruppi si nota in molti ambienti, in forma aperta o meno, e sembra rappresenti una potenzialità presente in tutti gli esseri umani; ciò nonostante, tale affiliazione va spesso in senso contrario agli interessi, e talvolta anche alla sopravvivenza dell'individuo. Perché le persone dovrebbero aver conservato un tratto così potenzialmente autodistruttivo nel corso dell'evoluzione?

Rileviamo che la maggior parte dei tratti sociali dà al portatore del tratto un preciso vantaggio per l'adattamento, come il comportamento del pavone che fa la ruota o l'assunzione di rango in un branco di primati. Alcuni tratti, però, chiaramente non servono all'adattamento. Per esempio, la tendenza ad assistere gli altri nel bisogno offre un vantaggio ad *altri* membri di un gruppo sociale, ma non accresce necessariamente l'idoneità dell'individuo con quel tratto. Un tratto altruistico potrebbe agire spesso a danno dell'individuo quando costui sacrifica il proprio tornaconto per altri membri del gruppo sociale. Questo tratto è simile alla tendenza umana a entrare in un gruppo carismatico, il che spesso richiede grande sacrificio personale. Le spiegazioni sull'evoluzione dell'altruismo possono quindi gettare luce sul comportamento del gruppo carismatico.

L'altruista che salva un nuotatore quando sta per annegare o l'ape operaia che punge un assalitore e quindi perde la vita hanno una cosa in comune con la persona che s'impegna in un gruppo carismatico. Da un punto di vista evolutivo ognuno sacrifica interessi e potenziale di sopravvivenza a beneficio del gruppo, diminuendo la propria idoneità alla successiva riproduzione in forza del tratto che porta. Come persistono tali tratti nel corso dell'evoluzione, se i portatori hanno *meno* probabilità di sopravvivere? Consideriamo quanto segue. Un tratto osservato in un dato individuo potrebbe servire a migliorare il vantaggio riproduttivo di *altri* individui i quali potrebbero portare geni per lo stesso tratto. L'aumentata idoneità genetica degli altri portatori promuove allora la trasmissione del tratto alla successiva generazione, dato che essi hanno più probabilità di sopravvivere e di trasmetterlo. Quando tali princìpi di genetica della popolazione furono elaborati e applicati a una varietà di problematiche osservazioni etologiche come il comportamento di sacrificio di sé, emerse una nuova prospettiva sul comportamento, che Edward O. Wilson chiamò sociobiologia.[6] Essa è diventata provocatoria e polemica in anni recenti.[7]

Il concetto di idoneità complessiva va al cuore della sociobiologia. Come proposto da William D. Hamilton,[8] questa forma di idoneità genetica rispecchia non solo l'idoneità di un dato individuo con quel tratto genetico, ma anche l'idoneità di tutti gli altri che potrebbero averlo, poiché la loro sopravvivenza ne assicura anche la trasmissione. L'idoneità complessiva può, dunque, far conservare il tratto in una specie, anche se non fa sopravvivere il singolo portatore.

Consideriamo, per esempio, il concetto di *altruismo reciproco*. Robert Trivers[9] evidenziò che un tratto altruistico non deve basarsi soltanto sul vantaggio immediato che dà ai parenti assistiti. Esso può riflettere i benefici reciproci in una famiglia o in una più vasta popolazione di individui imparentati alla lontana che agiscono l'uno verso l'altro in modo altruistico, assicurando così una certa misura di reciprocità più tardi, quando ne avranno bisogno. Modelli interessanti sono stati sviluppati da Lumsden e Wilson[10] per concettualizzare come certi engrammi di comportamento culturale possano trasmettersi. Tutto questo, lo vedremo, ci offre una spiegazione della sopravvivenza di tratti che non conferiscono necessariamente a un dato individuo maggiore idoneità genetica.

La tendenza a entrare in gruppi coesivi, in quanto tale, potrebbe essere emersa nel corso dell'evoluzione umana come una manifestazione naturale di idoneità totale. In primo luogo, gli individui potrebbero non avere registrato una maggiore idoneità personale a causa di questa tendenza. Il gruppo in cui sono entrati, composto di molti individui con il medesimo tratto, *potrebbe* operare meglio insieme di fronte alle avversità e quindi sopravvivere meglio.

L'effetto sollievo

Chi entra a far parte di un gruppo carismatico rinuncia alla possibilità di prendere decisioni autonome e aderisce alle norme del gruppo, cosa che potrebbe contrastare con i suoi bisogni di adattamento. La tendenza umana a entrare in un tale gruppo può quindi portare a una diminuita idoneità personale.

Persistere in tale tendenza può spiegarsi con l'idoneità totale — il maggior potenziale di sopravvivenza di tutti i portatori del tratto nel gruppo, distinto dalla sola idoneità personale, che è il potenziale di sopravvivenza del singolo. Così, se un tratto rilevato in una data popolazione migliora la sopravvivenza della popolazione in generale, noi diciamo che l'idoneità totale della popolazione è accresciuta — anche se un dato individuo abbia meno probabilità di sopravvivere quando manifesta quel tratto. Ne vedremo ora una dimostrazione con riferimento all'aumentata idoneità totale conferita dall'affiliazione a un gruppo coesivo. Colui che porta questo tratto potrebbe soffrire per il sacrificio di sé che esso produce, ma il gruppo coesivo nel suo insieme, consistente di portatori di quel tratto, ha più probabilità di sopravvivere e quindi di assicurarne la trasmissione.

L'aumentata idoneità conferita dal gruppo deriva da come questa entità sociale nel suo insieme agisce da strumento molto adattabile dell'organizzazione sociale, specialmente in periodi di crisi. Un fervente gruppo coesivo può promuovere sforzi di solidarietà diversamente da un gruppo meno compatto. La persistenza nel cumulo genetico di un tratto che porta gli individui verso un fervente comportamento di gruppo viene quindi promossa al momento stesso in cui si soddisfano i bisogni del gruppo come entità.

In talune circostanze questo comportamento potrebbe essere l'unico modo di garantire che i singoli membri facciano i notevoli sacrifici necessari ad assicurare la sopravvivenza genetica del gruppo. Ma quale meccanismo psicologico fa scattare la tendenza a mantenere l'affiliazione al gruppo carismatico? Che cosa motiva le persone a entrarvi e a rimanervi, trascurando spesso interessi personali? Per comprendere questo dobbiamo presupporre un meccanismo che unisca il singolo al gruppo e che sia radicato nella fisiologia umana. Inoltre, se questo meccanismo risale al passato evolutivo umano, esso dovrebbe avere omologhi nei comportamenti di altri primati.

Al centro di questo processo sta il rapporto fra un modello di comportamento sociale e una motivazione a base biologica, o pulsione istintiva, che io ho definito «*effetto sollievo*». Esso agisce così. *Quando le persone si fanno coinvolgere in un gruppo carismatico, esiste un rapporto inverso fra i loro sentimenti di disturbo emozionale e il grado della loro affiliazione a quel gruppo.* La capacità d'impegno individuale verso il gruppo è mediata dal sollievo da disturbi nevrotici, un sollievo che provano con l'affiliazione e la costante appartenenza al gruppo; più vi si sentono legati, meno angoscia hanno. Per contro, se si distaccano un po' dal gruppo, vengono indotti a tornarvi a causa dell'aumentata angoscia che facilmente avvertono. Così, ferventi seguaci si sentono infelici o disforici quando sono staccati dal gruppo. Per esempio, un membro impegnato degli Alcolisti Anonimi parla di sentimenti di disagio o di una certa esclusione quando manca a qualche riunione.

Un membro, dunque, sta in equilibrio fra la ricompensa per uno stretto legame e la punizione per l'allontanamento. Ogni episodio minore di ricompensa e punizione, aumentando l'intimità con il gruppo o allentandola, fa da esperienza istruttiva operante che ne condiziona il coinvolgimento successivo. Il processo è simile a un esperimento condizionante in cui un animale viene ricompensato ogni qualvolta manifesta spontaneamente un particolare comportamento o è punito per avere agito in modo contrario. Dopo diversi atti spontanei del genere e loro relative conseguenze la cavia manifesterà quel comportamento in maniera consistente, anche quando ulteriori ricompense siano date di rado. Per esempio, un topo può essere ricompensato con del formaggio ogni qualvolta colpisca una leva. Alla fine la colpirà frequentemente, sebbene i pezzetti di formaggio siano pochi e rari.

Un membro di gruppo carismatico somiglia a una cavia o a un soggetto umano in un esperimento di condizionamento. Può essere spinto ad adottare un modello di comportamento se in principio viene ricompensato ogni qualvolta agisca in un modo particolare. Constatando che, quando si sente legato al gruppo, la sua angoscia sparisce, tenderà a mantenere stretti contatti, e il sentimento d'intimità con il gruppo diventerà fonte di rafforzamento operante. Tale abitudine può svilupparsi senza che l'individuo ne sia consapevole. Analogamente la ripetuta disforia associata a sentimenti di disaffezione induce i membri a evitare l'allontanamento dal gruppo; è un rafforzatore negativo per rimanere uniti.

Dopo che in fase di reclutamento abbia avuto stretti rapporti con il gruppo per diverse volte e ogni volta ne sia stato ricompensato, il membro «impara» a uniformarsi al gruppo in modo da sentirsi legato a esso e provare il conseguente benessere. Il neofita, il prodotto di un processo di rafforzamento, continuerà il modello di intimità anche se le ricompense vengono date solo sporadicamente. L'effetto sollievo serve, quindi, a rafforzare un costante impegno di gruppo.

Così, liberandosi dall'angoscia nevrotica, gli individui s'impegnano nel gruppo carismatico e imparano a conformarsi ai comportamenti che esso promuove. L'effetto sollievo è mediato dagli atteggiamenti affiliativi di coesione sociale e di dottrine condivise — cioè, da mezzi sociali e cognitivi. Una serie di giudizi, corroborati da dati su membri della Chiesa dell'Unificazione e della Missione della Luce Divina, può spiegare come questo effetto stia alla base dell'affiliazione in tali gruppi.

Testimonianze in sette contemporanee

Esaminerò adesso una serie di giudizi basati su quanto scoperto in seguaci della Chiesa dell'Unificazione e della

Missione della Luce Divina. Queste informazioni saranno usate a sostegno del modello prima descritto sulle origini del comportamento affiliativo.

Entrando in un gruppo carismatico, un individuo prova sollievo dal disturbo nevrotico nella misura in cui si sente più o meno strettamente affiliato. L'iniziazione in un gruppo comporta notevole impegno personale. Per farsi coinvolgere totalmente un seguace dovrebbe essere investito da un impulso psicologico eccezionale, e l'impegno dovrebbe dargli notevole sollievo. Utilizzando le informazioni della Chiesa dell'Unificazione e della Luce Divina, esaminiamo se questo sia vero.

I bisogni di affiliati potenziali contribuiscono a conoscere la natura di questo sollievo, poiché quelli maggiormente attratti verso il gruppo erano afflitti da maggiore angoscia, come testimoniano le informazioni date da 104 partecipanti ai seminari d'iniziazione della Chiesa dell'Unificazione. I punteggi sulla scala del benessere psichico generale rivelarono che coloro i quali soffrivano di maggiore tensione promettevano di diventare seguaci impegnati più di altri. [11] Quelli che rimanevano dopo il primo weekend ma *non* entravano nella setta erano meno disturbati psichicamente, mentre quelli che abbandonavano presto erano i meno angosciati di tutti. Va notato, tuttavia, che ogni gruppo era molto al di sotto del benessere psichico medio in relazione a un paragonabile campione di persone giovani preso dalla popolazione generale. Peraltro, quando fu studiato un gruppo di seguaci veterani, i loro punteggi di benessere erano assai più vicini al livello della popolazione generale e riflettevano un notevole miglioramento nel loro benessere psichico rispetto al corso di reclutamento e all'entrata nella setta. [12]

Questo è confermato anche da informazioni fornite da seguaci della Missione della Luce Divina per i periodi antecedenti e successivi all'entrata nella setta. Quelli che erano da due anni nel gruppo dissero che il loro disturbo psichico era molto diminuito (37%) subito dopo essere entrati rispetto a subito prima di entrare. Per esempio, una spiccata riduzione si registrò nel grado in cui i membri consideravano i problemi emozionali come intralcio al loro adattamento nella vita (35%) con un calo analogo nel sentirsi nervosi e tesi (41%). Questa diminuzione era molto correlata ai loro sentimenti di coesione verso il gruppo. Quelli che si sentivano più attaccati a esso avevano maggiori probabilità di provare sollievo da disturbi nevrotici. Nel complesso gli elementi rispecchianti la coesione di gruppo spiegavano in gran parte il regresso di disturbi nevrotici, e queste osservazioni stanno al centro dell'effetto sollievo. [13]

Si può dire, inoltre, che la mobilitazione nel gruppo carismatico è più probabile in periodi di angoscia. Dal punto di vista dell'adattamento di gruppo un'audace linea di azione comprendente reciproco impegno e sacrificio di sé è infatti necessaria in tali periodi, al fine di occuparsi di pressanti problemi del gruppo.

Nell'idoneo ambiente di gruppo è possibile ottenere molto facilmente l'impegno verso il gruppo carismatico. Seguaci reali o potenziali non sono necessariamente disponibili a farsi coinvolgere in un gruppo per lunghi periodi, perciò deve essere possibile garantirsi il loro impegno quando ce n'è bisogno. L'esperienza di alcuni partecipanti ai seminari di reclutamento della Chiesa dell'Unificazione fu straordinaria sotto questo aspetto. Quelli che rimasero oltre i primi due giorni svilupparono tutti rapidamente un forte sentimento di affiliazione alla setta, sia che poi vi entrassero o no. Le loro risposte denotarono altissimi livelli di coesione verso compagni del loro gruppo di reclutamento, e una rapida accettazione delle dottrine fondamentali della Chiesa. Gli atteggiamenti di coloro che poi abbandonarono differivano da quelli di quanti entrarono nella setta solo nella misura in cui i primi avevano più solidi legami con persone al di fuori del gruppo. Cioè, coloro che rinunciarono non lo fecero per mancanza di forti sentimenti verso il gruppo — abbandonarono a causa dell'attaccamento alla famiglia e agli amici.

Il rapido sviluppo dell'affiliazione durante l'esperienza introduttiva dimostra con quanta facilità una persona possa farsi coinvolgere psicologicamente nell'ambiente di gruppo, purché manifesti un qualche interesse iniziale. Ricordatevi del rapido passaggio all'impegno che Jerry, l'universitario depresso, manifestò partecipando al programma di reclutamento dei moonisti. In pochi giorni si era disfatto dei precedenti legami sociali e aveva deciso di sottrarsi a un ordine del tribunale fuggendo, piuttosto che rompere i suoi legami con la Chiesa.

Nel corso del reclutamento gli atteggiamenti e i comportamenti individuali arrivano a uniformarsi a quelli richiesti ai membri del gruppo. Oltre ad acquisire coesione e fede di gruppo, i proseliti ne adottano anche i modelli di comportamento. Nella Chiesa dell'Unificazione gli atteggiamenti e i comportamenti delle nuove reclute sull'uso di bevande alcoliche illustrano questo punto; la Chiesa scoraggia l'abuso di alcool, ma non ne proibisce l'uso. Una larga maggioranza di membri di vecchia data (86%) riferì di avere usato alcolici prima dei contatti con la setta, ma solo un terzo li usava ancora dopo due anni. E soprattutto ne era scomparso l'uso giornaliero.

Questo modello rifletteva atteggiamenti appena acquisiti. Il fatto di essere d'accordo su «dovrei evitare di fare il pieno di alcool» fece aumentare in maniera apprezzabile la permanenza dei membri nel gruppo. Mentre una minoranza (42%) disse di essere pienamente d'accordo con quella affermazione prima di entrare nel gruppo, oltre il doppio (89%) ne furono convinti dopo esservi entrati, e la stessa proporzione fu confermata dopo un periodo di appartenenza al gruppo. Fra i seguaci della Luce Divina l'uso di allucinogeni ed eroina scomparve quasi del tutto durante l'appartenenza al gruppo (gli allucinogeni passarono dal 35 al 3%, e l'eroina dal 14 allo 0%).

La relazione fra il sollievo da disturbi nevrotici e affiliazione al gruppo carismatico continua durante il periodo di appartenenza. Questa relazione è essenziale per tenere in vita il gruppo, dato che essa assicura il costante impegno dei membri. Tale affermazione si basa sui nostri dati sullo stato psicologico di seguaci di vecchia data della Chiesa dell'Unificazione. Furono esaminati due aspetti dei loro sentimenti affiliativi verso il gruppo: coesione sociale e fede condivisa. I punteggi sulla scala della coesione di gruppo dimostrarono il benessere psichico di buona parte dei membri all'epoca in cui furono esaminati, indicando una relazione molto stretta fra la forza di questi vincoli sociali e il livello di benessere. Inoltre, la scala di fede religiosa condivisa confermò la correlazione statistica fra benessere e affiliazione di gruppo. I due punti della fede religiosa che meglio indicarono il benessere psicologico del seguace furono: «Le mie credenze religiose mi danno conforto» e «Sento uno stretto legame con Dio». Evidentemente l'effetto sollievo continua a operare durante una lunga appartenenza al gruppo carismatico, servendo da motivazione per un costante impegno.

Uniformarsi alle norme comportamentali di gruppo è percepito implicitamente dai seguaci come una necessità per conservare il loro benessere. Questa motivazione a uniformarsi fu rilevata in seguaci di vecchia data della Chiesa dell'Unificazione che erano stati uniti dal reverendo Moon con l'impegno di sposarsi. [14] Essi erano nati in tipiche famiglie americane, eppure accettarono il fidanzamento formale — una cosa che assai pochi giovani, con le loro esperienze passate, avrebbero accettato. In realtà, erano contenti che la moglie fosse scelta da altri, senza nessun coinvolgimento personale. Ecco, dunque, un notevole esempio di conformità alle regole comportamentali di un gruppo carismatico. La stragrande maggioranza (95%) di seguaci fidanzati era ancora attiva nel gruppo dopo quattro anni, quasi tutti sposati con la rispettiva compagna designata. Indizi che spiegassero questa pronta adesione alle regole furono trovati nel modo in cui costoro percepivano implicitamente la propria vulnerabilità emozionale agli eventi distruttivi della vita.

È stato stabilito [15] che si è più soggetti a problemi psicologici quando si sono vissuti recentemente eventi che implicano un apprezzabile riassestamento sociale come cambiamento di residenza, malattia di un parente stretto, o licenziamento dal lavoro. Con questo in mente, le recenti storie di eventi distruttivi dei moonisti furono valutate con una scala standard. Come per altre popolazioni, una più alta incidenza di tali eventi era associata a livelli più bassi di benessere psichico. Si noti che i membri erano protetti da questa vulnerabilità emozionale grazie al loro grado d'impegno nella Chiesa. Quelli che vi si sentivano più legati erano i meno soggetti a turbe dell'emotività dopo avere subìto disgregazioni nella loro vita, mentre quelli meno legati erano più vulnerabili. [16] Specificatamente gli eventi della vita predissero il 15% di variazione nel benessere; questa percentuale salì al 31% quando vi si inclusero gli elementi dell'affiliazione.

La ricettività del seguace all'aspettativa del gruppo sarebbe facilitata dalla sua implicita percezione di essere protetto da esperienze emozionalmente distruttive grazie all'impegno nella setta; il seguace arriva a considerare il gruppo come un baluardo contro esperienze minacciose. Questo rapporto è espresso succintamente dall'alta percentuale di membri (88%) che confermarono energicamente: «Le mie credenze religiose mi danno conforto».

Il meccanismo di conformità fu osservato di nuovo nel medesimo gruppo di seguaci fidanzati tre anni dopo il loro legame. Per allora una larga maggioranza (91%) era sposata da un anno e molte (24%) delle mogli erano incinte. Per i più l'anno precedente era stato pieno di numerosi eventi distruttivi, come trasferimento di residenze della Chiesa, formazione di nuove famiglie, assunzione di responsabilità nel gestire le proprie finanze e, per molti, essere sradicati per servire in «squadre di collette» (*fundraising teams*) itineranti. Ciò nonostante, i loro punteggi sulle scale di fede e coesione non erano cambiati in modo significativo, e indicavano ancora il loro livello di benessere psichico. La vulnerabilità dei membri a eventi distruttivi della vita era tuttora attenuata dal grado d'impegno verso il gruppo. Questo porta al seguente corollario.

Il gruppo agisce come una pinza psicologica, promuovendo angoscia mentre al tempo stesso dà sollievo. Questo è dimostrato in una ironica sequenza di eventi. Il gruppo promuove norme comportamentali che possono esporre il seguace ad angoscia potenziale. Poi, come abbiamo visto, egli arriva a sentire che il sollievo dall'angoscia dipende dalla fedeltà al gruppo. Questo, a sua volta, rende il seguace più ricettivo alle richieste del gruppo e della sua dirigenza.

Un ciclo di questo genere è evidente negli Alcolisti Anonimi, che usano la dipendenza di gruppo come mezzo di fuga dall'assuefazione all'alcool. Si inducono i nuovi affiliati a pensare di dover rinunziare all'alcool quando, nel corso del reclutamento, essi accettano il credo di astinenza del gruppo. Smettere di bere, tuttavia, fa nascere in loro la paura di essere incapaci di farlo senza notevole desiderio e angoscia. Il gruppo fa aumentare questa paura, mettendo i neofiti di fronte a ciò che hanno tentato di nascondere, cioè di non poter controllare efficacemente il bere. Poi offre una risposta a questo conflitto: siccome AA diventa più importante per i nuovi membri, si dice loro che la regolare partecipazione e l'accettazione delle norme di AA sono necessarie per mantenere l'astinenza. Avendo riscontrato che il loro benessere psichico dipende dall'astinenza, essi restano intrappolati nella dipendenza da questo grande gruppo e accettano di conformarsi alle sue richieste. In tal modo molti membri degli AA frequentano le riunioni su base regolare, anche giornalmente, per mesi o anni e riescono a mantenersi sobri. Ma diventano molto dipendenti dal gruppo.

L'entità dell'effetto sollievo non è accresciuta da precedenti d'infermità psichica. Se il disturbo emozionale viene rimosso dall'affiliazione, una precedente malattia psichica non renderebbe il seguace più impegnato? In senso psicologico questo potrebbe essere ragionevole, ma da un punto di vista evolutivo no, perché, se l'effetto sollievo fosse correlato all'infermità psichica, membri più sani tenderebbero a disaffiliarsi, e tali gruppi conserverebbero solo i seguaci più disturbati e perderebbero i più capaci. Ciò, ovviamente, non migliorerebbe le possibilità di sopravvivenza del gruppo.

Le nostre rilevazioni dimostrarono che una grave infermità emozionale non è collegata alla forza dei legami del membro con il gruppo. Fra i membri della Chiesa dell'Unificazione e della Missione della Luce Divina, coloro che riferirono di avere avuto «seri problemi emozionali» in qualche periodo anteriore all'entrata (39% in entrambi i campioni) furono paragonati con quelli che non ne avevano avuti. Non esisteva nessuna correlazione significativa fra questo tratto del passato e il grado di sollievo provato con il reclutamento o il grado di coesione sentito verso il gruppo.[17] Quindi, fra coloro che si associarono la ricettività al gruppo non dipendeva da precedenti di gravi problemi emozionali e perciò non si verificava a spese di una diminuita idoneità personale.

L'effetto sollievo è correlato a una coscienza di esclusività. Nella Missione della Luce Divina il solo elemento nella scala di coesione più fortemente correlato al sollievo dal disturbo nevrotico era: «Sono sospettoso dei non-membri»,[18] denotando un abisso fra gli atteggiamenti verso i compagni di gruppo e gli estranei, una diffidenza verso gli estranei che è la base per escluderli. Il fattore rientra nelle differenze fra la Chiesa dell'Unificazione, un gruppo carismatico autonomo, e la Federation of Parents for Drug-Free Youth, composta di ferventi gruppi di genitori, con base nella comunità, che condividono l'impegno a combattere l'uso di droghe negli adolescenti. La Federazione dei genitori è un programma piuttosto convenzionale di autosostegno, bene integrato nella comunità. Sebbene i suoi membri mostrino notevole coesione e fede condivisa, il movimento non funziona come un grande gruppo socialmente circoscritto, indipendente, che provvede ai propri bisogni economici, sociali, culturali. I moonisti e i membri della Federazione non differivano molto nei punteggi di coesione se paragonati ai loro rispettivi compatrioti. Riguardo agli estranei, però, i moonisti avevano punteggi più bassi.[19] Questa differenza di sentimenti verso gli estranei indica che i benefici del considerevole sacrificio dei seguaci della Chiesa dell'Unificazione non saranno casualmente a disposizione di estranei e denota la natura autoprotettiva del vero gruppo carismatico.

Queste osservazioni servono a chiarire come negli appartenenti a un gruppo carismatico si osservi una diminuzione dei disturbi nevrotici in relazione all'intensità del loro coinvolgimento nel gruppo. Poiché tutte queste osservazioni sono basate su caratteristiche psicologiche misurabili di membri di un grande gruppo, esse forniscono una conferma empirica dell'efficacia dell'effetto sollievo.

Ora esamineremo fonti molto diverse per un'ulteriore conferma all'ipotesi di effetto sollievo: la conoscenza del nostro passato evolutivo e gli studi contemporanei sul comportamento dei primati. Questi dati antropologici ed etologici completano gli studi su gruppi contemporanei a sostegno delle idee sul vincolo sociale appena illustrato.

Osservazioni etologiche

Se l'effetto sollievo, presunto fondamento del comportamento del gruppo carismatico, è un valido modello sociobiologico, dovrebbe esistere, per esempio, una prova etologica di conferma in comportamenti omologhi fra i primati.

L'Australopiteco, che si dice sia un diretto antenato dell'*Homo sapiens*, abitava nelle foreste dell'Africa orientale in un periodo compreso fra circa cinque milioni e un milione di anni fa. Nel corso di molte generazioni sviluppò modelli stabili di organizzazione sociale a grandi gruppi per garantirsi un'adeguata alimentazione cacciando grossa selvaggina. [20] Si ritiene che gli Australopitechi si riunissero in gruppi da trenta a cento membri, come fanno oggi le tribù di cacciatori-raccoglitori. Inoltre, dovettero sviluppare modelli di comportamento che permettessero di partecipare alla distribuzione delle prede di caccia, e assicurassero che nessun estraneo godesse delle prede senza avere contribuito all'attività comunitaria. [21]

Come le tribù cacciatrici contemporanee, quei gruppi preistorici si sarebbero dispersi a intervalli, secondo i loro bisogni immediati e le condizioni ambientali. Però si riaggregavano in numero consistente, formando stabili raggruppamenti regionali. [22] Questi comportamenti rivelano anche il valore di un meccanismo psicologico che garantirebbe la coesione fra i singoli membri di grandi gruppi.

Complessi tratti sociali, come la parola, l'empatia e la

capacità di interazione, favoriscono un più efficace comportamento di gruppo. Nelle specie inferiori, tratti complessi possono evolversi relativamente in fretta.[23] Ciò nonostante, è eccezionale la misura in cui i tratti sociali si sono sviluppati a partire dalla comparsa dell'Australopiteco. Le capacità craniche dell'ominide, per esempio, raddoppiarono dall'epoca australopitecana alla comparsa, circa un milione di anni fa, dell'*Homo erectus*, un più recente precursore dell'*Homo sapiens*.[24] Tali consistenti aumenti, soprattutto nella materia corticale, stanno alla base dei significativi cambiamenti nel repertorio comportamentale dei nostri antenati ominidi.

La coesione sociale dei primi ominidi è rappresentata anche in gruppi omologhi fra i primati. Come nei cacciatori-raccoglitori, gruppi sociali da venti a ottanta individui sono normali nell'organizzazione comunitaria di diverse specie di scimmie con e senza coda. Lo si vede nei gruppi distinti formati da scimpanzé nella savana, che migrano, collaborano e stanno vicini l'uno all'altro in gruppi di queste dimensioni.[25]

Vi sono anche prove sperimentali per omologhi dell'effetto sollievo nei primati inferiori. Una raccolta di ricerche empiriche sul reso (*Macaca mulata*) conferma il rapporto fra affiliazione di gruppo e buonumore. In osservazioni classiche Harry Harlow[26] dimostrò la vulnerabilità emozionale dei primati inferiori alla perdita e alla separazione, usando il modello di separazione madre-neonato.

Di più diretta pertinenza per il comportamento in grandi gruppi, Stephen Suomi[27] fece seguito all'opera di Harlow con una serie di studi che producevano un comportamento simile a depressione fra giovani scimmie, separandole dai loro simili. Togliere una scimmietta da una gabbia dove viveva in compagnia di altre con le quali era stata allevata portava a ridotta attività, espressione triste e posizione accovacciata. Così, rompere i legami che quelle scimmie avevano con i loro simili nella rete sociale parve produrre un comportamento pari a quello associato a depressione e ansia negli esseri umani. Cosa interessante, Suomi studiò poi due modi per superare la depressione indotta in queste scimmie — ristabilendo legami sociali con le altre scimmie o somministrando farmaci antidepressivi. In uno studio le scimmie isolate furono introdotte in gruppi di simili non depressi e quindi si liberarono della loro depressione. In un secondo studio l'imipramina, un comune antidepressivo, eliminò la depressione senza il ritorno nel gruppo. L'intervento sociale e fisiologico fu quindi in grado di imitare l'effetto sollievo.

Cambiamenti di stato d'animo possono essere altri modi per assicurare coesione e quindi stabilizzare grandi gruppi sociali — non solo per mezzo dell'effetto sollievo. Russell Gardener,[28] per esempio, ha richiamato l'attenzione sui ruoli alfa e omega (posizioni dominante e sottomessa) osservati in gruppi di primati inferiori. Il membro alfa di un branco di scimmie, il più alto nella gerarchia, inizia aggressivamente l'azione e continua ad asserire la dominanza sugli altri membri, in maniera molto simile a un uomo in fase maniacale o ipomaniacale. L'omega, all'ultimo posto del branco, si muove lentamente, agisce con esitazione, e non è capace d'imporsi quando viene affrontato da membri decisi, agendo come le persone depresse. Nelle scimmie questi ruoli antitetici sono determinati in gran parte da fattori ereditari e anche modellati da esperienza personale. Il potenziale per esprimere tali comportamenti dà stabilità alla struttura sociale dei branchi di primati, determinando il ruolo dei suoi membri e quindi favorendo la definizione della sua organizzazione di lavoro.

Questo ci interessa come ulteriore esempio del ruolo dello stato d'animo nel regolare la struttura sociale. La sua funzione di mantenere una struttura di potere in un grande gruppo sociale è diversa ma complementare a quella dell'effetto sollievo. Lo stato affettivo, in termini di depressione e contentezza, aiuta probabilmente a regolare le funzioni sociali secondarie all'affiliazione di gruppo, come ruoli di potere, comportamento di accoppiamento e soddisfazione nel lavoro.

Dottrine condivise svolgono pure una certa funzione nel paradigma dell'effetto sollievo, e si possono introdurre i supporti biologici di questo concetto considerando come il simbolismo religioso implicito in tali dottrine possa essere mediato in termini neurocomportamentali. Un utile modello per paragonare la funzione simbolica alla fisiologia cerebrale riguarda le immagini che appaiono nei sogni. [29] Come il simbolismo dei sogni si genera nella biologia della funzione cerebrale, così è la natura simbolica del credo religioso.

Ricerche recenti hanno dimostrato che l'attività onirica dipende dalla stimolazione periodica durante il sonno di neuroni corticali da parte di centri cerebrali più bassi. A causa di questo si ammette l'esistenza di un «generatore» di sogni, localizzato nei neuroni della formazione reticolare, oculomotori e vestibolari, tale da fornire una base neuronale programmata per l'impulso a sognare. La natura irregolare, ma nondimeno caratteristica, di questi segnali emessi serve a fornire «fotogrammi» per le fantasie dei sogni, e gruppi di sequenze di segnali del generatore costituiscono dei segnatempo per intrecci secondari e cambiamenti di scena del sogno. In un certo senso questi segnali neuronali servono da impulsi di corrente che produrranno le immagini del sogno. Infine i neuroni corticali, automaticamente attivati dai segnali emessi, sintetizzano il sogno combinando gli stimoli iniziati nei circuiti del tronco cerebrale con informazioni «ricordate», immagazzinate nella corteccia.

Sulla base della conoscenza attuale delle radici fisiologiche dell'emozionalità, è ragionevole ammettere un meccanismo psicobiologico di cui le *credenze* dell'uomo sarebbero espressione, come segue. La vulnerabilità dell'uomo alla disforia è mediata in gran parte da centri sottocorticali (evolutivamente più antichi), specialmente per opera del sistema limbico. Fra i centri limbici si ritiene che l'ippocampo, la circonvoluzione callosa e la regione settale siano maggiormente implicati negli stati emozionali connessi con relazioni interpersonali. Questi centri limbici possono fare da generatore per dirigere centri corticali superiori onde assicurare la presenza di vincoli affiliativi. Ciò avviene in virtù di due presunte funzioni: la capacità dei centri limbici di produrre uno stato affettivo sensibile ai cambiamenti di tali vincoli, e la capacità del neopallio di creare le immagini associate a precedenti rapporti sociali e a simboli appresi, attinenti a tale interazione sociale. Quindi i componenti affettivi del bisogno di affiliazione sociale possono essere generati in centri inferiori ma sperimentati a un livello cosciente, in relazione a simboli e contenuto introdotti da memorie immagazzinate nel neopallio. Il bisogno generato può essere soddisfatto per mezzo di un'attività, per esempio stabilendo legami con i propri pari.

Le regole per generare idee, simboli e modelli di comunicazione che determinano il comportamento si fondano in gran parte sul nostro passato evolutivo, come nel caso dei legami di coesione sociale. Considerate l'*innato meccanismo di liberazione*, un espediente notato nelle specie inferiori, che ha le sue controparti nel comportamento umano osservato. Questo modello neurosensoriale fa scattare sequenze comportamentali nelle specie inferiori quando certe configurazioni di stimoli vengono riconosciute automaticamente grazie a un engramma geneticamente predeterminato. Esposto a quella configurazione di stimoli, l'animale agirà istintivamente secondo una complessa sequenza di comportamenti. La molla comportamentale riconoscibile si chiama *stimolo di segno*; esso rivela chiaramente un meccanismo neurosensoriale innato piuttosto specifico, tale da liberare un innato repertorio comportamentale.

Anche alcune scoperte antropologiche fecero luce sul ruolo di fede condivisa in gruppi coesivi. In una formulazione classica Radcliffe-Brown[30] evidenziò l'importanza del rituale religioso nell'assicurare l'unione dei membri in società primitive e ipotizzò un meccanismo simile al presunto effetto sollievo. Rifacendosi a osservazioni etologiche, mette in rilievo come l'ansia emerga fra i singoli membri di società tribali che non riescono a mantenere i rituali religiosi della tribù e suggerisce, con qualche ironia, che «magia e religione danno agli uomini paure e ansie dalle quali altrimenti sarebbero liberi». Ma chiarisce che questi rituali assicurano la conservazione degli standard collettivi di comportamento. In tal modo si ipotizza un rapporto inverso fra disforia e affiliazione, molto simile a quello descritto nell'effetto sollievo. Le norme sociali associate a simboli e rituali di gruppo servono a guidare il comportamento dei suoi membri e, in ultima analisi, accrescono le capacità adattive dell'intero gruppo. In questo capitolo abbiamo visto inizialmente come il concetto di idoneità completa possa applicarsi all'affiliazione nel gruppo carismatico, evidente soprattutto in certi ambienti del tipo «culto», e poi abbiamo considerato il suo ruolo in relazione a due aspetti dell'affiliazione, coesione e fede condivisa. In entrambi i casi si è rilevato che osservazioni fisiologiche, antropologiche ed etologiche convalidavano la base evolutiva di questo comportamento affiliativo.

6

IL CULTO COME SISTEMA SOCIALE

Nei contatti fra la setta religiosa carismatica e la società in generale accadono strane cose. Molti hanno notato lo sguardo vitreo di seguaci di sette come la Chiesa dell'Unificazione quando si avventurano fuori dall'ovile e si mescolano con estranei. Si è ipotizzato che tale comportamento sia sintomatico di psicopatologie, in particolare di uno stato dissociativo. Altri studiosi di sette, però, non hanno fatto le stesse osservazioni. In questo capitolo vedremo come tale discrepanza rifletta aspetti diversi di comportamento al confine di un sistema sociale.

Un'altra osservazione comune è l'animosità che i culti suscitano negli estranei. In una società pluralistica come gli Stati Uniti ci si potrebbe chiedere perché una tale ostilità esista. Vedremo come questa reazione rappresenti un processo caratteristico che si verifica ai confini di una setta e spiegheremo alcune interazioni problematiche fra membri e non-membri.

Tutti i sistemi sociali hanno determinate funzioni atte a proteggerne l'integrità e a realizzarne gli obiettivi. I due esempi precedenti derivano dalla funzione di controllo del confine del gruppo, sono mezzi per garantirne il perimetro in un ambiente potenzialmente distruttivo. Per meglio considerare le sette nel più vasto contesto sociale e per meglio comprenderne le interazioni con la società, ci rifaremo alla teoria dei sistemi. [1] Cercheremo di vedere il gruppo di culto come un tutto funzionalmente integrato. Quattro funzioni caratteristiche dei sistemi sono: trasformazione, controllo, retroazione e controllo del confine; le esamineremo una per una.

Trasformazione

I sistemi sono stati paragonati a fabbriche: essi ricevono dall'esterno qualcosa che può essere materia prima, energia o informazioni, e l'elaborano, emettendo il prodotto. Questa funzione, detta trasformazione, permette al sistema di eseguire operazioni essenziali alla propria continuità o ai bisogni di un più vasto sovrasistema cui appartiene. In un dato sistema la trasformazione più importante — quella che tipicamente definisce la propria identità — è il suo *compito primario*; i maggiori componenti del sistema sono impostati o per eseguire questo compito primario o per impedire che venga messo in pericolo. Il compito primario della maggior parte dei culti è quello di preparare alla fine messianica che essi vagheggiano.

Un sistema instabile, come un culto nelle prime fasi, è particolarmente soggetto al rischio della disgregazione. I seguaci possono disaffiliarsi in qualunque momento poiché i vincoli che li uniscono non hanno ancora formato una rete di struttura sociale stabile. A questo riguardo il concetto di trasformazione può essere usato come modello per i continui tentativi di certi gruppi carismatici di stabilizzarsi facendo proseliti. Forse per questo i seguaci arrivano a dedicarsi tanto ad attività di conversione; essi stessi sono motivati solo da un bisogno impellente di impegnarsi nel gruppo carismatico, ma cominciano a conformarsi ai bisogni del gruppo come sistema. Di per sé non tenderebbero ad andare in giro a fare proseliti per il gruppo, ma come parti del suo sistema arrivano ad agire conformemente ai suoi obiettivi.

A qualche punto della loro evoluzione tanti gruppi carismatici si concentrano sulla conversione come compito primario. Questo può garantire più consistenza e più forza al gruppo e, se l'operazione ha successo, dà anche legittimità all'ideologia propria del gruppo, consolidando quindi l'impegno dei seguaci veterani.

Un altro aspetto importante della funzione di trasformazione è come essa disgrega la stabilità psicologica di potenziali adepti, cioè l'«input» di questo processo. Poiché la tenace mobilitazione delle risorse psicologiche e materiali di un gruppo carismatico potrebbe orientarsi sulla conversione, queste possono creare profonda agitazione nel convertito. Da una parte il gruppo è fortemente seducente nel suo tentativo di attirare nuovi adepti; dall'altro esso domanda la rottura dei precedenti legami sociali e una metamorfosi nella visione del mondo propria del convertito. Così, quando tutte le risorse del gruppo si concentrano sull'individuo, notevole è il potenziale per lacerare il tessuto della sua stabilità psicologica. Potrebbero derivarne sintomi psichiatrici in persone con nessun precedente di disturbi mentali o d'instabilità psichica. Questi sintomi potrebbero scaturire più dal conflitto fra bisogni del convertito e richieste del gruppo che non da una latente compromissione psicologica del convertito.

L'importanza estrema che queste attività di trasformazione hanno per il gruppo ci aiuta a spiegare una quantità di sconcertanti fenomeni associati a esperienze di conversione religiosa; in particolare la maniera in cui certi comportamenti si manifestano improvvisamente in potenziali convertiti potrebbe in apparenza rispondere ai criteri standard per la psicopatologia. Diverse categorie patologiche indicate nel *Diagnostic and Statistical Manual* dell'Associazione psichiatrica americana [2] evidenziano analogie fra sindromi associate a conversione e quelle riferite a malattia psichiatrica. Fra le malattie da considerare nel manuale vi sono dissociazioni psichiche, reazioni patologiche di adattamento, gravi disturbi depressivi, brevi psicosi reattive e disturbi paranoidi di natura psicotica. Ognuna può essere prodotta dal gruppo carismatico mentre le sue forze si mobilitano per attuare la funzione di trasformazione. Un'esperienza descritta da un ex membro della Chiesa dell'Unificazione spiega il potenziale di un gruppo carismatico per creare una forza trainante quando la sua funzione di trasformazione agisce contro la resistenza del neofita. In questo caso la capacità del gruppo d'impegnare e trasformare fu abbastanza grande da mettere in crisi una condizione psicologica altrimenti stabile, causare un forte senso di colpa e produrre come risultato una grave reazione psichiatrica.

Annette lavorava nel ristorante di una città universitaria quando si separò dal marito dopo due anni di matrimonio. In principio la separazione fu assai difficile, ma lei invitò la sorella minore a trasferirsi a casa sua e stava cominciando a rientrare nella normalità. Usciva con qualcuno occasionalmente, e si era data ai campeggi e all'alpinismo, attività che aveva svolto prima del matrimonio.

Annette era separata da tre mesi quando sua sorella si interessò alla Chiesa dell'Unificazione fermandosi a un banco di reclutamento sul marciapiede. Poche settimane dopo la sorella decise di lasciare la casa di Annette e trasferirsi in una delle residenze comunitarie della Chiesa. Questo angosciò Annette, che si precipitò dalla sorella per dissuaderla. Dapprima la sorella si rifiutò di parlare con lei, poi accettò di discuterne purché Annette partecipasse a lezioni e dibattiti della Chiesa per avere una migliore conoscenza della filosofia del movimento. Annette vi andò e poi insistette energicamente con la sorella per farle riconoscere l'importanza di ritornare a una vita indipendente. Nelle classi Annette fu inizialmente polemica, poi corrucciata.

Presto si rese conto di essere fortemente stressata e sentì che stava diventando emozionalmente instabile. Piangeva spesso, ma altre volte si sentiva euforica. Il mondo circostante cominciò a sembrarle irreale e lei stessa si sentiva irreale, immaginando talvolta che il suo corpo fosse «separato dalla mente», che agisse in maniera indipendente e automatica. Questo sentimento persisteva per ore e talvolta anche per un giorno intero, portandola a temere per la propria salute mentale. Prese due settimane di permesso dal lavoro e disse a un amico, che frequentava da parecchie settimane, di non cercarla più perché lei non poteva più «impegnarsi in una relazione».

Annette divenne ossessiva nel discutere con la sorella dei

problemi che quest'ultima aveva provocato entrando nella setta, ma allo stesso tempo cominciò anche a sentirsi attratta dall'ideologia e dalla bene ordinata visione della vita che il gruppo offriva. A quel punto il bisogno di salvare sua sorella entrò in diretto conflitto con la capacità del gruppo di trasformare reclute potenziali. Così descrisse la sua esperienza:

Per due settimane non seppi se facevo parte del mondo attorno a me, se mente e corpo erano uniti; era come se osservassi me stessa dalle ultime file di un cinema. Divenni così agitata che non potevo più dormire. Una parte di me lottava per mia sorella, ma l'altra cominciava a domandarsi se non potessi sentire qualche sollievo entrando nella Chiesa. In breve, mi chiesi se la Chiesa non possedesse davvero la verità per me. Poi un giorno ero con fratelli e sorelle nella casa della Chiesa e fui sopraffatta da un sentimento indescrivibile. In un certo senso era intenso e fisico, mi dibattevo fra il desiderio di far parte della Chiesa e il desiderio di starne lontana. Dopo pochi minuti avvertii una sensazione di calore, seppi che avrei fatto la cosa giusta accettando il Principio Divino. Improvvisamente compresi che sarei entrata nella Chiesa, e lo dissi subito ai fratelli e alle sorelle.

Un clinico sarebbe portato ad attingere dalla terminologia psichiatrica per descrivere le esperienze che precedettero la conversione di Annette. Quello che lei riferì s'inquadrava nei criteri diagnostici per un disturbo dissociativo — «un'alterazione improvvisa e temporanea delle funzioni normalmente integrative di coscienza, identità o comportamento motorio».[3] In particolare rappresenta una depersonalizzazione, che comporta alterazione della percezione o dell'esperienza dell'io, per cui la normale coscienza della realtà viene temporaneamente alterata. Ciò può avvenire quando una persona non sa risolvere un conflitto insolubile e intenso, e, come nel caso di Annette, non sa integrare le forze opposte delle sue aspettative inconsce con quelle impostele dalle circostanze.

Sebbene la destabilizzazione di Annette possa sembrare patologica, dal punto di vista dei sistemi essa può intendersi come mezzo per produrre adesione in un potenziale convertito tramite le potenti forze di trasformazione orchestrate da un gruppo carismatico. Queste forze emergono spontaneamente dai membri mentre agiscono di comune accordo, una volta stabilito l'indirizzo del gruppo. Ed è questa azione congiunta che rende il processo così violento. Ogni seguace incontrato da chi sta per convertirsi contribuisce alla indiscutibile affermazione della verità della posizione del gruppo, accrescendone quindi la capacità di trasformare il proselito.

Il caso di Annette attesta qual è il potenziale della funzione di trasformazione nel generare sintomi nevrotici, ma questo processo può avere anche abbastanza forza da disgregare la salute mentale di un potenziale convertito, specialmente in situazioni in cui esso si attua con intensa pressione sociale e scarsa attenzione nel selezionare e proteggere individui fragili. Così la funzione di trasformazione è dominante nelle attività di proselitismo di est, il gruppo carismatico quasi-terapeutico a cui abbiamo già fatto cenno, che strutturava sistematicamente le sue procedure di «training». Est sosteneva di insegnare alle persone a liberarsi dalle aspettative della società apparentemente paradossali e sconcertanti della vita d'ogni giorno. Questo è stato di notevole interesse per gli ambienti psichiatrici,[4] e si è studiata la possibilità che vi fossero vittime fra coloro che vi partecipavano. Glass, Kirsch e i loro collaboratori[5] riferirono di una serie di allievi di est che ebbero sintomi di rilevanti disturbi psichiatrici, tra cui deliri paranoidi, allucinazioni e gravi depressioni. Grazie al loro totale impegno al processo di trasformazione, evidentemente gli istruttori di est ignoravano i sintomi psichiatrici insorti durante i loro seminari.

Una madre di tre figli cominciò a sviluppare deliri di grandezza e a elaborare grandiosi progetti dopo il primo di due weekend di seminari. Tornò all'ultimo seminario e le fu permesso di continuare malgrado la sua palese turba psichica. Si comportò in maniera bizzarra, rotolandosi sul pavimento e ridendo senza controllo. Furono trascurati i problemi psichiatrici per i quali in seguito lei ebbe bisogno di cure mediche. Un'altra donna divenne apatica, depressa e isolata dopo il corso d'istruzione. Ruppe con gli amici, cominciò a mangiare eccessivamente e aumentò di quattordici chili. Nel tentativo di migliorare il suo grave stato depressivo decise di partecipare a un corso «superiore» est per chi si era già laureato nei corsi ordinari, ma, anziché esserle risparmiata un'ulteriore pressione in quella esperienza, fu additata dall'istruttore come un pesce fuor d'acqua perché non riusciva a «farcela». L'esperienza la fece sentire ancora peggio a causa della sua incapacità di collegarsi con il messaggio del gruppo, e anche lei dovette ricorrere all'aiuto di un medico.

Ci si potrebbe domandare come mai si lasciavano sviluppare questi problemi, dato che gli istruttori di est avevano affinato le loro conoscenze psicologiche e usavano molte tecniche tratte direttamente dal campo della medicina psichiatrica. Come può un gruppo, che stimolava la propria capacità di migliorare il benessere emozionale, ignorare l'insorgenza di gravi turbe psichiche fra coloro che volevano associarsi?

Considerando che il movimento est funzionava come un sistema, questo ci aiuterà a rispondere alla domanda. Vari espedienti venivano impiegati in questo gruppo per intensificare le forze operanti su potenziali convertiti. Il «training» consisteva di lunghe sedute in cui si scoraggiava attivamente il disaccordo con l'istruttore, spesso ricorrendo a dure offese verbali. Si dava poca tregua all'intensità dell'esperienza di gruppo, e il centro d'istruzione comprendeva fino a duecento probabili convertiti, ammassati in una grande sala dove il loro comportamento era strettamente controllato. Il dinamismo dell'esperienza accresce ulteriormente il potenziale per un'energica influenza e un contagio emozionale di gruppo, e la coscienza alterata veniva sollecitata da una varietà di slogan coerenti e di controlli del comportamento.

La conversione era di fatto il compito primario di est, perseguita a spese di quasi tutti gli altri aspetti. Le vittime procurate andavano ignorate, e i casi problematici repressi; questo era in linea con la fede condivisa dei devoti seguaci di est che pensavano di «farcela» — raggiungere la libertà personale per mezzo della formula est — come obiettivo più importante che non l'attenzione ai conflitti o impedimenti specifici nei loro rapporti quotidiani.

Molto comune è la rimozione di preoccupazioni che potrebbero distogliere dal compito primario di un sistema sociale fortemente impegnato. In tempo di guerra, per esempio, un esercito può essere mobilitato per raggiungere i propri obiettivi militari immediati, e suo compito primario è quindi la trasformazione di tutto il personale e il materiale in una forza combattente. La psicologia delle truppe si sottomette a questa missione con esclusione di ogni altra cosa, dato che la vittoria in battaglia è l'obiettivo supremo. La preoccupazione per i bisogni dei feriti può essere secondaria, poiché essa distoglierebbe dall'impeto della lotta. In modo simile la mobilitazione per il processo di trasformazione nella setta carismatica non può essere deviata dalle difficoltà sperimentate dai singoli convertiti perché vengono soppresse le normali costrizioni nell'esercitare la pressione sociale.

Controllo

Per operare efficacemente, un sistema deve trasformare l'immissione dall'ambiente in una forma che risponda alle sue necessità, ma deve anche osservare e regolare le azioni dei suoi componenti, onde assicurare che le loro rispettive attività siano adeguatamente eseguite e coordinate. Questo costituisce la sua funzione di controllo. Tale controllo è essenziale a qualsiasi sistema per garantire l'efficace attuazione del suo compito primario. Il sistema deve avere un apparato per controllare i propri componenti. Nell'organismo vivente il sistema nervoso adempie a questa funzione; nelle organizzazioni sociali e nelle fabbriche esso è una qualche forma di struttura dirigente.

Un esempio

Una sequenza caratteristica di attività di controllo in una setta carismatica potrebbe iniziare con un piano specifico voluto dalla direzione e attuato fornendo ai seguaci una motivazione adeguata, poi adottata con fervore. Un successivo cambiamento di circostanze potrebbe, tuttavia, richiedere una variazione di programma del gruppo, e questa a sua volta potrebbe necessitare di un cambiamento in quello che ora è un impegno molto sentito dai seguaci. Siccome tali cambiamenti sono comuni, il sistema deve avere i mezzi per osservare e agire sui cambiamenti richiesti di atteggiamenti e comportamenti. La funzione di controllo agirà senza dover ricorrere a comunicazioni o risoluzioni di conflitto in un sistema efficace. I componenti del sistema, i seguaci del culto, risponderanno automaticamente alle sollecitazioni della direzione, e la direzione saprà come osservare e governare per stabilizzare il sistema.

Un esempio di questa sequenza chiarirà meglio i drammatici cambiamenti di indirizzo che spesso avvengono in gruppi carismatici. Nel 1982 oltre duemila coppie furono sposate dal reverendo Moon in una cerimonia di massa a New York. Poco dopo che queste coppie si erano sistemate, Moon organizzò un'importante campagna di reclutamento. Squadre itineranti a caccia di proseliti furono messe in azione in tutto il paese e grandi quantità di membri da poco sposati dovettero lasciare il tetto coniugale che aveva posto fine a oltre tre anni di astinenza sessuale. Nonostante questo trasferimento forzato, le nuove coppie risposero con entusiasmo, e molte centinaia rinunciarono ai loro sistemi di vita e si trasferirono per iniziare il lavoro. Doveva essere una specie di crociata religiosa.

Ma l'impresa si dimostrò presto infruttuosa, poiché il clima sociale del paese negli anni Ottanta stava diventando conservatore, e i giovani avevano poco interesse per un movimento che imponeva di rifiutare i valori familiari e di distruggere i progetti per il futuro. Fin dall'inizio pochissimi giovani avvicinati in centri urbani o in campus universitari presero in considerazione l'idea di entrare nella setta, e senza dubbio nei rapporti forniti alla direzione emerse che il reclutamento di potenziali convertiti non ci sarebbe stato. In poche settimane le squadre di reclutatori, che erano stati galvanizzati all'azione, furono smobilitate, e il loro obiettivo, perseguito con tanto zelo, abbandonato. La situazione era potenzialmente tesa, perché si era creato molto entusiasmo attorno al progetto.

Grazie all'efficacia del controllo all'interno della setta, questo rovesciamento di prospettiva fu accettato senza discutere. L'abbandono dell'iniziativa fu razionalizzato come necessario per costituire residenze di famiglia nei quartieri per singole coppie, chiamate «*home churches*». Questo cambiamento di linea d'azione fu trasmesso dalla dirigenza e accettato dai seguaci senza domandarsi perché fosse cambiata l'iniziativa originaria. I membri si dedicarono all'attività di «home church» con lo stesso zelo dimostrato nella campagna di reclutamento, e mai sentii espressioni di riserva sulla fattibilità dell'impresa o sulla possibilità che la direzione della Chiesa avesse mal giudicato la possibilità di fare nuovi proseliti. Controllati coscientemente o no, la loro adesione all'annunciata prospettiva del gruppo fu completa.

Per comprendere i mezzi con cui questo gruppo carismatico controllò in modo rapido ed efficace norme di pensiero e comportamento dei suoi membri, dobbiamo considerare i meccanismi di difesa psicologica impiegati dal gruppo *come un tutto*, non dissimili da quelli operanti negli individui. Queste difese sono impiegate per la gestione inconscia di ragioni contrastanti affinché il gruppo possa funzionare armonicamente di fronte al conflitto. Sebbene difese simili si osservino in altri sistemi sociali, il gruppo carismatico risponde in particolari modi che lo distinguono da gruppi meno strettamente uniti, in quanto le forze di coesione e la fede condivisa ne facilitano l'operato come un tutto funzionale.

Queste difese psicologiche proteggono la cultura di gruppo da idee inaccettabili, spesso «realtà» prodotte da iniziative sorpassate o da influenze esterne. Tali realtà possono essere ignorate in blocco negandole, dimenticandole attraverso la rimozione o distorcendole attraverso la razionalizzazione. Nel cambiare un'attiva posizione di reclutamento appena descritta, la dirigenza della Chiesa dell'Unificazione fu in grado di razionalizzare le sue azioni, sostenendo che si sarebbero raggiunti gli stessi fini con il movimento della «home church» dove i membri avrebbero fatto proseliti nel loro nuovo vicinato. Il palese fallimento delle squadre itineranti fu negato, perché avrebbe esposto la dirigenza a dubbi e causato demoralizzazione. I seguaci con cui parlai non diedero segni che lo slancio del movimento fosse in discussione a causa della fallita iniziativa di reclutamento, o che si fosse verificato un brusco cambiamento di atteggiamento. A questo riguardo, le loro idee erano state efficacemente manipolate per mantenere la stabilità interna del gruppo. L'*identificazione* con l'impegno della dirigenza verso il movimento della «home church» completò il processo.

Identificazione

In un sistema sociale il controllo viene effettuato più facilmente quando esiste una collaborazione volontaria fra chi esercita tale controllo e chi è guidato, poiché la coercizione diretta richiede un eccessivo sacrificio di risorse e diminuisce gli sforzi cooperativi per perseguire il compito primario del sistema. È meglio, infatti, se i controllati accettano la guida senza decisione cosciente e, dato che il meccanismo difensivo d'identificazione opera in maniera inconscia, coloro che adottano gli atteggiamenti dei loro capi lo fanno senza riflettere sulla saggezza delle proprie azioni.

Forse il tipo più insolito d'identificazione si ha quando la sicurezza e il benessere personali dei membri sono messi a repentaglio dalla dirigenza. Un esempio è fornito dalla «sindrome di Stoccolma», che si verifica quando gli individui sono ostaggi e la loro vita è minacciata. Tali prigionieri possono sviluppare un legame positivo con i carcerieri, non solo aderendo alle loro aspettative, ma perfino difendendoli contro chi cerca di assicurare la salvezza e la liberazione degli ostaggi. È interessante il paragone fra questa situazione e il processo di controllo nel gruppo carismatico. In entrambi gli ambienti l'identificazione sembra paradossale all'osservatore esterno in quanto le persone sottomesse partecipano attivamente con coloro che dirigono attività percepite dall'estraneo come direttamente conflittuali con i loro interessi; eppure esse conservano una tenace fedeltà a persone che minacciano il loro benessere.

La situazione di culto e quella di ostaggio condividono l'effetto di pinza psicologica che abbiamo prima descritto: chi infligge angoscia alla persona dipendente viene anche percepito come colui che può dare sollievo. Così si esercita pressione sugli angosciati perché si conformino a chi, in sostanza, è considerato il solo capace di dare sollievo. La sindrome di Stoccolma fu osservata per la prima volta durante una fase di stallo, che durò sei giorni, fra un rapinatore solitario e la polizia in una banca della capitale svedese. Dopo essere entrato nella banca per compiere una rapina, il bandito armato fino ai denti tenne quattro impiegati in ostaggio per sei giorni. [6] Contatti di giornalisti con i prigionieri minacciati di morte rivelarono lo stupefacente fatto che costoro avevano più paura della polizia che del catturatore; anche dopo la liberazione rimasero confusi perché persisteva in loro la coscienza della fedeltà verso il bandito. Per settimane, furono incapaci di fugare il sentimento che lui li avesse protetti dalle autorità, e manifestarono poca animosità verso l'uomo. [7]

Si è ipotizzato che questo fenomeno sia un'espressione esagerata di *identificazione con l'aggressore*, un meccanismo di difesa psicologica descritto per la prima volta da Anna Freud. [8] Come tutte le difese psicologiche, questa rappresenta una strategia di adattamento avente lo scopo di aiutare l'individuo a far fronte a un conflitto mentale irrisolto. Nella sindrome di Stoccolma l'ostaggio deve evitare la minaccia di pericolo fisico ma allo stesso tempo guadagnarsi il sostegno, o quantomeno la benevola negligenza della stessa persona che costituisce la minaccia. Questo può generare un conflitto, non facilmente risolvibile, fra il bisogno di ricevere attenzioni e una preponderante ostilità verso chi può dare quelle attenzioni. Quindi l'ostaggio non è in grado di agire prontamente nella maniera che impegnerebbe l'assalitore, a meno che la sua rabbia interiore non sia riconosciuta ed espressa. Ottenuta questa rimozione, la vittima può contare sul sequestratore per sostegno e successo. Implicitamente spera che con la fedeltà e l'acquiescenza possa guadagnarsi la sua protezione. Come altre difese psicologiche, questa a prima vista sembra irrazionale, tuttavia rappresenta, forse, il miglior mezzo disponibile con cui la persona può rispondere a una situazione emozionalmente insostenibile.

L'identificazione con l'aggressore è qui pertinente dato che ci aiuta a meglio comprendere il processo di controllo nei gruppi carismatici. I membri di questi gruppi subiscono spesso l'efficace aggressione dei loro leader. La società circostante ritiene unanimemente che essi siano costretti a partecipare ad attività sgradevoli e talvolta siano vittime di abusi. Ciò nonostante, hanno il bisogno psicologico di conservare l'affiliazione con il leader e il gruppo, essendo prigionieri in virtù dell'effetto pinza che fa dipendere il loro benessere emozionale dal coinvolgimento nel gruppo, proprio quello che infligge angoscia. In un certo senso non hanno altra scelta se non rappacificarsi inconsciamente con il programma di attività, potenzialmente minaccioso, della dirigenza e uniformarsi alle aspettative per ottenere sollievo emozionale.

Abbiamo visto questo processo in funzione fra i seguaci di Baba che rimasero attaccati al capo per tutto il corso della sua lunga malattia psicotica. [9] Baba usò la violenza fisica e si comportò in maniera assai irregolare verso i suoi devoti, infliggendo loro penose condizioni di vita e anche stupri. Ciò nonostante, i membri gli rimasero fedeli usando una serie di razionalizzazioni che, per l'osservatore, erano insostenibili. Affermarono che la sua pazzia era «divina» e che lui «insegnava loro una lezione» con ogni richiesta bizzarra.

I seguaci più impegnati nel gruppo, esposti all'influenza della pinza emozionale, ritennero necessario identificarsi con il leader-aggressore e mantenere la loro dipendenza. Il conflitto fra bisogno di dipendenza e rabbia potenziale verso Baba non fu diverso da quello osservato nella sindrome di Stoccolma.

REPRESSIONE DELL'AUTONOMIA

La nostra disamina solleva la questione di come venga repressa l'autonomia in un gruppo carismatico. Essa è ben osservabile nelle squadre di raccolta di fondi della Chiesa dell'Unificazione. In queste squadre i membri che si conoscevano poco fra loro si adattarono presto a vivere e lavorare in ambienti angusti, con notevoli privazioni. Talvolta dormivano tutti ammucchiati e si dividevano scarse razioni di cibo. Usavano biancheria intima presa dal mucchio comune degli indumenti, denotando un'inconsueta maggiore intimità dettata da ragioni di economia. Le ingiunzioni religiose a ogni squadra includevano cooperazione «fraterna», tipicamente radicata in citazioni dal Principio Divino che offriva l'ideologia di gruppo quale base per inibire qualsiasi comportamento deviante.

Ex membri da me intervistati dissero di avere raramente provato serie titubanze mentre erano con le squadre itineranti e certamente non avevano ritenuto giusto esprimere riserve. Tale titubanza nasceva dal senso di colpa che il distruggere la missione della squadra avrebbe causato, ben più che dal timore di suscitare disapprovazione. Diversamente dalle reclute militari che potrebbero patire privazioni simili, i seguaci della setta non conservavano un distacco psicologico dalla dirigenza e non si lamentavano né mettevano in dubbio la saggezza delle circostanze loro imposte, né avevano il sostegno consensuale della più vasta società.

Per regolare efficacemente il proprio funzionamento un sistema sociale deve avere la capacità di reprimere la deviazione dei membri dai suoi obiettivi impliciti o espliciti. In gruppi carismatici la punizione per quelli che deviano dalle norme è l'angoscia psicologica; un'aperta coercizione non è solitamente necessaria per indurre a obbedire. Come viene richiesta questa punizione? Abbiamo visto che vi è una diminuzione del benessere psichico fra coloro che si sentono *meno* strettamente associati al gruppo. Inoltre, i seguaci che stavano pensando di lasciare la setta avevano atteggiamenti in evidente disaccordo con quelli del gruppo, e i loro punteggi li ponevano nella categoria dei depressi. [10] Infatti il 36% di coloro che uscirono dalla Chiesa dell'Unificazione denunciarono l'insorgere di «seri problemi emozionali» nel periodo successivo al loro allontanamento. [11]

Queste osservazioni indicano che dei membri possono soffrire di angoscia ogni qualvolta sono portati a pensare negativamente della loro affiliazione. Rifacendoci alla teoria dell'apprendimento, potremmo dedurre che i tentativi di ottenere l'indipendenza dalla funzione di controllo del gruppo tendevano a essere soffocati. Uno che ebbe la punizione dell'angoscia fu Allen, un giovane venuto in conflitto con le norme di un piccolo culto neo-cristiano. Quando lo interrogai, Allen aveva sedici anni ed era stato appena ricoverato in ospedale perché non riusciva a inserirsi nell'ambiente scolastico, era sempre più in conflitto con la zia con la quale abitava e aveva sofferto di allucinazioni (udiva la voce di Satana) per due settimane. Allen era stato seguace per tre anni del culto della Parola di Dio e ne era uscito tre mesi prima del ricovero. Era stato introdotto al culto da sua madre insieme a due fratelli; aveva avuto problemi di droga prima che la madre entrasse nella setta. Il ragazzo si inserì abbastanza bene nel gruppo, ma, quando fu sorpreso a fumare marijuana, alcuni compagni dissero che lui era rovinato dal diavolo. Dopo di ciò, divenne una specie di capro espiatorio e gli fu limitata la partecipazione ai servizi religiosi del gruppo. Da quanto dichiararono lui e sua zia, il giovane non aveva mai sofferto di problemi psichiatrici.

Uno dei leader del gruppo continuò a tormentare Allen a proposito della sua presunta associazione satanica, e fu chiaro che diversi seguaci lo credevano davvero in comunicazione con il diavolo. Venuto a sapere questo, il ragazzo temette sempre di più l'influenza che il capo aveva sugli altri membri. Decise di fuggire dal gruppo e andò a stare da sua zia, ma divenne ansioso e depresso, rimuginando sulla sua possibile contaminazione diabolica, e dopo poche settimane cominciò a udire la voce del diavolo che lo accusava di avere peccato abbandonando il culto. In breve, fu ricoverato in ospedale dove non mostrò altri segni di psicosi o di alterazione del pensiero, ma lo tormentava la paura delle asserzioni del gruppo sui suoi rapporti con il diavolo.

In ospedale Allen fu sottoposto inizialmente a una terapia di sostegno, gli fu detto che era immune da qualsiasi influenza soprannaturale e che doveva comprendere che solo per disgrazia era stato bollato a quel modo. Sua madre confermò che il ragazzo aveva mostrato un adeguato adattamento sociale fino a quando il capo non aveva approfittato dell'episodio della marijuana per mettere in discussione il posto di Allen nel gruppo. Durante il mese di degenza, senza alcuna terapia farmacologica, i suoi sintomi regredirono e lui fu dimesso.

Allen era rimasto vittima dell'intepretazione dell'ideologia del culto da parte di uno dei leader, dopo di che divenne il capro espiatorio di quei seguaci. Rifiutando l'accettazione di tale ruolo, violò le funzioni di controllo del gruppo e si creò un conflitto interiore. L'allontanamento dal gruppo fece aumentare in lui il conflitto e il ragazzo cominciò a manifestare sintomi che rientrano nei criteri diagnostici di una breve psicosi reattiva.

Reazioni psicofisiologiche, in tali situazioni, possono essere ancor più drammatiche delle conseguenze psicologiche. La classica esposizione di questo fenomeno fu fatta dal fisiologo Walter B. Cannon quando descrisse la morte vudù. Nel rituale del «puntamento delle ossa» un aborigeno australiano può essere respinto dalla tribù, e quando questo accade

> le guance della vittima impallidiscono, gli occhi diventano vitrei e l'espressione della faccia orribilmente distorta... L'uomo tenta di urlare ma abitualmente il suono gli muore in gola, e tutto ciò che si vede è la schiuma alla bocca. Il suo corpo comincia a tremare e i muscoli si torcono involontariamente. L'uomo barcolla all'indietro e cade al suolo, e dopo poco tempo sembra svenuto... In breve, torna calmo e si trascina alla sua capanna. Da quel momento in poi ha nausea ed è agitato, rifiuta il cibo e sta alla larga dagli affari della tribù. A meno che non gli venga somministrato un aiuto sotto forma di contro-incantesimo praticato dal Nangarri, uno stregone, la sua morte può sopraggiungere in un tempo relativamente breve. [12]

Il contributo di Cannon ipotizzava un meccanismo fisiologico alla base di tali eventi e lui lo sostenne con osservazioni cliniche ed esperimenti animali. Nella «sindrome di morte vudù» Cannon vide che l'ostracismo della tribù, che era stata la protettrice dell'individuo, provoca una forte paura dalla quale il seguace estraniato non può fuggire a causa di un profondo e prolungato vincolo emozionale. Questa crisi produce una stimolazione del sistema nervoso simpatico e una liberazione adrenergica, seguite poi da collasso cardiovascolare. Studi più recenti hanno confermato i giudizi di Cannon, dimostrando che la reazione a un maggiore stress ambientale può scatenare fibrillazione ventricolare e morte. [13]

Il caso di Allen e la sindrome di morte vudù denotano chiaramente l'eccezionale potenza delle forze che possono mobilitarsi *entro* il gruppo per controllare e regolare coloro che potrebbero essere considerati trasgressori delle regole. Queste completano le altre sfaccettature della funzione di controllo esaminata, come la identificazione benevola con l'aggressore.

Retroazione

La retroazione è un modo con cui un sistema ottiene informazioni su come esegue il suo compito primario. Una parte della produzione viene reimmessa nel sistema e questo fornisce informazioni per progettare l'attività futura. Se un culto fa propaganda di reclutamento, le informazioni sulla relativa risposta di potenziali seguaci possono essere rimandate ai capi del culto per permettere loro di migliorare le tecniche di reclutamento.

La retroazione può essere positiva o negativa. Quella positiva dà al sistema informazioni che aumenteranno la deviazione della sua produzione dalla situazione di stasi, consentendo in tal modo una produzione accresciuta o elaborata. Una retroazione negativa tende a far diminuire le variazioni nella funzione di trasformazione. Quando essa non è più disponibile, le attività di trasformazione potrebbero diventare sfrenate, lo stato regolare svanire, e i confini del sistema essere distrutti. [14] Conseguentemente il sistema deve avere un accesso illimitato alla retroazione negativa per esercitare un giusto grado di autoregolazione e non dissipare le proprie energie.

Quest'ultima funzione è importante nelle sette carismatiche perché esse sono portate a reprimere la retroazione negativa quando va contro la stabilità interna del gruppo. È un rischio particolare a causa della efficace funzione di controllo che consente al sistema di culto di controllare le informazioni messe a disposizione dei membri. Mezzi per evitare indebite retroazioni negative sono indispensabili ai gruppi carismatici perché la loro ideologia e le loro pratiche stimolano spesso l'ostilità della società in generale. Una retroazione negativa, se la si lascia entrare liberamente nel sistema, porta alla repressione della visione trascendente del gruppo e a un deterioramento del morale dei membri.

Taluni gruppi carismatici ce la mettono tutta per isolare i seguaci da retroazioni negative, ma questo può essere pericoloso in quanto il gruppo potrebbe perdere informazioni preziose per la sua stessa autoregolazione. Questi gruppi non reclutano più attivamente e hanno scarso bisogno di prolungati contatti con esterni. Vedremo le possibili tragiche conseguenze di questo fenomeno con l'esempio di Jonestown (capitolo 7). Altri gruppi, però, si affidano a un efficace proselitismo per dare agli adepti retroazioni positive. Tale successo viene usato per rafforzare la considerazione dell'ideologia del gruppo e promuovere nuove iniziative confermanti la linea da esso scelta. I nuovi convertiti danno legittimità a un gruppo di fronte a un mondo ostile e incoraggiano i membri a portarne avanti la missione. Tale retroazione può essere un utile strumento per l'ordine sociale.

Le attività di conversione coronate da successo erano largamente pubblicizzate dalla Chiesa dell'Unificazione. Importante era anche il reclutamento oltremare, e venivano diffuse notizie dell'esistenza di folte schiere di convertiti. Tutto ciò serviva a minare l'impatto della retroazione negativa della società in generale. I dati sul numero dei convertiti erano spesso esagerati, tradendo le motivazioni dei leader. Per esempio, si diceva ai seguaci che in Giappone l'afflusso degli iscritti era notevolissimo, segno del favore mondiale del movimento; una cifra data alla stampa fu di 260.000.[15] Ma quando visitai la sede del movimento in Giappone, fui sorpreso di trovare la cifra di cinque milioni di membri giapponesi in una pubblicazione della Chiesa in lingua inglese. Questi grandiosi resoconti dal Giappone erano destinati evidentemente a seguaci americani e altri anglofoni. In Giappone parlai a lungo con membri americani dell'effettivo livello di partecipazione nel paese e del perché venissero pubblicati opuscoli ingannevoli. Presto risultò che a Tokyo i membri erano poche migliaia, e altrettanti nel resto del Giappone. Un seguace, abbastanza a suo agio nel parlare dell'argomento, si scusò di non poter confermare le cifre usate nella letteratura della Chiesa e spiegò che esse rappresentavano un dubbio conteggio di firmatari di una petizione per la pace mondiale fatta dalla setta anni prima.

Negli Stati Uniti cifre gonfiate venivano date regolarmente a membri della Chiesa come prova del suo impatto internazionale. Esse erano, in realtà, false retroazioni positive.

Retroazioni negative assicurano al sistema di non spendere indebite energie o di imbarcarsi in sterili avventure. Tuttavia, essendo in grado di reprimere iniziative necessarie a conservare l'impegno e lo slancio del gruppo, tali retroazioni potrebbero generare conflitto in una setta carismatica con un programma espansionistico e portare alla sua soppressione.

Ciò accadde quando il reverendo Moon cominciò a farsi conoscere al pubblico americano nel 1976. Organizzò un grande raduno da tenersi allo Yankee Stadium di New York, per chiamare a raccolta i fedeli, attirare proseliti e concentrare l'attenzione sul movimento. La dirigenza era convinta che questo avrebbe stimolato una risposta positiva del pubblico generale. Prima del raduno, centinaia di membri della Chiesa, tra cui grandi masse di moonisti orientali, quasi tutti trasportati recentemente da oltremare, furono mandati nelle strade di New York per ripulirle dai rifiuti. Indossando tute bianche che spiccavano rispetto all'abbigliamento dei passanti, quei moonisti diedero una strana e sgradevole immagine del movimento e rafforzarono l'opinione largamente diffusa che i suoi seguaci fossero diventati degli automi. Malgrado il modesto risultato, i leader della Chiesa proclamarono il successo della manifestazione.

Anche qui, come per le cifre inesatte degli associati, una valutazione realistica della situazione avrebbe portato con sé un'indebita quantità di retroazione negativa e costretto l'insieme dei membri a riconoscere i limiti della setta. La freddezza con cui la pubblica opinione accolse le affiliazioni orientali e le qualità ritenute disumanizzanti del gruppo avrebbe scoraggiato implicitamente le stesse iniziative che i capi sfruttavano per sostenere il compito primario del gruppo a quell'epoca, cioè una fervente espansione fino a farne una organizzazione mondiale. Quindi repressero la retroazione negativa.

Altri esempi di un simile comportamento si ritrovano in una gamma di iniziative commerciali intraprese dalla Chiesa dell'Unificazione. Tra queste vi furono grandi attività di pesca nel New England e sulla costa del golfo del Messico e la pubblicazione di giornali — «Newsworld» e «Noticias del Mundo» a New York e «Washington Times» nella capitale nazionale. Queste operazioni registrarono un forte deficit, e, se considerate da un punto di vista commerciale, sarebbero state chiuse in breve tempo. [16] Ma diffondevano l'ideologia della Chiesa e fornivano una costante retroazione positiva. Le ditte di pesca erano un'espressione d'impegno mistico in cose marittime, secondo il reverendo Moon, e i giornali rispecchiavano, pare, il desiderio della Chiesa di avere una piattaforma per trasmettere la sua opinione su affari pubblici, dando credibilità a eventi nazionali e mondiali. Queste iniziative furono viste come testimonianza dell'attuabilità dell'ideologia del movimento; ammettere di avere fallito avrebbe prodotto una retroazione negativa che poteva essere destabilizzante.

Controllo del confine

Come abbiamo visto, un sistema aperto deve attuare le proprie funzioni di trasformazione e al tempo stesso conservare la stabilità interna, controllando i suoi componenti e rispondendo alla retroazione. Queste funzioni, tuttavia, possono essere disgregate da intrusioni dall'esterno. Per tale ragione il controllo del confine è funzione vitale di qualsiasi sistema.

Il controllo del confine protegge i sistemi sociali da estranei pericolosi. Esso comprende un'indagine di massa non solo delle persone ma anche delle informazioni, essendo queste un potente fattore determinante del comportamento. Se un gruppo carismatico deve conservare un sistema di fede condivisa decisamente in contrasto con quello della cultura circostante, i membri devono essere, talvolta, rigidamente isolati da informazioni provenienti dalla società generale, che sconvolgerebbero il sistema di fede. Durante le fasi iniziali di conversione i novizi potrebbero essere considerati vulnerabili e verrebbero quindi attivamente scoraggiati dallo stabilire contatti con le loro famiglie. Dopo l'integrazione nel gruppo, quando la loro fede si è consolidata, i nuovi membri vengono incoraggiati a ristabilire legami con la famiglia in modo da dare una benevola immagine pubblica e, forse, ottenere altre conversioni.

Due importanti forme di attività segnano il confine delle sette carismatiche, e l'una rispecchia l'altra. La prima è un insieme di comportamenti e atteggiamenti dei seguaci, spesso deviante, diretto agli estranei. Denota che il sistema concentra le sue forze sociali a protezione dei propri confini. La seconda è un corrispondente insieme di comportamenti e atteggiamenti della società circostante, spesso una risposta aggressiva degli estranei ai seguaci del gruppo.

Il sistema erige le sue difese

Qualsiasi gruppo che si coalizza attorno a una causa o funzione deve stabilire ben presto un confine per differenziare i partecipanti da tutti gli altri. Vidi di persona la potenza di tali fenomeni di controllo del confine e ne fui illuminato. Capitò in un istituto Tavistock per l'apprendimento pratico del comportamento di gruppo (v. capitolo 2). Questi istituti si prefiggono di stimolare le circostanze in cui emergono determinate forze di gruppo e perciò illustrano la natura delle interazioni di gruppo. I partecipanti, generalmente specialisti in malattie mentali, talvolta anche altri interessati, usano questo esercizio basato sull'esperienza pratica per acquisire una conoscenza diretta dei processi che formano il comportamento di gruppo.

In un esercizio fu chiesto ai membri dell'istituto di scegliere delle stanze nel centro d'istruzione dove tenere piccoli dibattiti di gruppo e poi, in questi gruppi, definire una posizione comune in rapporto a un dato problema sociale. Le assegnazioni ai gruppi erano arbitrarie, ma i membri di ciascuno potevano scegliere le loro prospettive comuni entro un tempo relativamente breve.

Come partecipante mi colpì una particolare sequenza di eventi riguardanti Paul, un maturo psichiatra assai rispettato nella comunità di Washington. Lui effettuò la funzione di controllo del confine per il suo gruppo con uno zelo e un'aggressività eccessivi, fino al punto che, in retrospettiva, il suo comportamento gli sembrò bizzarro. Il gruppo di Paul aveva iniziato da poco a definire i propri obiettivi, e la compattezza dei membri era ancora incerta poiché essi si erano associati di recente. Un'esile donna di una certa età entrò nella stanza di sua spontanea volontà per osservare il gruppo, cosa che era stata suggerita nelle istruzioni per l'esercizio. Paul, che aveva il ruolo di vagliare gli estranei, insistette affinché lei non violasse il territorio del gruppo e fu molto brusco. Dopo uno scambio di parole in cui la donna espresse poco più che curiosità, lui scattò in avanti e cercò di costringerla a uscire dalla porta; nella rabbia la gettò a terra, causandole uno strappo muscolare alla gamba. Non manifestò rimorso, ma, al contrario, l'ammonì perché avrebbe dovuto sapere che non si disturba un gruppo mentre sta facendo riflessioni su se stesso.

Il gruppetto di cui Paul faceva parte era impegnato soltanto in un non ben definito dibattito sulla propria «identità» ed era stato creato per un giorno di esercizio. Ciò nonostante, cominciava a delineare i suoi confini. Paul sentì la necessità di proteggere quel perimetro, assicurando così che la coscienza delle finalità del gruppo si consolidasse, senza interferenze dall'esterno. Evidentemente si era identificato troppo con la funzione cui era stato assegnato, quella di difendere il confine del sistema.

Questo episodio illustra brevemente ma in modo agghiacciante l'ardore che può divampare in coloro che difendono il gruppo, sia pure un gruppo non importante, al quale appartengono. Un mese dopo chiesi a Paul quale fosse stato il suo pensiero nell'affrontare quella donna indifesa. Dopo avermi detto, con qualche imbarazzo, che aveva rintracciato la donna il giorno seguente e si era scusato con lei, mi rispose:

> L'esercizio era artificiale, ma in qualche modo ne fummo travolti. Allora sapevo che il nostro gruppetto era vulnerabile e m'impegnai perché l'unità fosse mantenuta. Lei non era una semplice intrusa nel nostro spazio. Sembrava che potesse dare il via all'annientamento del nostro lavoro. In realtà non la cacciai. Per quanto posso ricordare, tenevo a bada un centinaio di altre persone nell'esercizio dell'istituto le quali avrebbero inevitabilmente seguito il suo esempio, portando alla dissoluzione del nostro gruppo.

Il comportamento indotto dal senso di confine in alcuni seguaci dei culti che ha fatto la più profonda impressione su estranei comprende sguardo vitreo e stato di pseudotrance, cose che taluni trovano molto sconvolgenti. Sebbene possa apparire patologico, ciò aiuta gli associati al gruppo, riducendo la possibilità di dialogo diretto con estranei — ha dunque un effetto isolante. Così l'aspetto simile a trance protegge il confine della setta. È più comune che si sviluppi in ambienti che minacciano l'integrità del gruppo, per cui è più probabile che il comportamento sia rilevato da un osservatore, percepito come antagonista, che da chi non lo è. Questo spiega, forse, le imbarazzanti discrepanze fra rapporti di osservatori su culti contemporanei, dato che essi si avvicinano ai «limiti di sicurezza» delle sette in maniere diverse. Alcuni ricercatori, come John Clark e Margaret Singer,[17] hanno avuto moltissimi contatti con persone che abbandonavano una setta, e si sono occupati diffusamente degli effetti negativi dell'associazione di gruppo. I loro scritti mettono in discussione il posto di questi gruppi in una società che protegge il diritto alla libertà di pensiero. Essi sottolineano la costrizione emozionale e il comportamento stereotipato talvolta associati all'appartenenza al culto, sottintendendo che ciò equivale a una psicopatologia. Altri osservatori, come Thomas Ungerleider e David Wellisch[18] (come anche, del resto, i miei collaboratori e io), stabilirono un positivo rapporto di lavoro con alcuni membri attivi di un culto, cercando di guardare agli aspetti più costruttivi dell'affiliazione, e costoro non hanno riscontrato lo stesso comportamento stereotipato e la stessa costrizione emozionale. I membri di una setta potrebbero, dunque, avere una diversa risposta nei confronti di estranei a seconda che costoro minaccino o no i limiti di sicurezza del gruppo.

La paura degli estranei, o xenofobia, una caratteristica comune dei culti, è una manifestazione importante del controllo del confine. Tiene uniti i gruppi ma può raggiungere le dimensioni di vera paranoia. Rappresenta una funzione di controllo del confine spinta all'estremo e si riscontra fra quei seguaci sottoposti a pressioni da parte della famiglia o di estranei perché abbandonino il gruppo. È anche evidente nel modo in cui gli estranei sono spesso trattati con un diverso metro di franchezza o sincerità. (Un «inganno paradisiaco», nel linguaggio moonista, è quello compiuto da un seguace della Chiesa dell'Unificazione su un non-membro per favorire gli obiettivi della Chiesa.)

A volte una vera e propria paranoia per il confine del sistema potrebbe assumere una tale intensità da rientrare nel quadro diagnostico del delirio sistematizzato. Tale stato viene definito psicosi collettiva paranoide; in essa uno stato delirante è comune a due o più persone cosicché la concezione patologica di un membro del gruppo è sostenuta da quella degli altri membri. In un gruppo carismatico, può essere caratterizzata da persistente pensiero delirante e si manifesta in assenza di altri sintomi psicotici, poiché insorge da stretta associazione con altri aventi un delirio simile piuttosto che da innata infermità psichica.

La comunità reagisce

Difensività e paranoia associate alla funzione di confine di un gruppo carismatico stimolano una reazione complementare nella comunità circostante. Lo si vede nell'animosità fra familiari di convertiti e sette; nella rottura di comunicazione fra sette e alcuni gruppi religiosi; e nella ostilità verso le sette espressa a gran voce da ex membri.

Nei tentativi di comunicazione fra genitori e figli entrati in sette contemporanee si riscontrano spesso incomprensioni e ostilità. Il convertito diventa agente della funzione di controllo del confine del gruppo e considera la ricerca di un contatto con lui da parte dei parenti come un tentativo per farlo allontanare dal movimento, mentre i genitori, agendo al confine di un gruppo fortemente coesivo, si preoccupano spesso di tentare di distaccare il figlio. Le comunicazioni sono spesso bloccate a questo livello.

Due coppie che vennero a consultarmi illustrano come avvengono queste battaglie sul confine del gruppo. I primi erano genitori di una giovane che aveva abbandonato da poco gli studi universitari ed era andata a lavorare in una zona rurale come cameriera di un locale pubblico. Là fece amicizia con una donna più vecchia che apparteneva ai Testimoni di Geova, la quale la incoraggiò attivamente a entrare nella setta. Quando vennero a sapere del crescente interesse della figlia, i genitori andarono nella cittadina dove lei viveva e l'affrontarono rabbiosamente, intenzionati a capire perché sacrificasse il suo futuro per quel gruppo «strampalato». In mancanza di una risposta accettabile consultarono uno psichiatra che aveva avuto in cura la ragazza per un problema passeggero all'epoca in cui frequentava le scuole superiori. Lui li consigliò di adottare un atteggiamento più benevolo e accomodante, ma nessuno dei due si adeguò per paura di perdere la figlia. In breve, lei disse loro chiaramente che solo con un atteggiamento più conciliante verso il gruppo e le sue dottrine avrebbero potuto acquisire il diritto di parlare della cosa con lei.

I genitori pensarono che, se volevano «conservarsi» la figlia, dovevano o resistere con forza alla sua azione, o accettare le idee della setta. Erano combattuti fra due funzioni compulsive di sistemi di gruppo: la trasformazione, che esige conformità all'ideologia del gruppo, e il controllo del confine, che respinge gli estranei e le loro idee. In queste circostanze era quasi impossibile per loro stabilire una fattiva comunicazione con la ragazza.

Alcuni genitori continuano i loro sforzi aggressivi per strappare i figli da una setta carismatica molto tempo dopo che essi vi si sono pienamente inseriti. Varie sette desiderano che i membri, una volta consolidato il loro ruolo di appartenenza al gruppo, stabiliscano rapporti cortesi con le famiglie, senza compromettere la loro fedeltà, e questo dà un'occasione favorevole ai genitori. Ma, nei loro sforzi di cambiare il pensiero dei figli, i genitori potrebbero assalire i confini del gruppo e causare una sospensione della comunicazione.

Questo fu il caso della seconda famiglia sfortunata che per otto anni si impegnò in un tiro alla fune con il figlio il quale si era associato al movimento Hare Krishna. In principio mandarono ecclesiastici locali come emissari per indurre il figlio a venire via, ma riuscendo soltanto a esacerbarne la difensività. Successivi incontri, divenuti meno frequenti, furono caratterizzati da discussioni sui rituali della setta in relazione ad alimentazione, abbigliamento e modo di vivere.

Il giovane convertito fu contattato dalla famiglia allorché si pose il dilemma se invitarlo alle nozze del fratello maggiore. Dapprima i genitori riuscirono a mantenere una posizione flessibile nella conversazione e il figlio accettò di parteciparvi. Quando però furono fatti ulteriori progetti e i genitori espressero di nuovo la speranza che lui potesse tornare a essere sensibile ai bisogni della famiglia, quella richiesta fu percepita dal giovane come un velato desiderio di farlo allontanare dalla setta. Allora lui pose condizioni sul cibo e sull'abbigliamento che avrebbe indossato alla cerimonia; infine, il dialogo cessò quando lui si rifiutò di partecipare alle nozze. Le contrastanti esigenze da entrambe le parti del confine non erano state superate.

Il confine della setta potrebbe generare anche un fenomeno inverso sotto forma di «atteggiamento anti-sette» o «anti-culto». Lo si vede notevolmente fra i seguaci costretti dai deprogrammatori a lasciare questi gruppi. Per «deprogrammare» s'intende l'efficace indottrinamento di un'attitudine negativa verso la setta nel tentativo di distoglierne il seguace. Nel nostro studio di individui che avevano abbandonato la Chiesa dell'Unificazione [19] esisteva uno spiccato contrasto fra membri che erano andati via volontariamente e altri deprogrammati. I primi avevano sentimenti misti sulla propria esperienza, ma espressero idee abbastanza benevole sul proprio coinvolgimento e sulla partecipazione dei compagni che erano rimasti nel gruppo. I più (62%) sentivano ancora fortemente di «voler bene ai dieci membri che conoscevano meglio», e la larga maggioranza (89%) credeva di «avere ottenuto delle cose positive» stando nel gruppo. Al contrario, i deprogrammati avevano un atteggiamento molto più negativo verso la setta e si erano attivamente impegnati in un gruppo coesivo di persone che tentavano di deprogrammare altri seguaci.

Questi giovani deprogrammati divennero spesso critici eloquenti e attivi di sette come i moonisti e gli Hare Krishna, in contrasto con la maggioranza di ex membri che si erano allontanati di propria iniziativa. Nel nostro studio otto ex membri deprogrammati su dieci avevano partecipato a tentativi di costringere altri seguaci ad abbandonare, mentre nessuno di quelli allontanatisi volontariamente lo aveva fatto. La loro animosità verso i nuovi movimenti religiosi in generale era pari all'intensità di sentimento riscontrata nelle sette cui si opponevano.

I seguaci di un culto possono essere spinti a comportarsi in un dato modo da forze agenti entro il sistema sociale per assicurarne la stabilità e realizzarne il compito primario. D'altro canto la disponibilità di ogni seguace a tale influenza si comprende soltanto facendo ricorso alla reattività a base biologica del singolo all'influenza di gruppo. Abbiamo considerato lo scopo delle prospettive biologiche e sistemiche. Ora esamineremo più vasti esempi di queste prospettive in alcuni gruppi carismatici rappresentativi.

PARTE TERZA

STORIE ESEMPLARI DI GRUPPI CARISMATICI

Esamineremo ora tre tipi di gruppi carismatici per dimostrare come le prospettive fin qui descritte si riflettano in ambienti diversi. Innanzitutto parleremo dei culti che finiscono in disastro e immolazione a causa di scontri inconciliabili al suo confine con la società generale, di cui il Tempio del Popolo, il gruppo degli sfortunati seguaci di Jim Jones in Guyana, è un classico esempio. Nel secondo tipo di gruppo carismatico rientrano le sette religiose le cui attività non sono tali da portare al disastro ma, invece, permettono un certo adattamento alla società più vasta. Per questo attingerò dalle mie scoperte sulla Chiesa dell'Unificazione.

Nell'ultimo gruppo da esaminare, che ha una diretta attinenza con il campo della salute mentale, rientrano le ferventi organizzazioni di autosostegno il cui compito primario consiste nel guarire o almeno alleviare i problemi personali dei suoi membri. Tali gruppi possono avere notevole efficacia nel correggere comportamenti devianti e angoscia emozionale. L'associazione Alcolisti Anonimi sarà presa come esempio di tale movimento. Sebbene non si attribuisca loro una missione divina come tale, questi gruppi si associano generalmente a un obiettivo trascendente, con un approccio aggressivo al problema medico di cui si occupano.

7

DIFFICOLTÀ AL CONFINE DEL SISTEMA

In questo capitolo verranno esaminati due esempi dei disastrosi esiti che possono verificarsi in gruppi carismatici, e useremo il modello di sistemi per inquadrare i fatti riportati. Il primo esempio ci è dato dal Tempio del Popolo della Guyana, un culto sorto nell'ambito di un'importante confessione protestante ma finito con il suicidio di oltre novecento seguaci. Sebbene gli eventi collegati a questo episodio siano ben documentati, rimane tuttora incerto come abbia fatto un gruppo di persone relativamente equilibrate ad arrivare a un punto tale da annullare così palesemente l'istinto di autoconservazione innato in ogni uomo.

Un secondo esempio illustra come azioni aggressive intraprese da un gruppo del tipo «culto» al proprio confine possano portare la società in generale a sferrare un assalto incontrollato al fine di proteggersi da una presunta minaccia proveniente dal gruppo. In questo caso i membri del gruppo chiamato MOVE erano stati isolati per diversi anni in un quartiere residenziale di Filadelfia e presentavano una posizione fortemente provocatoria nel tentare di imporre le proprie idee stravaganti ai loro vicini.

Jonestown

I fatti accaduti in un isolato villaggio del Sudamerica nel novembre 1978 sconvolsero l'opinione pubblica di tutto il mondo. In un suicidio di massa senza precedenti nella storia contemporanea per le sue dimensioni morirono oltre novecento persone, in larga maggioranza per avvelenamento. Le vittime erano quasi l'intera collettività del Tempio del Popolo, un culto composto di convertiti religiosi di origine americana che abitavano in una comunità agricola nel cuore della giungla della Guyana, a circa 240 chilometri dalla costa popolata del paese.

Origine del gruppo

Il Tempio del Popolo era guidato da Jim Jones, un predicatore carismatico le cui attività religiose avevano cominciato a prendere forma mentre era studente all'Università dell'Indiana. Dopo aver studiato per diventare pastore della Chiesa Metodista, ed essersi in seguito affiliato ai Discepoli di Cristo, Jones si stabilì a San Francisco, dove si dedicò a mettere a punto progetti di servizi per la comunità, come un centro di assistenza dei bambini e una mensa per i poveri, e collaborò anche attivamente alle campagne politiche di una quantità di personaggi locali e nazionali durante gli anni Sessanta.

Nel 1974 Jones aveva già cominciato a organizzare la comunità di Jonestown nella Guyana, dove voleva creare un rifugio appartato per i suoi seguaci. Il governo locale si era dimostrato pronto ad appoggiare questo rispettabile gruppo con una forte prevalenza di neri, perché Jones e i suoi seguaci erano disposti a sistemarsi in una zona interna del paese dove i neri locali si erano rifiutati di emigrare e perché simpatizzava per la filosofia socialista (apertamente marxista) di Jones. La comune beneficiò, in quanto collettività religiosa, dell'esenzione dai dazi doganali guyanesi sulle merci importate. [1]

La situazione cominciò a precipitare con l'arrivo da San Francisco di Leo Ryan, un membro del Congresso degli Stati Uniti, che voleva indagare quanto ci fosse di vero nelle informazioni da lui ricevute su maltrattamenti inferti ai convertiti in quel luogo isolato; era accompagnato da diversi giornalisti e parenti di seguaci del Tempio che speravano di convincere i loro congiunti a lasciare la comunità.

Dopo essersi incontrato con Jones e avere visitato la colonia per un giorno, il gruppo di Ryan accolse quattro membri del culto che avevano scelto di andarsene. Il gruppo fu affrontato mentre stava per imbarcarsi sull'aereo nel vicino campo di atterraggio e quasi tutti, compreso Ryan, furono uccisi con colpi d'arma da fuoco. A poche ore dall'assassinio, Jones ordinò il suicidio in massa di tutti i seguaci.

Si sa ciò che accadde in seguito grazie a un esiguo numero di testimoni oculari, riusciti a fuggire nella giungla, e a nastri registrati sui quali durante la strage furono incisi dei messaggi. Un medico, che fungeva da terapeuta ufficiale a Jonestown, preparò una grande quantità di punch alla frutta con aggiunta di cianuro e Jones ordinò alla sua gente di berlo perché, minacciò, la Cia stava per attaccarli ed essi dovevano prepararsi a una morte rivoluzionaria. Neonati e bambini furono fatti bere per primi dai membri adulti i quali poi bevvero a loro volta. Alla fine morirono 914 persone, tra cui oltre 216 bambini.[2]

La quantità di forza a cui si dovette far ricorso per mettere in atto il suicidio in massa variò da un seguace all'altro. Per i più non vi fu bisogno di coercizione; solo una piccola minoranza agì sotto le aperte minacce dei fedelissimi di Jones che brandivano armi da fuoco. Un sopravvissuto osservò che, quando una seguace si oppose alla richiesta di Jones che tutti i presenti radunati partecipassero al suicidio collettivo, «la folla le urlò di tacere».[3] Se minacce ci furono, erano avvertimenti sulla sorte dei sopravvissuti per opera del mondo esterno. Tutto sommato, il suicidio fu un atto volontario per la grande maggioranza degli adulti.

Una prospettiva

Questi nudi fatti sono impressionanti. Ci dicono che un'intera entità sociale è stata travolta dalla follia in maniera apparentemente incomprensibile. Quantunque il gruppo fosse guidato da un capo squilibrato e paranoide, gli eventi seguirono un loro preciso corso nell'ambito di un complesso sistema sociale.

Mentre Jones e il suo gruppo operavano ancora a San Francisco, la funzione di *trasformazione* di questo sistema sociale si orientò in modo tale da accrescere le adesioni alla setta e ottenere una risposta favorevole dalla più vasta comunità. Fu calcolato che durante gli anni trascorsi da Jones a San Francisco da 50.000 a 100.000 persone andarono a sentirlo parlare, quantunque gli affiliati al Tempio non superassero mai i 3.000.[4] Questa enfasi sulla trasformazione, scaturita dallo zelo di trasmettere il messaggio del gruppo, è molto comune nelle fasi iniziali delle sette carismatiche e si associa alla presunzione che l'ideologia del leader sia inattaccabile e contagiosa, un'opinione non mitigata finora da una lunga storia di rifiuti da parte di potenziali convertiti o di venir meno dell'iniziale entusiasmo dei membri. Ma quando i devoti seguaci del Tempio si trasferirono in Guyana il reclutamento cessò di essere un'attività del movimento. Allora le energie si concentrarono principalmente sullo stretto *controllo* dei seguaci. Vi furono implicite richieste di maggiore impegno alle idee stravaganti di Jones, e si pretesero dottrine sempre più bizzarre dai vecchi seguaci. Per esempio, Jones affermò di essere la reincarnazione di Gesù, e anche di Akhenaton, Buddha, Lenin e del predicatore nero Father Divine.[5]

Questa funzione di controllo è illustrata dalle lettere a «Papà», le confessioni degli abitanti di Jonestown al loro capo.[6] Sono molto rivelatrici, in quanto mostrano l'eccezionale intensità delle forze di gruppo nella fede condivisa e nella coesione sociale. Espressioni di dedizione s'intrecciavano a un accresciuto orientamento ideologico, illustrando il crescente controllo del sistema sulla visione del mondo dei seguaci. Così un membro scrisse del rifiuto delle sue precedenti idee: «Sono un elitario e un anarchico perché ripenso a quando ero negli Stati Uniti e volevo fare a modo mio e non accettavo situazioni impostemi. Non avevo in me il capitalismo americano, e sto cercando di liberarmene. Qui non ho intenzione di diventare un traditore o di tornare negli Stati Uniti».

La lettera di un altro denotava la forza coesiva che si accentrava sullo stesso Jones, e adombrava l'atto finale di devozione.

Lotterò fino alla morte... Non deluderò il movimento. Non implorerò pietà neppure in quell'ultimo momento. Morirò fieramente per un fiero motivo. Puoi contare su di *me* anche se tutti ti abbandonano. Io sarò al tuo fianco, sia concretamente sia in spirito. Se, improvvisamente, una nave o un aereo degli Stati Uniti venisse a prenderci tutti per riportarci indietro con promesse di ogni lusso e vantaggio, a patto che ti si tradisca, io non salirei a bordo perché sono attirato dalla tua bontà che è come una calamita... Nulla spezzerà mai la tua influenza.

Il tema di un destino apocalittico faceva parte del sistema di fede del gruppo fin dall'inizio, e rifletteva allora la paura di Jones di una distruzione nucleare. In California, le sue prediche cominciarono a includere visioni di persecuzioni da parte della Cia e sterminio di neri da parte di neonazisti, [7] ma a Jonestown il tema della prevista distruzione s'intrecciò ben presto con la funzione di controllo del gruppo. A causa del loro forte impegno, i seguaci di Jones furono attirati nel vortice di visioni apocalittiche non mitigate dal loro giudizio indipendente. Essi venivano regolarmente rimproverati e puniti da Jones; alcuni erano fustigati o picchiati davanti all'intera comunità per «reati» quali la violazione del divieto di fumare. [8] Altri vennero sottoposti a punizioni perverse; in una tipica circostanza una donna accusata di avere violato la regola del nubilato fu costretta a subire un rapporto sessuale da un uomo che lei detestava, mentre l'intera comunità stava a guardare. [9]

In tali occasioni non esiste un confine distinto fra sottomissione volontaria e coercizione. Da un lato i membri subivano un'identificazione illusoria con il leader-aggressore, dall'altro avevano veramente paura di opporsi alle sue richieste ed erano troppo dipendenti emozionalmente per andarsene. Questa mancanza di chiara distinzione emerse nelle parole di uno scampato:

Le bastonate erano all'ordine del giorno... Le persone erano umiliate davanti alla folla... e Jones se ne stava là e sorrideva. Non si poteva mai dire che si voleva tornare negli Stati Uniti, non si poteva dire niente di negativo... tanti pensavano che lui tenesse sotto controllo le loro menti, diceva loro che se parlavano in modo negativo si sarebbero ammalati o avrebbero avuto una disgrazia. [10]

L'accettazione della visione del capo è essenziale per assicurare l'affiliazione alla setta, e soddisfa i bisogni di dipendenza dei seguaci. Ma se quella visione è irrazionale, conformarvisi può essere rischioso.

Dovendo preservare il legame con il gruppo, a Jonestown i seguaci non furono in grado di rifiutare Jones in quanto aggressore. Come nella sindrome di Stoccolma, si attaccarono a lui per sicurezza e accettarono sempre di più le sue punizioni. Jones scatenò i problemi dei seguaci, ma, come mediatore dell'affiliazione di gruppo, fu anche considerato l'unica fonte accessibile di sollievo dai loro sentimenti di angoscia.

Le «Notti bianche» che Jones inscenò in Guyana prepararono il terreno per il suicidio in massa finale. Questi esercizi cominciarono con stati di emergenza annunciati da Jones: la popolazione della comune veniva svegliata da sirene laceranti e doveva recitare una prova di morte. Un brano della deposizione giurata di una sopravvissuta del Tempio descrive tale esperienza. In quelle occasioni, scrisse, i luogotenenti di Jones

si armavano di fucili, passavano da una capanna all'altra e si accertavano che tutti i membri fossero in stato d'allerta. Seguiva un raduno in massa. Spesso durante quelle crisi ci veniva detto che la giungla brulicava di mercenari e che potevamo morire in qualsiasi momento. Ci davano da bere un bicchiere di liquido rosso. Ci dicevano che conteneva veleno e che saremmo morti entro 45 minuti. Obbedivamo tutti. Quando scadeva il tempo in cui saremmo dovuti cadere a terra morti, il reverendo Jones ci spiegava che il veleno non c'era e che ci aveva sottoposti tutti a una prova di lealtà. [11]

L'esecuzione stessa di questo bizzarro rituale denota la forza di dedizione dei seguaci verso la guida demoniaca di

Jones. La natura assoluta del suo controllo deve avere controbattuto la paura delle defezioni che era in lui.

A Jonestown il controllo non era mediato da un livello intermedio di personale che poteva esercitare un giudizio indipendente e moderare l'esercizio di potere di Jones. La psicologia del leader era diventata l'architrave per il controllo del gruppo, e questo rese i seguaci agenti delle sue inclinazioni. In Jones (come in Baba) il dominio sfrenato sul culto generò mania di grandezza e anche delirio quando il leader arrivò a credersi onnipotente. Al contrario, un'antecedente psicopatologia in un leader potrebbe incoraggiarlo a esercitare il dominio assoluto per calmare i propri interessi delusi. In un caso o nell'altro, forse in entrambi, il processo di controllo si confonde con le primitive difese mentali del leader.

Tale relazione fra un singolo capo carismatico e la funzione di controllo non vale per tutti i culti. Il valore di un «quadro intermedio» che moderi il ruolo di un leader carismatico è evidente in sette con un'amministrazione più autorevole operante fra leader e collettività dei seguaci. Nella Chiesa dell'Unificazione, per esempio, l'impatto delle decisioni prese dal reverendo Moon è notevolmente temperato da un gruppo di suoi stretti consiglieri, tra cui il presidente della sezione americana della Chiesa. Le iniziative di Moon passano generalmente attraverso questo gruppo per essere attuate con processi deliberatori che definiscono come debbano essere articolate.

La *retroazione* dal mondo esterno serve pure a moderare le idee devianti del leader. Tuttavia, nel Tempio del Popolo ve n'era poca. L'isolamento di Jones giocò un ruolo importante nel limitare l'accesso alla retroazione. L'isolamento fisico, concepito da Jones come mezzo per proteggere il gruppo da un assalto esterno, impedì ai seguaci di esporsi alle reazioni di estranei che avrebbero potuto sollevare dubbi sulle loro dottrine devianti e sui loro strani comportamenti. Opinioni esterne avrebbero fornito retroazioni negative per il sistema, e favorito l'opposizione alla psicopatologia del leader. Come si è notato nel capitolo 6, l'accesso a retroazioni negative è essenziale per la continua attuabilità di un sistema aperto poiché lo mette in grado di valutare la propria efficienza e di cambiare per eliminare comportamenti inadattabili. Così, se il Tempio del Popolo avesse fatto sforzi attivi di proselitismo in Guyana, impegnandosi in aperto interscambio con la società guyanese, potenziali convertiti avrebbero sollevato evidenti dubbi nei seguaci del culto sui maltrattamenti fisici impartiti da Jones.

La crescente paranoia e difensività di Jones erano lampanti nella sua pulsione a chiudere tutte le fonti di retroazione. Fece uno strenuo sforzo per non esporre la comune ai mass media. Nel 1977 mandò a monte il tentativo di un giornalista del «San Francisco Examiner» di scrivere una serie di articoli sulla setta. Questo comportò un giro di telefonate e di lettere, compensate dall'offerta di 4.000 dollari quale contributo per una borsa di studio di giornalismo, onde placare la direzione del giornale. [12] Un mese prima del massacro ogni comunicazione fra Jonestown e il mondo esterno s'interruppe. Ai seguaci fu detto che Los Angeles era stata abbandonata a causa di una grave siccità e che il Ku Klux Klan imperversava nelle strade di San Francisco. [13]

L'arrivo di Ryan e del suo seguito fece presagire l'imminente disgregazione del *controllo sul proprio confine* e quindi accelerò gli eventi finali. Per un leader e un gruppo carismatico a tendenza paranoide, tale vulnerabilità può essere intollerabile. La visita di Ryan mise a repentaglio l'integrità del sistema. Il fatto che quattro seguaci decidessero di abbandonare Jones pose una sfida al controllo esercitato sul gruppo. Inoltre, un'intrusione del governo degli Stati Uniti significò che la soppressione di retroazione negativa non era più assoluta. Considerate le due cose, Jones temette che il culto non potesse più operare in totale identificazione con il suo volere. Per lui, già fortemente sensibilizzato e paranoide, quella fu una grave minaccia. Decidendo di aggredire il parlamentare, si rese conto che «loro cercheranno di distruggerci». [14] Divenuto chiaro che il confine del culto non poteva essere più assicurato, Jones preferì conservarne l'identità in spirito se non in fedeli viventi, cosa che all'ultimo momento fu sottolineata quando lui lasciò intendere al gruppo che la morte di tutti non rappresentava un fallimento, ma piuttosto il trionfo della loro ideologia:

Così... sarete gentili con i bambini e gentili con gli anziani, e prenderete la pozione come facevano nell'antica Grecia, e il vostro trapasso sarà tranquillo; perché voi non commettete suicidio... ma un atto rivoluzionario. [15]

Questa comunità doveva quindi morire nel corpo. Ma in termini di missione spirituale Jones ne preservava l'integrità. In maniera perversa, la storia potrebbe anche realizzare questo fine perché la fama della comune di Jones rimarrà viva a lungo, proprio a causa del suicidio di massa.

MOVE

Alcuni conflitti al confine del gruppo carismatico potrebbero scatenare un comportamento fortemente distruttivo. Abbiamo visto come il Tempio del Popolo conservasse la propria identità immolando la vita dei suoi membri quando una violazione del suo confine fu sentita come una minaccia di dissoluzione del gruppo. Al contrario, gli eventi potrebbero essere scatenati dall'opinione pubblica in risposta all'insediamento di un minaccioso gruppo carismatico in mezzo alla gente comune. Ciò accadde nel 1985 a Filadelfia con MOVE. Il gruppo si era reso responsabile di una serie di provocazioni al suo confine e le autorità cittadine risposero in maniera distruttiva.

Origine del gruppo

MOVE era un piccolo culto impegnato in maniera stravagante nel ritorno alla vita naturale e nel rifiuto del peso dell'industrializzazione. Occupava una modesta casa in Osage Street nella zona ovest di Filadelfia. I fedeli avevano avuto uno scontro con le autorità sette anni prima, e il bilancio era stato di un poliziotto morto e nove seguaci finiti in carcere. Così avevano fortificato la casa e la usavano come base per promuovere le loro idee, inveendo spesso contro i vicini attraverso l'altoparlante.

Ogni rapporto con le autorità s'interruppe definitivamente quando il «ministro della difesa» della setta, Conrad Africa, si rifiutò di trattare con un funzionario a proposito delle loro azioni disgregatrici, se i nove membri di MOVE incarcerati non fossero stati rilasciati. A causa di questo ostacolo, dell'ostilità del gruppo e della possibilità che i membri custodissero in casa delle armi, il sindaco e il capo della polizia decisero un'azione di forza per farli sloggiare. La polizia fece evacuare cinquecento persone che abitavano nelle immediate vicinanze e cominciò a lanciare forti getti d'acqua per far uscire dall'edificio i seguaci del culto. L'operazione si rivelò molto più difficile del previsto, poiché i seguaci avevano trasformato la casa in una vera fortezza, con porte e finestre barricate e un bunker in cima all'edificio. Ciò che successe in seguito evidenziò la mancanza di moderazione delle autorità locali.

Il primo passo consistette nel gettare sul bunker diverse migliaia di litri d'acqua ad alta pressione. Questa tattica risultò inefficace e i seguaci risposero sparando contro la polizia. Invece di aspettare che la situazione si evolvesse, gli agenti scatenarono una tempesta di fuoco, esaurendo quasi gli oltre 7.000 colpi in dotazione in un'ora e mezzo.[16] A quel punto diversi agenti con elmetto e giubbotto antiproiettile, impugnando armi automatiche, cercarono di penetrare nella casa attraverso la cantina ma furono respinti dai membri del culto che aprirono il fuoco.

Fu allora deciso di «neutralizzare» il bunker corazzato usando una bomba incendiaria, di quelle usate in miniera.[17] Dopo avere sorvolato diverse volte la strada, un elicottero della polizia si librò a venti metri dal tetto della casa e sganciò la bomba. Il fuoco divampò in pochi minuti ma i pompieri, presenti in forze con i loro potenti idranti, rimasero inattivi per quaranta minuti buoni mentre le fiamme si diffondevano. Evidentemente pensarono di lasciar bruciare l'edificio affinché gli occupanti fossero stanati o uccisi. La violazione delle norme antincendio fu un tragico errore perché le fiamme divorarono presto la vecchia struttura e si propagarono alle case vicine. Furono distrutte sessantuno abitazioni, lasciando duecentocinquanta persone senza tetto. Undici membri di MOVE che in quel momento erano in casa, inclusi quattro bambini, morirono senza poter fuggire; solo due, da quanto si seppe, sopravvissero.

Visto il risultato, non fu chiaro il perché di tanto cataclisma. Quattro giorni di ricerche fra le macerie portarono alla scoperta di una carabina, due fucili da caccia e tre pistole. Non furono trovati armi automatiche o semiautomatiche, gallerie sotterranee, nascondigli di esplosivi come era stato detto. [18]

Come poté avvenire quell'assalto contro bambini e adulti del tutto innocenti davanti alla legge? Come poté un'importante municipalità americana sganciare esplosivi su un edificio civile e causarne la distruzione, per rispondere ai bisogni degli abitanti della zona? Per cercare di rispondere a queste domande bisogna risalire all'origine del culto.

MOVE nacque nei primi anni Settanta sotto la guida di Vincent Leaphart, un nero carismatico che aveva piantato la scuola alla terza elementare e si guadagnava da vivere facendo un po' di tutto. Predicava un confuso miscuglio di primitivismo e anarchia. Il suo gruppo era limitato a Filadelfia, e i suoi seguaci non superarono mai il centinaio. L'impatto della forte coesione e dell'impegno del gruppo alla sua ideologia, quantunque mal definita, fu presto evidente. Le due cose alimentavano la funzione di *controllo* del gruppo che allontanava i membri dall'influenza delle comuni norme sociali di comportamento. Per dimostrare unità e comune identità tutti i membri adottarono il cognome Africa. Anche il loro sistema di fede servì di base per molte attività eccentriche. All'inizio inscenarono una serie di proteste poco notate contro un ampio ventaglio di istituzioni sociali, dal sistema d'istruzione pubblica al maltrattamento degli animali nei negozi che li vendevano. Per battersi in favore di quelle idee i seguaci facevano cose strane, come costruire un improvvisato rifugio per animali randagi, bloccando così degli accessi pubblici adiacenti alla loro casa; permettere ai loro figli di girare nudi, mangiare avanzi presi dai bidoni delle immondizie, rubare ai vicini, gettare grandi quantità di rifiuti nel giardino davanti alla loro casa.

Negli anni che precedettero il confronto finale con le autorità di Filadelfia il gruppo smise di reclutare attivamente e la piccola congregazione rimase stabile di numero, raccogliendosi sempre più attorno a un centro paranoide. Come per il Tempio del Popolo in Guyana, le sue energie furono incanalate nel controllo dei propri membri. E come il culto di Jonestown, questo gruppo ridusse sempre di più la retroazione che veniva dalla comunità circostante, proteggendo i seguaci da idee contrarie. Jones aumentò l'isolamento trasferendosi in una giungla sperduta, MOVE assicurò i propri confini barricando porte e finestre, non dando ascolto alle lamentele dei vicini e installando sulla facciata della casa un sistema di altoparlanti attraverso i quali lanciavano tirate rabbiose e oscene con riferimento all'ideologia del gruppo, senza permettere repliche da parte della comunità. Il declino dei tentativi di conversione, aggiunto alla restrizione dei contatti della comunità, li isolò sempre di più e impedì retroazioni negative che avrebbero colpito le loro attività.

Nella fase finale il gruppo contribuì al suo tragico destino con una gestione aggressiva della funzione di *controllo del confine*. Fu vittima della propria tenace insistenza nel preservare l'unità associativa e nel tener testa in modo provocatorio all'autorità esterna. Non accettando il diritto dello Stato di incarcerare i suoi seguaci, aveva esteso il proprio confine nel dominio delle autorità civili. La vulnerabilità al confine rese i membri paurosi e tesi, poco disposti a collaborare al tentativo di mediazione delle autorità cittadine. Non potevano mostrarsi flessibili perché i seguaci di MOVE, come quelli di Jonestown, avevano buoni motivi per temere che una intrusione nei loro confini portasse la dissoluzione del loro bizzarro sistema sociale.

È assai comune che l'aggressione della comunità circostante sia diretta al confine del gruppo carismatico, ma nel caso di MOVE tale aggressione risultò essere un assalto violento. Da un po' di tempo erano sorte tensioni, e fra MOVE e la polizia si erano sviluppati motivi di animosità, scaturiti soprattutto dall'uccisione di un poliziotto sette anni prima. Tale animosità denotava il bisogno della società di proteggere il proprio confine da sottogruppi devianti. Inoltre, nuclei della comunità locale contestavano la presenza di MOVE nel quartiere già molti mesi prima dell'assalto perché i seguaci del culto non volevano tener conto dei problemi di legittimo interesse dei cittadini. Quanto MOVE venisse percepito come una minaccia fu evidente quando si seppe che l'ufficio del sindaco aveva preparato dei piani per assaltare la casa diciotto mesi prima dell'azione, mentre la polizia provava segretamente degli esplosivi in vista del loro uso. [19]

Le opinioni espresse dopo l'assalto denotarono pure l'animosità che una setta carismatica può suscitare allorché opera in modo aggressivo oltre il suo confine. Quando fu chiesto al capo dei pompieri di Filadelfia perché i suoi uomini per almeno quaranta minuti non avessero tentato di impedire il divampare delle fiamme, sebbene disponessero di larghi mezzi sul posto, costui rispose cinicamente: «Siamo pompieri, non facciamo parte della fanteria». [20] Non solo i funzionari locali risposero rabbiosamente, ma anche l'opinione pubblica si mobilitò contro MOVE il giorno dopo l'assalto. [21]

MOVE e il Tempio del Popolo dimostrano come un confronto ostile possa verificarsi al confine fra un gruppo carismatico e la comunità circostante. Funzioni protettive su entrambi i lati del confine possono intensificarsi, causando provocazioni e paranoia reciproche. Se non si prendono provvedimenti da una parte e dall'altra per sdrammatizzare la situazione, si avranno gravi conseguenze. La vulnerabilità alla crescente distruttibilità di qua e di là dal confine di gruppi carismatici non dovrebbe passare inosservata trattando con terroristi e nazioni che si sono convertite al fondamentalismo religioso a oltranza. Anche qui, tentativi falliti di neutralizzare la minaccia che essi rappresentano possono solo alimentare la loro collera e la loro tenace ricerca di obiettivi stravaganti.

8

UNA SETTA RELIGIOSA: LA CHIESA DELL'UNIFICAZIONE

La Chiesa dell'Unificazione, nata in Corea, si stabilì negli Stati Uniti, all'inizio del suo corso evolutivo, quale setta religiosa, in un periodo in cui intense esperienze di conversione e fervente dedizione si riflettevano nel modo d'impegno degli adepti. Grazie a ciò, gli studi sulla Chiesa, in quel periodo di espansione e di attivo proselitismo, permettono di indagare a fondo nella natura dei sentimenti zelanti che possono emergere nelle prime fasi di vita di tali sette. La Chiesa fornisce esempi delle idiosincrasie di una setta religiosa, ma illustra anche i princìpi latenti che governano il comportamento in quei gruppi carismatici che raggiungono una certa forma di adattamento alla società circostante.

Storia della setta

Il reverendo Sun Myung Moon, autoproclamatosi capo di una nuova religione neo-cristiana, arrivò negli Stati Uniti dalla Corea nel 1972, un anno dopo che il guru Maharaj Ji vi era andato dall'India. Mentre da ultimo Maharaj Ji ridusse il suo potere sui seguaci, Moon fu ostinatamente impegnato a mantenere stretti e duraturi legami fra i fedeli e la Chiesa da lui fondata. A causa di questo atteggiamento, nonché delle sue aggressive attività politiche e finanziarie, Moon divenne, forse, il più chiacchierato e fortemente indagato leader religioso del nostro tempo.

Il passato di Moon è in parte nebuloso per mancanza di fonti obiettive. È nato nella Corea del Nord nel 1920 e, per usare le sue parole, «fin dalla fanciullezza ero chiaroveggente. Vedevo attraverso le persone, vedevo i loro spiriti».[1] Ai suoi seguaci raccontò che da giovane, mentre pregava su una montagna una mattina di Pasqua, gli apparve Gesù che gli chiese di portare a termine la sua opera incompiuta; poi, incontrò Mosè e Buddha e conversò con loro. In quegli anni, dichiarò, scoperse il «processo e il significato della storia, i significati riposti delle parabole e dei simboli della Bibbia e lo scopo di tutte le religioni». Ma sappiamo anche che Moon, da giovane, fu arrestato tre volte e che sulla natura delle accuse vi furono più versioni. I suoi seguaci insistono nel dire che fu perseguitato dal regime comunista per il suo impegno religioso, mentre alcuni conoscenti di allora, e soprattutto alcuni suoi detrattori, affermano che Moon fu arrestato per atti di promiscuità e bigamia.[2]

A trentaquattro anni, autonominatosi ministro del culto, Moon si trasferì dalla Corea del Nord alla Corea del Sud e depositò l'atto costitutivo della nuova setta religiosa, l'Associazione dello Spirito Santo per la Unificazione del Cristianesimo Mondiale. Quando il gruppo crebbe, Moon fece la conoscenza del dispotico capo della Corea del Sud, il generale Park Chung Hee, e sebbene il regime imprigionasse in quel periodo centinaia di oppositori, compresi molti ecclesiastici indipendenti, l'ardente anticomunismo e il sostegno alla linea politica del governo assicurarono a Moon buoni rapporti con Park. Anche le attività commerciali di Moon erano in crescita: divenne presidente del consiglio di amministrazione di alcune ditte sudcoreane, tra cui un'industria farmaceutica specializzata in tè al ginseng e una fabbrica di fucili da caccia.

Questo ecclesiastico e industriale di successo pensò presto alla possibilità di espandersi oltremare; cominciò fondando una succursale in Giappone dove il reclutamento segnò un successo iniziale, specialmente fra coloro che politicamente erano conservatori. Nel 1959 mandò missionari negli Stati Uniti. Sotto Young Oon Kim, una ex docente universitaria che parlava inglese, furono impiantati centri semiautonomi in singoli Stati, e un giovane laureato di

Princeton, W. Farley Jones, fu nominato presidente nazionale. Tuttavia il decennio seguente portò soltanto un modesto successo in America. I cinquecento seguaci sparsi nel paese erano scarsamente reattivi a una guida centrale nazionale e la succursale americana della Chiesa operò spesso in perdita.

Moon andò negli Stati Uniti verso la fine del 1971 per assumere la direzione della sua Chiesa americana. Diversamente dal Giappone, dove l'opposizione politica e religiosa era notevole, e dalla Corea, dove la setta era alla mercé di un governo centrale autocratico, gli Stati Uniti offrivano un relativo grado di sicurezza grazie al Primo Emendamento della Costituzione. Neil Salonen, buon parlatore e uomo attivo, a ventotto anni divenne presidente della Chiesa dell'Unificazione statunitense ed ebbe successo dirigendola con mano ferma e allargando il numero dei seguaci.

Esagerando un po', nel 1974 Salonen dichiarò che gli adepti superavano le 25.000 unità e che erano oltre un milione rispettivamente in Corea e in Giappone. [3] I miei colloqui con i funzionari della Chiesa e un esame della documentazione disponibile nelle sedi nazionali in America e in Giappone più o meno in quella data evidenziarono circa 7.500 membri americani e pochi di più in Giappone. Quelli americani rispondevano a caratteristiche simili ai membri della Missione della Luce Divina. I più non erano sposati (91%), bianchi (89%), giovani adulti sui venticinque anni. Ex protestanti (56%) ed ex cattolici (36%) predominavano, mentre gli affiliati di origine ebraica erano soltanto l'8%, un terzo della loro rappresentanza nella Missione della Luce Divina. Questa disparità di cifre fra le due sette denotava probabilmente l'assenza di una storia di conflitti fra giudaismo e induismo.

I cambiamenti del modo di vivere dei seguaci risultarono evidenti nell'adozione di nuove regole sessuali e coniugali. I contatti sessuali fra convertiti erano proibiti, e la scelta del coniuge avveniva a discrezione del reverendo Moon, in forma assai spettacolare, in due cerimonie di massa. [4]

Agli adepti della Chiesa dell'Unificazione si offriva una teologia abbastanza elaborata, in contrasto con le confuse dottrine della Missione della Luce Divina e di molti altri movimenti religiosi di recente formazione. Poiché differivano su punti cruciali dalla teologia cristiana tradizionale, queste dottrine allontanavano il gruppo dalle principali confessioni al punto da rendere impossibile la riconciliazione con il cristianesimo americano. Il credo religioso della setta era enunciato nel *Principio Divino* (o *Principi Divini*), il suo principale documento religioso, che offriva un'interpretazione del Vecchio e Nuovo Testamento basata sulle rivelazioni di Moon.

Quantunque i seguaci della Chiesa dell'Unificazione non proclamassero pubblicamente che Moon era il nuovo Messia prefigurato nella sua dottrina, ciò viene chiaramente suggerito dallo stesso Moon e da altri leader della sua Chiesa. Si noti che si alluse proprio a questo in una corte di giustizia federale quando Moon andò a testimoniare a un processo intentato in seguito alla tentata deprogrammazione di un seguace della Chiesa. Interrogato, Moon riconobbe che i suoi fedeli «credevano» in lui e dichiarò: «Ho la possibilità di diventare il vero messia». [5]

Oltre a promuovere le sue singolari dottrine religiose, Moon adottò l'anticomunismo come parte della reinterpretazione della dottrina cristiana. Entrò direttamente nell'arena politica. Durante il caso Watergate, organizzò una campagna tramite i mezzi di comunicazione di massa per sostenere il presidente messo alle strette, investendovi 72.000 dollari. [6] La sua posizione, come indicavano gli annunci sul suo giornale, era che «in quel momento della storia Dio aveva scelto Richard Nixon affinché fosse presidente degli Stati Uniti». [7] Quando lo scandalo del Watergate si aggravò, Moon condusse 1.500 seguaci a manifestare in Lafayette Square, di fronte alla Casa Bianca. La figlia di Nixon, Tricia Cox, e suo marito si mescolarono al gruppo per esprimere il loro apprezzamento, e il giorno dopo Moon fu invitato a conoscere il presidente. Si seppe poi che la Chiesa aveva destinato altre risorse a varie attività politiche, creando un gruppo quasi autonomo, chiamato Freedom Leadership Foundation, per promuovere pubbliche relazioni e cause politiche conservatrici. Ma tali attività compromisero la protezione del movimento in base al Primo Emendamento.

Anche i legami politici di Moon oltremare causarono qualche preoccupazione. Fu ipotizzato che la sua Chiesa avesse legami con il governo coreano tramite certi membri, come il traduttore ufficiale di Moon, il colonnello Pak, un veterano con quattordici anni di servizio nell'esercito del suo paese, il quale aveva ricoperto il posto di addetto militare coreano a Washington ai tempi in cui aveva cominciato a seguire la Chiesa. In risposta a certe voci su un rapporto fra la Chiesa e la Cia coreana (Kcia), fu avviata un'indagine parlamentare da Donald Fraser, presidente al Congresso della Sottocommissione per le organizzazioni interne. Benché non ne scaturisse un'azione giudiziaria, l'indagine mise Moon in cattiva luce.

Le pubbliche relazioni divennero sempre più importanti per la Chiesa dato che una buona immagine pubblica poteva facilitare il reclutamento e minimizzare la persecuzione da parte di gruppi della comunità americana che cominciavano a montare campagne contro le sue attività. Per migliorare la propria immagine, la Chiesa organizzò una quantità di manifestazioni pubbliche su larga scala. Un raduno molto reclamizzato fu quello al Madison Square Garden nel 1974 e un altro venne tenuto due anni dopo allo Yankee Stadium per celebrare il bicentenario dell'indipendenza americana. Entrambi attirarono meno gente del previsto. [8] Per un'altra dimostrazione ai piedi del monumento a George Washington la Chiesa spese quasi un milione e mezzo di dollari per pubblicizzare e organizzare la manifestazione, ma anche qui la partecipazione fu inferiore alle aspettative. Nel 1972 ebbe inizio un convegno annuale sull'Unità delle scienze; esso attirò almeno 25 vincitori di Premi Nobel nei dodici anni seguenti. [9] Per questa iniziativa la setta riuscì a ottenere positivi commenti dalla stampa, spendendo somme relativamente modeste, poiché oratori e partecipanti erano attirati dai prestigiosi nomi che avevano assicurato la loro presenza.

Le finanze della setta furono oggetto di notevole attenzione pubblica, e quello che essa ricavò dalle attività di pubbliche relazioni lo perse a causa della pubblicità sulla raccolta di fondi. Squadre itineranti viaggiavano attraverso il paese, e guadagnavano del denaro vendendo nei luoghi pubblici piccole specialità come fiori o tè al ginseng. Fu detto che ciascuno delle centinaia di seguaci raccogliesse da uno a cinquecento dollari in un giorno, generalmente senza rivelare la propria affiliazione. [10] La Chiesa fece anche grossi acquisti di beni immobili gravati da forti ipoteche e li usò come investimenti a lungo termine. Proprietà come la residenza di Moon sul fiume Hudson, una tenuta di venticinque acri comprata per 556.000 dollari, e il New York Hotel nel centro di Manhattan, comprato per 5,6 milioni di dollari e usato per ospitarvi i seguaci, furono considerati acquisti eccessivi fatti con denaro che era frutto di lavoro imposto. [11]

Alla fine la preoccupazione pubblica finì per lasciare il segno sul movimento. La tragedia di Jonestown nel 1978 fece temere che il gruppo di Moon potesse costituire un pericolo analogo. Moon era il più in vista dei rimanenti capi di sette, e fu aperta un'altra inchiesta parlamentare sul gruppo. Un rapporto della Sottocommissione sulle organizzazioni internazionali alla Camera diceva che «era stata trovata la prova che l'organizzazione internazionale di Moon aveva violato sistematicamente le leggi americane sul fisco, immigrazione, norme bancarie e valutarie, e registrazione di agenti stranieri, nonché le leggi statali e locali sulle attività benefiche fraudolente».

Nel 1981 Moon fu accusato di avere presentato false cifre in una richiesta di rimborso d'imposte. Secondo i capi di accusa (contestati dal movimento), aveva omesso di denunciare oltre 150.000 dollari di reddito nell'arco di tre anni. Prima dell'imputazione pare che Moon avesse depositato 1,6 milioni di dollari sul suo conto personale presso una banca di New York, ma non aveva denunciato quasi nulla a titolo di interessi. [12] Al processo i funzionari della Chiesa dell'Unificazione, appoggiati per la verità da diversi capi delle principali correnti religiose americane, dichiararono che Moon era caduto vittima di una persecuzione religiosa e veniva accusato per cose che potevano applicarsi ad altri personaggi religiosi. Moon fu condannato e, dopo un ricorso in appello fallito, passò undici mesi in una prigione federale di minima sicurezza. [13] Anche dopo il suo rilascio nel 1985, la Chiesa pubblicò annunci sui giornali per ribadire che nelle sue dichiarazioni dei redditi Moon non era più colpevole di tante altre importanti figure pubbliche. [14] In tutto il suo periodo di detenzione non vidi una diminuzione d'impegno nei suoi seguaci più anziani. Verso la fine della prigionia, alcuni seguaci cominciarono a pubblicare un periodico, «The Roundtable», che mirava a una maggiore indipendenza di pensiero nell'ambito del movimento. Questo rifletteva chiaramente un indebolimento del sistema monolitico di controlli sociali della Chiesa, ma al tempo stesso teneva conto dell'espressione di dissenso di membri che desideravano una riforma ma erano ancora attaccati alla loro Chiesa. [15]

Reclutamento

Nella Chiesa dell'Unificazione il reclutamento avveniva in due modi. Uno dichiarato, l'altro con l'inganno. In una data zona la scelta dipendeva generalmente dall'esperienza di coloro che avevano assunto il controllo del programma locale. Per esempio, nella zona della baia di San Francisco, importante fonte di proseliti, la procedura era «clandestina». I potenziali membri venivano avvicinati con la scusa di introdurli in un innocuo gruppo di orientamento sociale, e solo quando erano pienamente coinvolti nel gruppo venivano a sapere dell'associazione con la Chiesa. Invece i seminari di reclutamento che studiai nel nord-est degli Stati Uniti e nel sud della California erano generalmente presentati come attività della Chiesa, e i giovani che vi partecipavano erano ben consapevoli di stabilire un contatto con la setta. [16]

Due vie di entrata

A cavallo tra la fine degli anni Sessanta e l'inizio degli anni Settanta la Chiesa operò attivamente nella zona di

Berkeley, dato che il campus universitario era una calamita per giovani sbandati, i quali cercavano un insieme alternativo di valori in un periodo di notevole agitazione sociale. La Chiesa si nascose dietro una grande varietà di nomi e di cause, traendo vantaggio dalla situazione. Ai giovani si presentava l'opportunità di entrare in un «seminario creativo della comunità» dove venivano introdotti a una ideologia più accettabile di quella dei moonisti. Ecologia, pace mondiale, migliori rapporti interrazziali, erano tutti temi sfruttati per iniziative di proselitismo.

Naturalmente il mondo esterno non vide di buon occhio questa pratica ingannevole. Un padre venne a consultarmi dopo che suo figlio era stato indotto in quel modo a diventare moonista. Completato il secondo anno in un'università della zona orientale del paese, il giovane era andato in California con un compagno di studi, intenzionato a lavorare a Yosemite Valley durante l'estate. Arrivati in pullman a Berkeley, furono avvicinati da due giovani donne che li invitarono a partecipare a un «Sistema di nuovo sviluppo educativo» che si teneva in una casa non lontana dall'università. Poco dopo il figlio telefonò al padre per dirgli che lui e il suo amico progettavano di seguire un seminario di tre giorni a Berkeley, con una spesa di 20 dollari a testa. Il ragazzo non spiegò chiaramente lo scopo del seminario o gli argomenti che vi sarebbero stati discussi, e fece aumentare i sospetti del padre quando evitò di dargli l'indirizzo esatto. In una seconda telefonata, due settimane dopo, disse che non aveva intenzione di tornare al *college*, ma non fornì particolari del gruppo con il quale aveva deciso di passare l'anno. I genitori si preoccuparono moltissimo ma non riuscirono a ottenere altre notizie dal figlio o dal suo amico.

Un nuovo contatto con la famiglia avvenne sei settimane dopo, quando il ragazzo rivelò di essere venuto a conoscenza che il gruppo in cui era entrato era in realtà la Chiesa dell'Unificazione. Interrogato in proposito dai genitori, ammise che, forse, se ne fosse stato consapevole sarebbe stato riluttante a farsi coinvolgere. Ma, ormai, la filosofia della Chiesa era per lui inattaccabile e si dichiarò contento di esservi stato introdotto in circostanze che non avevano sollevato i suoi sospetti. Quando i genitori gli chiesero d'incontrarlo per parlarne più a fondo, lui rifiutò dicendo che doveva dedicare il suo tempo a conoscere meglio le dottrine religiose della Chiesa e non voleva essere turbato mentre perseguiva quell'obiettivo. Disse loro che partiva per un campeggio nella vicina Napa Valley e li pregò di rispettare il suo desiderio e di non contattarlo.

Alcuni membri da me intervistati citarono esperienze simili. Descrissero una situazione in cui si erano concentrati su loro attenzione e interesse, un processo che i detrattori del gruppo chiamavano «bombardamento d'amore».[17] Questo stimolava l'impegno di molti giovani, ma rivelazioni sull'approccio indicavano soprattutto critiche alla setta. L'eccezionale facilità con cui alcuni proseliti adottarono una non ben definita filosofia in quei seminari testimonia come si possano facilmente indurre le persone ad attribuire significato a qualsiasi linea di ragionamento, credibile o no, in tempi d'incertezza, se il contesto è fortemente di sostegno.

Il reclutamento con sotterfugio fu usato spesso per attirare giovani che brancolavano alla ricerca di nuove idee. In quei casi il fascino di una mania passeggera poteva essere il punto di partenza per la successiva indottrinazione. Bennett, per esempio, era un bravo studente al terzo anno di università quando partecipò a un seminario di due giorni sulle percezioni extrasensoriali. Il suo precedente interesse nella materia era stato casuale, basato soltanto sulla stravagante idea che «potrebbe esserci un modo grazie al quale la gente percepisce i reciproci sentimenti anche senza parlare». Diversi anni dopo, Bennett mi confessò di avere sentito una certa mancanza di significato nella sua vita di allora, e disse, inoltre, che non riusciva a «stimolare il proprio interesse» per scegliere un corso di studi o pensare a una carriera.

Come risultò, il seminario era patrocinato dalla Chiesa dell'Unificazione e la donna che intervenne come oratrice collegò le possibilità di comunicazione extracorporea alle opportunità di una più profonda coscienza dell'impegno religioso, anche se non diede indicazioni sulla natura di tale impegno. Mentre ascoltava, Bennett cominciò a prendere coscienza della saggezza dell'oratrice e fu affascinato dalle «fondamentali verità» che il gruppo sembrava offrire. Al termine del convegno fu evidente che una quantità di persone conosceva bene l'oratrice e, quando Bennett fece altre domande, loro apprezzarono molto la sua disponibilità a discutere più ampiamente degli argomenti sollevati e gli manifestarono sostegno e affetto, cose che lui non riceveva da tempo.

Questo modesto esempio di «bombardamento d'amore» non rimase senza effetto; Bennett accettò prontamente l'invito a ritornare per cena la sera seguente. Ma dovettero passare tre o quattro settimane, cioè il tempo necessario affinché il suo coinvolgimento nel gruppo fosse diventato sicuro, prima che i seguaci gli dicessero che appartenevano alla Chiesa dell'Unificazione. A quel punto lui aveva già accettato il gruppo incondizionatamente, e vedeva i particolari del dogma che a quel punto gli venivano rivelati come nient'altro che un modo sensato di aiutarlo a meglio comprendere la loro filosofia.

Queste tecniche «segrete» di reclutamento erano a un tempo vantaggiose e svantaggiose per la Chiesa dell'Unificazione. In considerazione delle molte critiche della stampa perché la setta praticava il «controllo della mente» dei suoi seguaci, i leader erano riluttanti ad annunciare l'identità del gruppo ai potenziali proseliti per paura di vederli allontanare. Così si perpetuò la necessità di agire clandestinamente e questo urtò le famiglie dei giovani che erano stati attirati a quel modo.

Alcuni funzionari dell'ufficio di pubbliche relazioni della Chiesa a New York e alcuni capi in California e a Boston, dove i seminari erano condotti in maniera più franca, mi espressero notevole inquietudine per l'impatto di tale approccio sul pubblico. Sebbene, talvolta, manifestassero preoccupazione ai loro superiori, dovettero riconoscere a malincuore che le tecniche si erano dimostrate efficaci nel reclutamento. Discutendo con alcuni membri della Chiesa di varie parti del paese venni a sapere che nei primi anni

Settanta, quando il numero di proseliti aveva toccato il massimo, la metà circa di questi era stata attirata nella setta con sistemi ingannevoli come quelli appena descritti. Gli altri vi erano entrati a seguito di incontri casuali in cui il gruppo e il luogo del seminario erano identificati chiaramente.

Il metodo franco aveva i suoi problemi. Tanti giovani avvicinati si rifiutavano sulle prime di ascoltare i reclutatori. Inoltre, i genitori venivano generalmente informati del reclutamento fin dall'inizio e potevano intervenire prima che i loro figli s'impegnassero totalmente. All'epoca del disastro di Jonestown io stavo osservando questa procedura di reclutamento in previsione di uno studio più elaborato. I genitori di cinque giovani che partecipavano a un seminario intrapresero un lungo viaggio per raggiungere il luogo del ritiro e chiedere che i figli tornassero a casa con loro. Una coppia si fece accompagnare da un poliziotto. Benché nessuno dei partecipanti fosse minorenne, i capi della Chiesa si sentirono obbligati ad aderire alle richieste dei genitori. I potenziali convertiti in seminari aperti erano giovani avvicinati per strada o in campus universitari e invitati a visitare la sede della Chiesa per un dibattito informale o una conferenza. Quelli che vi andavano si vedevano poi offrire l'opportunità di partecipare a un programma di due giorni in una vicina località di campagna. La loro motivazione era solitamente modesta, in quanto i contatti con la setta erano stati pochi. Anche la loro conoscenza del credo della Chiesa era limitata, perché i particolari venivano presentati solo al seminario locale, ma sapevano dell'identità della setta ed erano disposti a lasciarsi influenzare dalla sua filosofia.

Coloro che partecipavano al seminario di due giorni venivano trasferiti in gruppo in una località isolata al venerdì sera. Uno o due pullman arrivavano al centro ogni fine settimana portando potenziali nuovi affiliati e i rispettivi membri che avevano garantito la loro «presenza» o il loro reclutamento. Altri reclutatori erano già sul posto con il personale del seminario. Durante lo studio da me diretto, la sede cittadina era situata nella zona ovest di Los Angeles, e il centro di seminario sui monti di San Bernardino, distanti circa centoventi chilometri. L'ambiente era informale, ma gli alloggi erano confortevoli e i pasti completi.

Il programma del weekend andava dalle otto alle ventitré. La parte principale era costituita da una serie di conferenze di novanta minuti, ciascuna sui punti salienti del Principio Divino, seguite da mezz'ora di dibattiti a piccoli gruppi che esaminavano il significato di questi princìpi religiosi per la vita dei singoli partecipanti. Benché si prevedesse una certa dose di coinvolgimento emozionale, non erano incoraggiate esperienze intense, catartiche. I dibattiti tendevano a un orientamento intellettuale, poiché i seguaci della Chiesa sentivano che la loro dottrina religiosa aveva un notevole contenuto intellettuale e poteva essere un'importante fonte di attrazione sotto questo aspetto.

La comunicazione era regolata in modi subdoli ma efficaci dai capi del seminario. Per esempio, le attività ricreative come canto, sport, rappresentazioni comiche, erano intervallate da conferenze e dibattiti, ma queste funzioni apparentemente casuali erano ben strutturate e fornivano un contesto in cui avveniva uno scambio di informazioni e di comunicazione sulla Chiesa. Conversazioni e idee estranee ai temi in discussione erano scoraggiate in maniera cortese ma ferma.

Anche l'equilibrio fra membri attivi e probabili proseliti durante i dibattiti a piccoli gruppi assicurava ai capi il controllo sul contesto della comunicazione. La maggior parte dei dialoghi avveniva in gruppi formati da: quattro neofiti, i quattro membri che li avevano invitati al seminario e il capo designato. Così la maggioranza era impegnata a sostenere la filosofia della Chiesa dirigendo la comunicazione in maniera franca od occulta. In queste circostanze era possibile reprimere punti di vista devianti, spesso prima che venissero espressi. I potenziali convertiti erano impegnati per due giorni interi in un programma organizzato, deciso dalla dirigenza e inteso a scoraggiare idee contrarie alla prospettiva del gruppo.

Il seguente dialogo illustra come avvenissero le comunicazioni in un gruppo, anche se la trascrizione non evidenzia i molti suggerimenti non verbali, come un'occhiata o un cipiglio di disapprovazione, con cui spesso si facevano importanti comunicazioni. L'ambiente è il seminario dove si svolge il dibattito di un gruppetto formato da: leader, quattro potenziali nuovi affiliati, i quattro membri che li hanno guidati nelle prime fasi del loro coinvolgimento con la setta. Il gruppo stava esaminando un elemento fondamentale della dottrina della Chiesa: Dio aveva progettato che Adamo ed Eva si sposassero e generassero figli perfetti onde perpetuare il «Regno di Dio sulla Terra». Secondo il Principio Divino, Eva fu letteralmente sedotta da Satana e, così corrotta, portò anche Adamo al peccato, il che fece di Satana il genitore spirituale di tutta l'umanità. Con questa sequenza la Chiesa vede il peccato originale che portò Dio a cacciare dall'Eden la prima famiglia. La dottrina è difficile da accettare per un giovane d'oggi, a causa dell'interpretazione molto letterale della storia di Adamo ed Eva. Inoltre, il racconto della Chiesa altera il quadro della Bibbia, per cui è incompatibile con il tradizionale concetto cristiano. Il dibattito che ebbe luogo dopo questa lezione di teologia rifletté tali difficoltà e mostrò come la Chiesa le trattava.

Uno degli ospiti del seminario, un giovane di nome Steve, abbastanza ostinato, espresse dubbi sulla natura letterale dell'argomento presentato e, apparentemente a disagio, osservò: «Non capisco. Come puoi dire che il diavolo esisteva davvero e che sedusse letteralmente una donna?».

Un membro della Chiesa gli disse: «Anch'io ho avuto qualche difficoltà a comprenderlo. Mi ci è voluto un po' per afferrare, ma se non comprendiamo il significato letterale del Principio, be', allora è tutt'altra cosa». Dicendo questo, il membro si metteva dalla parte di Steve accettando le sue incertezze, ma al tempo stesso trasmetteva l'idea che i suoi dubbi fossero realmente infondati.

Poiché questo membro aveva avuto il ruolo informale di «vicecapo» nel corso del dibattito, Ellen, un'altra ospite del seminario, si rivolse a lui come a un esperto che potesse aiutarla a chiarire le proprie idee e chiese: «Ma è proprio vero?».

Allora un secondo membro si rivolse a Ellen e disse: «Sì, tutto questo si fa più chiaro quando comprendi che il male e il disaccordo sono sentiti ovunque nel mondo. Sorprende poco che tanti siano morti in guerre insensate nel corso della storia, anche se la gente ha tentato d'impedirlo». A quel punto un altro membro aggiunse: «Commettiamo un errore quando trattiamo la Bibbia come una cosa relativa, come qualcosa che possa ridursi a una storia». Sottolineando le idee del primo membro, gli altri due lo avevano liberato del peso di discutere da solo la dottrina della Chiesa. Le voci di tre membri hanno, insieme, più credibilità di una, e sembrano assumere la qualità di un consenso unanime. Non essendo nessuno dei tre il capo formale, apparivano credibili in quanto simili e non autorità dominante. Ellen fu riluttante a contraddirli e rispose semplicemente: «Oh, capisco».

Forse non fu una coincidenza che il centro del dialogo si fosse spostato su Ellen, poiché i membri della Chiesa percepirono che Steve era più energico nel manifestare i suoi dubbi e quindi più portato a discutere con loro se pressato a uniformarsi alla loro posizione. A quel punto il leader diede un'occhiata al gruppo come se il problema fosse risolto e si rivolse a Ellen dicendo: «Vedi bene com'è difficile accettare all'inizio questo pezzetto di storia. Ma più avanti vedremo che questa è la base su cui possiamo costruire».

In realtà, i dubbi di Steve furono poi trattati dal gruppo, ma in una maniera a lui più adatta, il che evitò lo scontro. Gli furono tributati sostegno e affetto, rendendo meno probabile la sua eventuale insistenza su certe riserve. Si congratularono moltissimo con lui per come intuiva il Principio Divino e i punti più difficili da comprendere. In tal modo un ospite polemico come Steve poté essere ridotto all'acquiescenza senza discutere a fondo punti della dottrina nei pro e nei contro.

La domenica sera del primo weekend di questi seminari il discorso cadde sulla scelta che veniva offerta ai partecipanti. Volevano rimanere per un altro seminario che sarebbe durato tutta la settimana fino al prossimo weekend o preferivano tornare a casa? Erano liberi di scegliere; a quelli che se ne andarono dissero che potevano tornare qualche altra volta, e infatti molti di loro furono contattati di nuovo. Generalmente solo una minoranza accettava di continuare, ma questo non fa meraviglia poiché la Chiesa aveva presentato un'insolita serie di idee suggerendo insieme un ulteriore coinvolgimento.

Nel seminario di una settimana conferenze e dibattiti erano più lunghi, con una seduta di tre ore ogni mattina. Seguiva un pomeriggio di sport, escursioni, lavoro manuale nel centro di reclutamento. Nelle prime ore della sera vi erano altri discorsi, e dopo cena ulteriori scambi di idee fra ospiti e membri.

Gli ospiti tenevano anche «taccuini di riflessioni» dove scrivevano le loro impressioni sulla settimana, comunicando i propri pensieri agli altri prima di coricarsi. Nelle discussioni a tarda sera i leader del gruppo ponevano l'accento sull'importanza dei sogni, e gli ospiti notavano spesso di ricordarli assai meglio di prima, non diversamente dai pazienti in psicoanalisi che sono in una situazione in cui tali ricordi vengono incoraggiati. La stessa vaghezza della materia onirica si prestava a interpretazioni da parte del gruppo che guidava il seminario, con l'intento di favorire una maggiore dedizione del partecipante.

Un seguace raccontò di avere fatto questo sogno dopo quattro giorni di seminario.

Ero caduto e mi ero fatto male mentre correvo per andare a lezione all'università. Accanto a me c'era uno strano uomo; disse che mi voleva aiutare ma io sentivo di non potermi fidare di lui perché mi ricordava un vicino di casa di cui avevo avuto paura fin da bambino. Decisi di continuare a correre, sperando di trovare aiuto, ma mi spaventai perché avevo braccia e gambe contuse. Arrivai a un grande ufficio e mi furono date delle indicazioni. Avevo raggiunto la sicurezza.

I membri del gruppo interpretarono l'uomo minaccioso come se rappresentasse i vecchi peccati del sognatore, mentre il grande edificio simboleggiava la sicurezza del centro dove si teneva il seminario. Evidentemente cercavano di convincere la giovane recluta che il centro e quindi la Chiesa erano un asilo sicuro dall'angoscia della sua esistenza. Non presero in considerazione una diversa interpretazione del sogno, vedendovi la paura del sognatore di una vita distrutta se avesse accettato le idee del reverendo Moon (lo sconosciuto) e il suo bisogno di fuggire dal seminario e tornare nella grande casa in cui abitava.

In ogni caso diversi membri riferirono sogni che furono considerati indicativi dell'accettazione delle idee proposte dalla Chiesa. Non fu insolito che un membro dicesse che il sogno lo aveva aiutato a rafforzare la decisione di farsi coinvolgere di più.

Dopo il secondo weekend di seminario prolungato veniva messo in campo un altro punto che pretendeva una decisione. Agli ospiti rimasti era offerta l'opportunità di partecipare a un seminario finale, il che comportava altre due settimane con il gruppo. I neofiti che accettavano erano impegnati in attività simili a quelle degli affiliati. Una settimana era dedicata al proselitismo a tempo pieno e l'altra alla raccolta di fondi; di solito passavano quel periodo nel centro cittadino da cui gli adepti erano venuti.

Il programma giornaliero delle due settimane era assai rigoroso. I neofiti dormivano in modesti ambienti comuni in città, si alzavano alle sei e passavano gran parte del giorno a fare propaganda per la Chiesa. Dal mattino presto a mezzogiorno e a tarda sera dedicavano una parte del tempo alla preghiera e alle lezioni, come pure a prendere annotazioni sul taccuino.

Un aspetto sorprendente di questo periodo di due settimane consiste nelle avversità che le reclute devono affrontare quando passano lunghe ore a lavorare duramente per la Chiesa. Cercare proseliti agli angoli delle strade significava esporsi regolarmente alla derisione e all'ostilità dei passanti e dei potenziali interessati che i neofiti avvicinavano. La raccolta di fondi comportava lunghe ore di vendite ambulanti. Tipicamente, queste reclute in erba riscuotevano pochissimo successo o ricompensa per le loro fatiche.

Poiché tanti di quelli che incontravano ridicolizzavano le idee che loro avevano appena abbracciato, queste reclute erano costrette a discutere, trovandosi di fronte a una forte opposizione. Ma ciò pareva accrescere il loro nascente impegno verso la setta. Come abbiamo visto, vi è un sostegno sperimentale all'affermazione che, nel discutere contro qualcuno che si oppone, una persona può attaccarsi di più al proprio punto di vista anche quando abbia preso posizione solo perché richiesta di farlo da qualcun altro. [18] Comunque i partecipanti convennero che due settimane di duro lavoro per la Chiesa contribuivano sostanzialmente a rafforzare i loro legami con il gruppo.

Alla fine della serie di seminari, i partecipanti rimasti avevano la possibilità di scegliere se entrare o meno formalmente nella Chiesa dell'Unificazione. Coloro che si associavano — una piccola parte del numero iniziale — diventavano membri a pieno titolo e i loro nomi venivano comunicati alla sede nazionale americana a New York. Erano assegnati a un centro della Chiesa o a una squadra itinerante in qualsiasi località ve ne fosse bisogno, generalmente a centinaia di chilometri dal luogo in cui avevano preso contatto con la Chiesa.

Studio di un seminario di reclutamento

Quali che fossero le relative conseguenze politiche delle due modalità di reclutamento, la sequenza di seminario libero offriva un'impostazione di struttura di cui si potevano studiare operazioni ed efficacia. La Chiesa usava un'impostazione standard, sistematicamente riprodotta in una quantità di aree metropolitane in tutto il paese. Il luogo del nostro studio fu il Southern California Workshop Center, perché là il numero degli «ospiti» mi permetteva di ottenere un campione consistente in un tempo relativamente breve. Ogni settimana cominciava un nuovo seminario, e sarebbe stato possibile studiare tutti gli ospiti che entravano al centro nell'arco di due mesi. In tutto furono studiati otto seminari, con 104 ospiti. [19]

Ai fini del mio piano di studio speravo di accertare le differenze fra i partecipanti a quel seminario che sarebbero entrati nella setta e i partecipanti che non vi sarebbero entrati, e di usare i relativi ruoli di coesione di gruppo, fede condivisa e benessere psichico per stabilire una distinzione fra loro. Furono distribuiti questionari su questi e altri argomenti in cinque occasioni diverse affinché le idee dei membri fossero controllate nel corso del seminario. Furono riempiti anonimamente, ma ogni partecipante contrassegnò i cinque questionari con un proprio codice onde poterli raggruppare alla fine dello studio.

Le risposte non rivelarono differenze fra il passato di questi membri e di quelli studiati precedentemente. Gli ospiti del seminario erano in maggioranza non sposati (94%) e bianchi (77%), e l'età media era sui 22 anni. Forse i risultati più interessanti sull'esperienza del seminario riguardarono il numero di coloro che accettarono di continuare la sequenza alla fine di ogni periodo e di coloro che si associarono (Tabella 8-1). Questi risultati sono molto simili a quelli riferiti da Ellen Barker, una sociologia che studiò un ampio campione di partecipanti a seminari che avevano una struttura analoga, organizzati a Londra l'anno seguente.[20]

Dopo il primo weekend quasi un terzo dei partecipanti accettò di continuare. Di questo gruppo la maggioranza rimase durante la prima dura settimana.

Come osservato, essi ebbero la possibilità di entrare nella Chiesa dopo tre settimane intere di seminario. Era certamente un passo importante, perché comportava l'impegno a entrare nel clima di intransigente vita comunitaria che la Chiesa offriva. Ciò nonostante, metà di coloro che avevano seguito l'attività nelle ultime due settimane decisero di associarsi.

Potei accertare le condizioni dei nove affiliati a distanza di quattro mesi dalla loro entrata nella setta. A quell'epoca tre l'avevano già lasciata. Uno era tornato dalla famiglia all'estero; un altro riferì di essere stato rapito da parenti mentre era in visita a casa di sua zia, dove si era fermato mentre si stava recando in un altro centro della Chiesa, e il terzo, secondo quanto riferirono persone che lo conosce-

Tabella 8-1. **Fin dove continuarono i 104 partecipanti al seminario?**

Sottogruppo	*Periodo di permanenza*	*Percentuale di partecipanti*	*Punteggio di benessere gen.*
Primi rinunciatari	1-2 giorni	71	74,7
Rimasti oltre il primo weekend	più di 2 giorni	29	67,2
Rimasti oltre la prima settimana	più di 9 giorni	17	—
Affiliati	oltre 21 giorni	9	61,9
Gruppo di controllo	Residenti della comunità, non-membri	—	83,4

vano, non aveva preso «sul serio» quell'impegno fino dall'inizio. Gli altri sei erano ancora attivi nella Chiesa.

Complessivamente, dopo quattro mesi questa setta aveva trattenuto come membri un totale del 6% del campione di reclute potenziali che avevano accettato di partecipare al primo seminario di due giorni. Sebbene fosse una modesta percentuale dei partecipanti, rappresentava un notevole potenziale di reclutamento quando i tempi furono maturi per il primo impegno nelle strade. Inoltre, un maggior numero era stato influenzato più fortemente di quanto avessero previsto allorché avevano accettato di partecipare al seminario di due giorni, e costoro avrebbero preso in esame la possibilità di affiliarsi più avanti alla Chiesa.

Il passo successivo consistette nel caratterizzare quei partecipanti al seminario che poi entrarono nella setta. Due elementi risultarono i più importanti a questo riguardo: l'angoscia emozionale e l'alienazione che sentivano prima di entrarvi. La Tabella 8-1 indica che i punteggi di benessere psichico dei primi rinunciatari erano molto al di sotto di quelli della popolazione generale, e che i neofiti rimasti più a lungo nel periodo di reclutamento avevano un punteggio ancora più basso. I punteggi di coloro che si associarono al gruppo erano quanto mai bassi — in realtà, rientravano nel campo delle sindromi cliniche — a conferma che la setta tendeva ad attirare le persone che soffrivano d'angoscia. Questo è tanto più rilevante se consideriamo che gli stessi leader del seminario escludevano quelle reclute che sembravano non sopportare l'austerità della vita di gruppo per ragioni emozionali. Tre partecipanti al seminario furono invitati ad andarsene per tale motivo. Chiaramente la Chiesa dell'Unificazione non voleva essere rifugio di gente che da essa avrebbe tratto il proprio equilibrio psicologico senza dare molto in cambio.

Oltre alle turbe psicologiche, l'associabilità alla setta era un importante elemento di discriminazione fra chi vi entrava e chi no. I sentimenti di coesione sociale dei neofiti venivano misurati mediante la scala descritta alla pagina 54. Le dottrine condivise erano valutate con una serie di quesiti relativi al credo della Chiesa, come «Alcuni dei problemi che ho visto attorno a me sorsero per un uso immaturo dell'amore da parte dei primi antenati umani», e «La mia comprensione della missione di Gesù per ripristinare l'ideale della creazione di Dio mi porterà a una vita più densa di significato». Le graduatorie della coesione e del credo furono completate in ognuna delle cinque occasioni nei primi nove giorni della serie di seminari.

Emersero dei risultati rivelatori quando le risposte furono classificate in tre gruppi: *primi rinunciatari* (il 29% dei partecipanti che abbandonarono alla fine del primo weekend); *ultimi rinunciatari* (il 20% di quelli che rimasero dopo il weekend e preferirono non associarsi); e infine il 9% che *si associò* alla fine di tre settimane. I primi ad andarsene registrarono il più basso punteggio di coesione verso i partecipanti al seminario e nei quesiti di fede. Ma non fu riscontrata una differenza significativa nei punteggi di questi quesiti fra gli associati e gli ultimi rinunciatari. Non solo sembravano equivalenti nel loro entusiasmo per la setta, ma avevano sviluppato uniformemente questo attaccamento agli inizi del seminario, come denotarono i punteggi sui questionari ripetuti. [21]

Come si distinsero gli ultimi rinunciatari da quelli che infine si associarono? I rinunciatari registrarono un punteggio assai più basso sulla scala di coesione verso persone *al di fuori* della setta.[22] In mancanza di forti legami, non sarebbero stati prontamente riportati nella comunità. Quelli che probabilmente sarebbero entrati nella Chiesa dell'Unificazione erano giovani con limitati sentimenti di affiliazione verso amici o verso la famiglia, reattivi al gruppo tanto da impegnarsi fortemente nel seminario fin dall'inizio.

Un altro sistema per valutare l'esperienza di reclutamento sta nel vedere come i membri l'hanno giudicata in retrospettiva. Le relative informazioni erano state sollecitate durante il nostro studio iniziale di membri veterani della Chiesa. La maggior parte di loro ricordò il periodo di conversione in modo positivo. Come abbiamo notato in precedenza, quando fu loro chiesto di giudicare i propri sentimenti sulla scala di disturbo psichico, la stragrande maggioranza (91%) indicò un regresso dal periodo precedente l'affiliazione al successivo,[23] e il più delle volte «sentivano moltissimo la percezione della realtà di Dio» (76%). Alcuni, tuttavia, allusero alla destabilizzazione psichica conseguente a tale esperienza, e indicarono di avere provato sentimenti conflittuali o infelicità più del solito (18%) o turbe nel mangiare (22%) e nel dormire (21%). Solo pochi pensarono di essere «sotto l'influenza di un altro» durante l'esperienza (12%) — un numero sorprendentemente basso, e assai rivelatore alla luce del considerevole grado di pressione di gruppo esercitata in fase di reclutamento.

Le esperienze trascendentali non erano rare durante la conversione e molti interpellati riferirono di avere provato le seguenti sensazioni «molto chiaramente»: «una sensazione speciale e insolita nel mio corpo» (45%), «il tempo che passa più lentamente o più in fretta del solito in maniera molto speciale» (39%) e «la presenza di qualcuno importante per me, anche se molti non potevano vederlo» (35%). Questi elementi, tuttavia, contengono solo parte delle alterazioni di coscienza sperimentate durante gli incontri di gruppo prolungati e intensi, inclusi nelle varie forme di conversione. Così non fu insolito che membri del seminario riferissero di rivedere, da svegli, immagini di sogni che avevano annotato sui loro taccuini di riflessioni. Talvolta percepivano la presenza di persone importanti per il loro pensiero religioso, come lo stesso reverendo Moon, mentre partecipavano ad attività di seminario.

La dichiarazione di una giovane donna rivela le sue intense sensazioni durante l'esperienza di reclutamento. Descrisse il punto in cui si concretizzò la sua decisione di entrare nella setta.

Avevo appena iniziato a partecipare e feci l'errore di avvicinare una donna severa e sgradevole che mi guardò male quando le dissi perché mi ero rivolta a lei. Mi rispose: «Togliti dai piedi, cretina». Rimasi sconvolta all'idea che lei respingesse qualsiasi cosa io volessi esprimere, senza neppure ascoltarmi, e che lo facesse con un sentimento di odio. Ma la mia mente tornò in un baleno a quello che il capo del seminario ci aveva detto poco prima: dovevamo aspettarci l'ira delle persone, e questo era l'inizio di un cammino che avremmo seguito sulle orme di Dio. In realtà non lo capii proprio in quel momento, ma d'improvviso seppi che era vero, e mi sentii scaldata da un intenso sentimento di fede in tutto il corpo. D'improvviso seppi di essere letteralmente in compagnia di Gesù e del reverendo Moon, e stavo portando avanti la missione di Dio. Non osai girarmi per guardare. Era un sentimento eccezionale quello di non sentirmi sola; loro avrebbero potuto parlarmi se lo avessero voluto. Seppi allora che mi sarei impegnata con forza, qualunque cosa potesse succedere.

Famiglia e struttura coniugale

Le cerimonie di fidanzamento e le nozze in massa della Chiesa dell'Unificazione crearono alcune delle più memorabili immagini dei nuovi movimenti religiosi. Nel 1979, per due giorni, 1.410 seguaci furono accoppiati a future spose in un fidanzamento rituale tenutosi nella Direzione mondiale delle Missioni della Chiesa a New York. La scelta delle coppie era fatta dal reverendo Moon in maniera apparentemente casuale, ma era abbastanza chiaro che ciascuno considerava il coniuge selezionato da Moon come una scelta ideale. Tutti parvero contenti di aspettare pazientemente, e sopportarono un lungo periodo di fidanzamento. Tre anni dopo, in una cerimonia largamente pubblicizzata, oltre 4.000 membri furono uniti in matrimonio tutti insieme nel Madison Square Garden di New York. Questi eventi lasciarono il pubblico incredulo di fronte a un rito sociale tanto alterato e tuttavia accettato da giovani che erano cresciuti nella tradizione americana.

Esaminai questo processo abbastanza a fondo perché illustrava con grande evidenza la compattezza di un gruppo carismatico come sistema sociale che controlla i suoi seguaci. Con questo il reverendo Moon poneva il suo sigillo sulla vita dei seguaci americani della Chiesa e ne plasmava la partecipazione per gli anni a venire. Poteva farlo, tuttavia, perché i rituali del matrimonio nella Chiesa dell'Unificazione erano profondamente cementati nell'ideologia e nella struttura di comando del gruppo. Essi riassumevano la perfetta coordinazione degli affiliati, i quali, di regola, adottano gli atteggiamenti prescritti senza obiettare.

Esperienza di fidanzamento

L'annuncio del reverendo Moon di voler organizzare un fidanzamento di massa fu salutato con entusiasmo dai fedeli. Allora molti convertiti americani erano devoti seguaci da un decennio e più e avevano l'età giusta per sposarsi. In particolare, molte donne pensavano che presto sarebbero state troppo vecchie per formare una famiglia. Vi era anche un precedente di questo insolito rituale, poiché matrimoni di massa erano stati celebrati dalla Chiesa in Corea e in Europa.

Data la vastità del progetto, i membri fecero richiesta di fidanzamento a un Comitato «di benedizione» della Chiesa; la parola «benedizione» si riferiva ai sacri rituali di nozze di Moon. I dati richiesti erano pochi: nome, età, tipo di rapporto in cui si trovavano eventualmente coinvolti. In più, i richiedenti dovevano dire se avevano divorziato precedentemente o se avevano commesso imprudenze sessuali durante il periodo di permanenza nella setta. Il Comitato «di benedizione» era composto di anziane seguaci, compresa la moglie di Neil Salonen. Sebbene l'idoneità al matrimonio fosse controllata dal Comitato, le decisioni finali su eventuali rinvii erano lasciate a Salonen.

Dopo che il Comitato ebbe deciso chi era idoneo, i seguaci prescelti per il fidanzamento attesero impazienti l'avviso della cerimonia di accoppiamento, sapendo che il reverendo Moon avrebbe designato in tale occasione il futuro coniuge di ognuno. L'annuncio dell'inizio della cerimonia di accoppiamento, che sarebbe durata due giorni, venne fatto con un preavviso di un giorno o due. I membri idonei, sparsi nel paese, seppero di doversi presentare alla Direzione mondiale delle Missioni che aveva sede nel New Yorker Hotel, un edificio nel centro di Manhattan di proprietà della Chiesa. Il grande salone da ballo poteva accoglierli tutti, anche se ammassati.

Moon cominciò ad «accoppiare» il suo gregge lì riunito, nominando diversi piccoli sottogruppi fra i richiedenti. Prima chiamò i seguaci neri e domandò loro se volevano sposarsi con persone della loro razza; pochi lo fecero, perché l'impegno d'integrazione razziale era fortemente enfatizzato dal movimento. Poi Moon procedette a unire seguaci che si erano offerti di sposare donne nere e orientali.

A due altri gruppi di seguaci, studenti del seminario religioso della Chiesa e alte figure amministrative, fu chiesto se volevano accoppiarsi con persone dei rispettivi sottogruppi o fra tutti i convenuti. Infine Moon passò alla selezione per i divorziati e per gli ultratrentacinquenni. Tutti gli altri, la grande maggioranza dei presenti, furono accoppiati senza designazione di sottogruppi, apparentemente a caso, nella presunzione che le unioni rispecchiassero una scelta divina. Sebbene accompagnato da uno o due componenti del Comitato «di benedizione» nei suoi giri del salone, Moon fece gli accoppiamenti personalmente. Solo pochissimi furono accoppiati con la persona conosciuta in un rapporto anteriore alla cerimonia.

Alle coppie fu concesso di parlarsi per quindici minuti onde accertare eventuali ostacoli al fidanzamento, ma, ovviamente, alcuni futuri coniugi avevano problemi che non potevano evidenziarsi in un incontro così breve. Per rimediare a questo, le successive cerimonie di accoppiamento furono organizzate in maniera che le persone con anomalie specifiche venissero classificate come tali. In seguito, per esempio, i membri portavano cartellini di riconoscimento a tale scopo: «incapace di generare figli»; «in cura per malattia mentale» o «problemi di omosessualità».

I seguenti racconti di seguaci sulle loro esperienze di fidanzamento sono molto tipici, e ognuno riflette aspetti diversi dell'impatto psicologico del rituale. Nicole si era associata alla Chiesa dell'Unificazione dodici anni prima della cerimonia di accoppiamento, contemporaneamente al suo ragazzo. La coppia si divise poiché i non sposati dovevano astenersi da qualsiasi rapporto sessuale. Quando furono annunciati i progetti di fidanzamento, lei era impegnata in un seminario a Boston. Con altri accettati della sua squadra organizzò un volo a New York. In poche ore si trovò nel salone da ballo dell'albergo, nelle retrovie di una grande folla, chiedendosi quando sarebbe stata accoppiata. D'improvviso il reverendo Moon chiese che i divorziati formassero un gruppo, e lei si fece avanti, essendo stata sposata per un breve tempo diversi anni prima di entrare nella setta. Solo allora Nicole prese piena coscienza che presto sarebbe toccato a lei unirsi a un uomo. Aveva evitato di pensare all'eventuale fidanzato perché sentiva che sarebbe stata una violazione del carattere dell'evento criticare intimamente il suo capo. In breve, fu colta di sorpresa quando si sentì chiamare. Camminò con calma e si fermò accanto al reverendo Moon. C'erano tante facce davanti a lei e non riuscì a distinguerle. Si sentì un po' frastornata e si augurò soltanto di seguire i desideri di Moon. Come aveva già fatto tante volte quel giorno, Moon si rivolse ai presenti, indicò un uomo tra la folla e disse: «Tu».

In seguito Nicole descrisse la sua reazione iniziale alla scelta del fidanzato.

Lo guardai e fu come guardare mio fratello, uno della mia famiglia. Il nostro rapporto fu subito speciale. Intuii che lui sapeva amare veramente... Fu come un amore a prima vista. Mi ero messa tanto alla prova che potevo accettare chiunque nelle mie relazioni con altri seguaci della Chiesa. Trovavo sempre i punti che mi piacevano quando sviluppavo rapporti con i compagni...

Sono contenta di accettare quello che la Chiesa mi ha offerto, e di vedere solo un futuro felice. Non avrei mai potuto dubitare della scelta che il reverendo Moon ha fatto.

Subito dopo furono accoppiati. Nicole e il futuro fidanzato si appartarono e parlarono per una decina di minuti senza avere riserve reciproche.

L'indomani vi fu la cerimonia per consacrare tutti i fidanzamenti. Tuttavia, i seguaci dovevano continuare le proprie occupazioni e, siccome non erano permessi intimità o convivenza durante il periodo di fidanzamento, i convenuti tornarono ai rispettivi luoghi di lavoro, anche se grande era la distanza che separava le coppie. Così Nicole andò a Boston e il suo futuro marito volò sulla costa occidentale.

Sebbene profondamente contenta, quasi estasiata, quando mi descrisse l'accoppiamento, Nicole comunicò i particolari della sua esperienza con ragionevole accuratezza. Altri membri abbellirono il racconto con fatti miracolosi, ricordando l'esperienza di quei due giorni. Wally, per esempio, era un giovane sensato che dirigeva la manutenzione dei locali alla Direzione mondiale delle Missioni: l'avevo incontrato in diverse occasioni mentre facevo i preparativi per i miei studi sulla Chiesa dell'Unificazione. Lui non riferì di avere avuto esperienze trascendentali o difficoltà psichiatriche prima di entrare nella setta, ma nella sua descrizione dell'accoppiamento riportò fatti soprannaturali.

Wally mi disse del sogno che aveva fatto tre giorni prima dell'annuncio della cerimonia di accoppiamento; in esso il reverendo Moon lo presentava a una ragazza di cui lui non riusciva ad accertare identità e aspetto generale. La mattina dopo si svegliò «pienamente consapevole» che la cerimonia era imminente. Disse che il sogno presagiva che il reverendo Moon avrebbe fatto la scelta migliore per lui. Non ebbe dubbi che una mano divina lo avesse guidato a quella premonizione.

Wally ricordò la sua esperienza nel salone da ballo mentre il reverendo Moon sceglieva il fidanzato per una giovane donna che stava davanti alla folla riunita. In principio

Wally non la riconobbe, ma poi si ricordò di avere lavorato con lei per breve tempo in una squadra itinerante per la raccolta di fondi e di averla trovata una persona seria e gradevole. Rise fra sé, sorpreso di conoscerla, ma poi percepì che il riconoscimento era un segnale divino che la scelta sarebbe caduta su di lui. Lentamente il reverendo Moon passò un'occhiata circolare e i suoi occhi si posarono su Wally.

Lui concluse che due interventi divini erano avvenuti in relazione al suo fidanzamento. Non li considerò una pura coincidenza o una distorsione retrospettiva. Presunte esperienze soprannaturali, senza dubbio scatenate dall'acuto stato di trepidazione dei seguaci, erano molto comuni. Esse illustrano la plasticità di percezione e ricorrono in situazioni fortemente caricate, create da gruppi carismatici.

Nicole e Wally vissero il fidanzamento in maniera un po' diversa. Nicole pareva contenta di essere destinataria passiva di un atto divinamente ispirato, ed era colma di gioia per la sua nuova condizione. Qualunque cosa la Chiesa le offrisse, lei poteva adattarvisi. Wally, al contrario, convinto di avere predetto l'evento della cerimonia e l'identità della sposa, si vide quindi in un ruolo più attivo nel processo di selezione. Evidentemente lo confortava l'idea di essere intervenuto nel corso degli eventi. I due, però, condivisero la convinzione che il loro capo avesse scelto un partner soddisfacente e non fecero altro che adattarsi psicologicamente, a modo loro, alle aspettative della Chiesa.

Quel genere di fede incrollabile nella scelta del reverendo Moon fu espressa molto chiaramente nei cosiddetti «Kodak matches», definizione data dai seguaci per indicare gli accoppiamenti sulla base di fotografie del partner, una modalità introdotta probabilmente a causa di un modesto eccesso di seguaci maschi negli Stati Uniti. Per questi accoppiamenti il reverendo Moon univa un americano con una giapponese o una coreana residente nei loro paesi. Per favorire la selezione si affidava, in mancanza della loro presenza, alle foto di giovani donne e uomini. Questa combinazione era annunciata prima della cerimonia di accoppiamento e i volontari americani chiamati a partecipare si consideravano una élite fortunata, scelta per incarnare gli obiettivi della Chiesa. Fatti gli accoppiamenti, le fidanzate d'oltremare non si presentavano negli Stati Uniti per diversi mesi.

Passati sei mesi dal «Kodak match», un giovane tentò di spiegare perché un fidanzamento del genere fosse una buona opportunità.

Avevo avuto tre relazioni prima di associarmi alla Chiesa e fui contento di liberarmi di quella vita dissoluta. Nessuna di loro aveva un vero interesse nel rapporto, al di là di quello materiale. Dopo, fu come se fossi un pioniere e ricominciassi in un nuovo mondo. Sapevo che quel rapporto sarebbe stato un impegno puro e per tutta la vita.

Da quando mi associai sentii che le donne coreane avevano qualità speciali. Soprattutto erano seguaci della Chiesa fin da giovanissime e potevano portare nel matrimonio la vera serietà della dedizione religiosa. Quella era la persona giusta con cui avviare una famiglia spirituale modellata secondo l'esempio del reverendo Moon.

Poi prese dalla tasca la foto di una compagnia di danza coreana sponsorizzata dalla Chiesa e indicò orgogliosamente una delle venti ragazze, dicendo che era quella la sua futura sposa.

L'aveva conosciuta due mesi dopo il fidanzamento, allorché la compagnia aveva fatto una tournée negli Stati Uniti; la coppia si scambiava lettere ogni settimana o due. All'inizio il fidanzamento aveva reso perplessi i genitori di lui, i quali, però, accettavano la sua appartenenza alla Chiesa poiché la vita del figlio era migliorata dopo la conversione; lui non girovagava più da una città all'altra e non faceva più uso di droga.

Il modo in cui il reverendo Moon fa questa scelta molto personale per i suoi seguaci esige una spiegazione. In un senso può essere visto come un'espressione del credo religioso della Chiesa. In un altro, come una enunciazione dei bisogni del gruppo in quanto sistema sociale. Di fatto, in questo caso, dottrina e funzione sociale coincidono.

Secondo la sua ideologia, la Chiesa dell'Unificazione è l'avanguardia di una fratellanza universale che si formerà quando la sua parola si sarà diffusa in tutto il mondo. La Chiesa annunzierà il Secondo Avvento. Per questa ragione il reclutamento di nuovi membri, o «figli spirituali», è essenziale per la crescita della Famiglia Unita e quindi per la missione divina di Moon. Dopo che si è impegnato, un seguace entra nel ruolo di figlio perfetto nella Famiglia Unita. Con il tempo questo «figlio» potrebbe diventare idoneo a unirsi nel «sacramento» e a formare una famiglia nella Chiesa. La sua famiglia si modella, dunque, secondo la famiglia perfetta del reverendo Moon, e così si avvicina alla salvezza eterna. Tale concetto religioso contribuisce anche alla totale accettazione dell'autorità di Moon sulla Famiglia Unita, giustificando la dispotica regolamentazione della vita dei seguaci da parte di Moon e dei suoi.

Sul terreno teologico le singole famiglie devono essere consacrate per impersonare la visione messianica di Moon, fatto assai più importante di qualsiasi gratificazione personale che una famiglia possa offrire a una coppia. Quanto al controllo dei seguaci nel loro insieme, ogni coppia deve andare bene d'accordo con il sistema di figure centrali. L'autonomia di coppia non deve compromettere in alcun modo l'esercizio del controllo sociale. Come ha evidenziato il sociologo Arthur Parsons, i seguaci non contestano il potere illimitato di Moon; al contrario, trovano ripugnante qualsiasi limitazione alla sua autorità proprio perché creerebbe un'ambiguità indesiderata.[24] In poche parole, il matrimonio fa parte di una tela ben tessuta che gli adepti devono impegnarsi a proteggere.

Perciò i fidanzamenti attingono dalle forze del gruppo carismatico per modellare il comportamento dei membri. Una forte coesione sociale era evidente nel piacere dei seguaci di rispondere alla chiamata del reverendo Moon per la cerimonia di accoppiamento, e la virtuale intercambiabilità di membri come potenziali coniugi dimostrava una notevole fusione di identità in seno al gruppo. La fede permetteva loro di fare un salto di fedeltà, abbandonando aspetti tradizionali di selezione del partner, e di credere nell'ispirazione divina della scelta.

Studio di seguaci fidanzati

Per chiarire come questa setta attuasse l'accoppiamento in massa, volli intraprendere uno studio che esaminasse i particolari del rituale di fidanzamento e della psicologia che stava alla base.[25] Il permesso di realizzarlo mi fu dato dal dottor Mose Durst, allora neoeletto presidente americano della setta.

Iniziai con estese interviste a seguaci fidanzati e pensai di distribuire, un anno dopo il fidanzamento, un questionario strutturato. Avrei usato quattro luoghi per il test: due centri a New York, uno a Boston e uno nella parte settentrionale dello Stato di New York (che comprendeva il seminario religioso della Chiesa). Dato che i seguaci si spostavano spesso da una città all'altra, in questi centri avrei trovato una rappresentanza di seguaci fidanzati che corrispondeva alla popolazione di tutto il paese.

Nei questionari fu inclusa una quantità di scale di valori di precedenti studi, più altre scale. I questionari vennero compilati alla fine di uno degli incontri di fidanzati, tenuti allo scopo di parlare del fidanzamento e progettare la futura vita coniugale. 321 dei 1.410 membri accoppiati nel 1979 furono studiati un anno dopo il fidanzamento.

Quasi tre quarti (72%) dei partecipanti erano nati in America, mentre per il 10% erano europei e per il 9% giapponesi, una rappresentanza che rispecchiava la situazione della comunità della Chiesa dell'Unificazione in America in quel periodo. L'età media era di ventinove anni e l'appartenenza media alla Chiesa di nove anni. Quasi tutti avevano qualche esperienza universitaria (81%) e assai pochi (15%) erano laureati o professionisti. Nel complesso erano di origine americana, della classe media, istruiti, impegnati da tempo nella Chiesa.

Le interpellate e i loro fidanzati avevano avuto scarsi contatti nell'anno di fidanzamento — segno dell'efficacia della setta nell'abrogare le regole convenzionali di comportamento fra fidanzati. Solo una piccola minoranza (16%) abitava a meno di due chilometri dal futuro compagno, e molti (42%) erano a una distanza di oltre ottocento chilometri l'uno dall'altra. Più di un terzo (38%) non aveva visto il partner da due mesi. I contatti sessuali fra fidanzati erano rigidamente proibiti, una regola seguita alla lettera secondo tutte le osservazioni del nostro studio.

La cosa più saliente nella modificazione delle pratiche convenzionali di fidanzamento era come i seguaci sentivano l'eliminazione della loro scelta indipendente nella selezione del partner, dato che a questo aveva provveduto il reverendo Moon di sua volontà. Quasi un terzo degli uomini (30%) era stato accoppiato con il metodo della foto a giapponesi e coreane, e una larga maggioranza (87%) degli interpellati indicò di non avere avuto preferenze per una data persona prima della cerimonia di accoppiamento. Questo calzava bene con gli atteggiamenti che la dirigenza si aspettava, e denotava la capacità della Chiesa di reprimere la curiosità naturale e i gusti personali dei seguaci.

Pochi altri riferirono di avere avuto una preferenza prima di essere accoppiati. Di questi una minoranza (4% del totale) disse di *essere stata* accoppiata con la persona desiderata. I più fra questi avevano probabilmente chiesto al Comitato «di benedizione» di far sì che il reverendo Moon li unisse a una particolare persona; ma non si può escludere che alcuni concludessero, dopo, che il fidanzato (o fidanzata) era proprio il partner desiderato. Il resto (9% dei totali) riferì di avere avuto preferenza per un particolare fidanzato (o fidanzata), ma di non essere stato accoppiato con tale persona.

I punteggi di benessere generale dei membri che avevano fatto dei «Kodak matches» (30% degli uomini) e di quelli che non avevano ottenuto la persona preferita non erano diversi dai punteggi di altri interpellati. [26]

Un piccolo numero (3%) indicò che stava pensando di por fine al fidanzamento. Coloro che stavano per rompere un importante impegno preso attraverso la Chiesa avevano punteggi di benessere più bassi del restante gruppo, rientrando nella gamma di turbe clinicamente significative. [27] Evidentemente non erano immuni dalle conseguenze psicologiche della rottura di fidanzamento, anche se i legami con il compagno o la compagna dovevano essere minimi.

Il pensiero sociologico corrente sulla selezione del partner enfatizza tratti che gli individui considerano desiderabili in un coniuge. Si crede che le scelte matrimoniali siano determinate da una sorta di economia di mercato, la decisione verrebbe presa in un tacito processo in cui caratteristiche e proprietà di potenziali mariti e mogli vengono valutati in base alla rispettiva desiderabilità. [28]

Su questa linea inclusi sette tratti comunemente considerati importanti in un futuro partner, come «abbastanza intelligente per te» e «appare attraente alla gente». Furono inclusi altri sette tratti del coniuge connessi ai valori della Chiesa, come «sa trasmettere i valori spirituali della Chiesa ai tuoi bambini» e «è profondamente devoto/a al Principio Divino». Ciascuno dei quattordici tratti ebbe il suo punteggio secondo l'importanza che l'interpellato attribuiva a essi in un potenziale partner. Si noti che gli elementi della Chiesa dell'Unificazione ebbero un punteggio più alto dei tratti «secolari». I membri si erano allontanati molto dal sistema di valori della società nel suo complesso per quanto riguarda il concetto del matrimonio. Le loro risposte suggeriscono che erano ben contenti della selezione di Moon e fanno pensare che vi sia un meccanismo latente alla base di tale sottomissione.

Per rispondere a questo, sperimentai due ipotesi con le scale di valori del questionario. La prima si richiamava a osservazioni fatte nella popolazione generale, colpita da eventi traumatizzanti della vita come un trasferimento o la perdita del posto di lavoro. Ipotizzai che i membri fidanzati fossero ugualmente vulnerabili a tali eventi, compresi quelli relativi alla loro vita nella Chiesa.

Secondo, ipotizzai che il disturbo emozionale provocato da questi eventi fosse lenito dall'effetto sollievo operante in sette carismatiche. Cioè, l'angoscia causata da eventi traumatizzanti sarebbe controbilanciata dal supporto emozionale derivato dall'impegno nella setta: più uno si sentiva strettamente affiliato, più poteva porre le esperienze distruttive nella prospettiva delle dottrine della setta e quindi evitare un senso di disperazione e sconforto.

Una scala messa a punto da Thomas Holes e Richard

Rahe[29] è stata largamente usata per valutare l'incidenza di quaranta eventi comuni traumatizzanti nella vita di una persona; fu una misura adatta al mio studio. I quesiti tipici sono: «ebbi un grave danno personale o una malattia» e «cominciai o cessai la scuola regolare». Adattai la scala alle esperienze dei membri della Chiesa, aggiungendovi tredici eventi come «un importante cambiamento nel tuo metodo di partecipazione» e «frequentai un seminario della Chiesa».[30]

Complessivamente i seguaci avevano avuto quasi lo stesso numero di eventi traumatizzanti della popolazione normale, ma il *rapporto* fra questi eventi e l'esperienza di gruppo era particolarmente significativo. La mia prima analisi rivelò che a tali eventi era legata una piccola parte (15%) della variabilità nei punteggi di benessere dei membri; quindi i seguaci reagivano come altri gruppi di popolazione quanto a vulnerabilità agli effetti psicologici di esperienze traumatizzanti della vita. Una seconda analisi, invece, includeva quesiti su sentimenti di appartenenza alla Chiesa (coesione e fede condivisa) quali indicatori di benessere emozionale, allo scopo di valutare in quale misura l'attaccamento alla Chiesa influisse sul benessere generale dei membri. Eventi della vita e quesiti di affiliazione insieme determinarono un'apprezzabile percentuale (31%) della variabilità nei punteggi di benessere.[31] Questo consolidò l'idea che l'affiliazione alla setta agisse da equilibratore degli effetti di eventi traumatizzanti: tali eventi diminuivano il benessere dei membri mentre i sentimenti affiliativi lo facevano aumentare. Non solo i seguaci avevano benessere psicologico in proporzione diretta all'intensità dei loro sentimenti affiliativi, ma godevano anche di un corrispondente sollievo da effetti depressivi prodotti da quegli eventi traumatizzanti.

Da studi sui processi di condizionamento apprendiamo che tali ricompense emozionali (o rafforzamento) portano animali e persone a persistere nel comportamento che ha prodotto la ricompensa. Il sostegno emozionale che ricevono in circostante inquietanti rafforza i membri nel loro impegno verso la setta e nell'obbedienza all'autorità della stessa.

L'acquiescenza dei seguaci al rituale del fidanzamento è pari alla loro malleabilità in tutti gli altri campi di condotta. Accettano quello che viene detto loro perché sono stati condizionati a restare strettamente affiliati alla Chiesa. Una lunga storia di rafforzamento attivo della loro acquiescenza li prepara ad accettare o a razionalizzare qualunque cosa venga loro chiesta dalla dirigenza. In questo caso rinunciarono alle idee convenzionali del matrimonio e razionalizzarono l'accettazione della scelta fatta dal reverendo Moon.

Altri modelli di conformità di gruppo valgono a comprendere l'impatto della Chiesa in costanti di comportamento ben consolidate come i riti di fidanzamento ufficiale. Un esempio convincente lo si trova in studi sull'obbedienza all'autorità. Stanley Milgram [32] ha dimostrato che in determinati ambienti le persone possono essere facilmente indotte da una figura investita di autorità a eseguire azioni che contrastano con i loro valori consueti, fino anche a far soffrire degli innocenti. Milgram sollecitò volontari a sottoporsi a esperimenti, in realtà simulati, che vennero eseguiti in un laboratorio di psicologia apparentemente legittimo. Il volontario fu istruito dal «ricercatore» a tentare di condizionare un secondo soggetto, rappresentato da un attore, somministrandogli scosse elettriche in una ricerca sull'apprendimento. Via via che l'esperimento andava avanti, esso prevedeva che il volontario somministrasse scosse elettriche sempre più forti al soggetto che imparava — il volontario non sapeva che le scosse erano simulate. I più inflissero scosse senza domandarsi se fosse giusto farlo, anche quando sembrava evidente che causassero notevole dolore ai soggetti. Erano persone comuni, eppure seguirono le regole stabilite dall'autorità dello sperimentatore senza essere frenati dai valori che presumibilmente possedevano.

Il falso esperimento di Milgram illustrò fino a che punto gli individui aderiscono all'autorità quando si presume che il suo ruolo nella gestione di una situazione sia incontestabile. L'ambiente sperimentale era simile alla cerimonia di fidanzamento in quanto entrambi erano diretti da una figura dominatrice autorizzata a imporre norme di comportamento.

La teoria della dissonanza cognitiva fa riferimento a un altro insieme di ricerche che può contribuire alla comprensione del fidanzamento moonista. Questa teoria ha mostrato che gli individui non possono accantonare facilmente una fede o un atteggiamento loro proprio, anche quando l'atteggiamento è direttamente contraddetto da testimonianze o eventi. Le persone adotteranno sulle prime alcune idee remote per spiegare dei fatti, piuttosto che abbandonare i loro preconcetti. [33] Così facendo, evitano di dover affrontare la dissonanza fra ciò che vedono e ciò in cui hanno a lungo creduto. Il ripudio della semplice realtà può avvenire quando vengono sfidati nel patriottismo inveterato, nei loro pregiudizi o nei loro valori religiosi. In queste circostanze potrebbero ignorare crudeltà, ipocrisia o incompetenza, o creare elaborate razionalizzazioni anziché sfidare i princìpi sposati dai leader. Perciò i moonisti non solo accettarono la validità del loro deviante metodo di fidanzamento, ma tentarono anche di razionalizzarlo. Per esempio, presero la sua natura peculiare come prova dell'ispirazione divina del loro leader, e non come motivo per mettere in dubbio il suo giudizio. Facendolo, avrebbero scosso le fondamenta delle loro credenze religiose.

Il matrimonio

Dopo il fidanzamento di massa il tempo passò senza che venisse annunciata la cerimonia di nozze — senza che se ne desse una ragione. Erano trascorsi tre anni quando il reverendo Moon annunciò finalmente la cerimonia che avrebbe unito in matrimonio per la vita tanti fedeli americani. Il Madison Square Garden a New York fu il luogo prescelto. Milletrecento moonisti non ancora fidanzati ma affiliati alla setta da almeno tre anni, come prescritto, furono riuniti una settimana prima dell'evento e accoppiati da Moon. Centocinquanta donne giapponesi erano state fatte venire in aereo pochi giorni prima per eguagliare il numero dei maschi nel gruppo.[34]

Il giorno della cerimonia i futuri sposi erano vestiti tutti allo stesso modo, quasi a ostentare la loro acquiescenza davanti a coloro che sostenevano che la Chiesa li rendeva degli automi. Le 2.075 donne indossavano il «Modello Semplicità n. 8392» con la scollatura ridotta di cinque centimetri per sottolineare la loro modestia; gli uomini avevano completi blu scuro e cravatte amaranto.[35] In più vi erano 6.000 fra genitori, amici, ospiti radunati nel grande auditorio per assistere alla cerimonia. Queste persone mostravano una grande varietà di atteggiamenti: chi sorrideva, chi aveva l'aria sconcertata, chi piangeva. I parenti non erano affatto unanimi nell'approvare. La sorella di una sposa disse delle nozze: «Quell'uomo ha causato più dispiaceri alla mia famiglia e a quella di tutti i seguaci di chiunque altro. Mia mamma non può parlarne senza scoppiare in lacrime».[36]

Le note della *Marcia nuziale* di Mendelssohn accompagnarono in sottofondo la cerimonia, e poi si levarono in un finale trionfante quando i partecipanti si presero tutti per mano, dopo la benedizione del reverendo, e gridarono: «*Mansei*!» (eterna vittoria). In ironico contrasto con il suo ruolo di paraninfo celestiale, Moon era stato accusato di frode fiscale dal tribunale federale appena sei settimane prima, e aspettava la sentenza di lì a quindici giorni. Il matrimonio riassumeva molte contraddizioni insite nella crescita di questo nuovo movimento religioso, ma per quanto riguardava la dottrina religiosa della setta simboleggiava la realizzazione della missione messianica di Moon.

Quando la cerimonia finì, i membri iniziarono il «periodo di separazione» durante il quale i rapporti sessuali erano ancora proibiti, un periodo che finiva sei mesi dopo, ma solo se ogni sposo e ogni sposa avesse portato tre nuovi fedeli alla Chiesa. Per la maggior parte dei fidanzati presenti nella cerimonia di accoppiamento che avevo studiato, la fine della separazione avvenne dopo «soli» sei mesi. Per altri che furono accoppiati in seguito essa continuò per anni. Tuttavia, i più si adattarono alla separazione con scarse difficoltà, come indicano gli esempi seguenti.

Ed era nato nel Midwest e aveva trentasette anni quando lo intervistai, un anno dopo il matrimonio. Era diventato moonista dodici anni prima, mentre frequentava un corso di specializzazione post-laurea presso una grande università statale. Noreko, più giovane di nove anni, fu la sua sposa. Era arrivata dal Giappone negli Stati Uniti diversi anni prima per ordine della Chiesa, in cui era entrata quando lavorava in una fabbrica di proprietà di un seguace giapponese.

Alla cerimonia di accoppiamento Ed si offrì di essere unito a una orientale perché pensava che costei potesse impersonare meglio i princìpi della Chiesa; ricordò di essere stato «subito contentissimo» della fidanzata quando fu scelta dal reverendo Moon. La coppia si separò dopo la cerimonia poiché le loro missioni erano situate a diverse centinaia di chilometri l'una dall'altra. Si scrissero spesso ma si scambiarono visite soltanto poche volte prima della benedizione. Ed non trovò la cosa insolita e sottolineò che in quel periodo si era molto impegnato nel lavoro della Chiesa.

I genitori di Ed non avevano voluto più parlare con lui quando era entrato nella setta, ma dopo che vi era da tre anni iniziarono qualche contatto, e altri ve ne furono dopo il matrimonio. Ed spiegò:

Furono molto critici quando mi associai e mi considerarono la pecora nera della famiglia, come se fossi una nullità, perché non avevo un lavoro regolare, non davo loro dei nipotini. Mia sorella e mio fratello, al contrario, si erano sistemati bene, secondo i miei genitori, erano sposati e abitavano non lontano da loro... Il mio matrimonio li rese più concilianti. Forse pensarono che avrei «fatto qualcosa» di buono e messo su famiglia. Non sembravano neppure contrari al fatto che mia moglie non fosse americana. Penso che si fossero tranquillizzati.

Il miglioramento nelle reazioni della famiglia poteva essere attribuito in parte alla partecipazione di Ed al movimento della «home church» della setta. Dopo il periodo di separazione diverse centinaia di membri, che si erano offerti per questo movimento, cominciarono a vivere insieme, ogni coppia nel suo alloggio, generalmente non lontani dai centri della Chiesa. Le coppie mantenevano contatti con il movimento partecipando a servizi e riunioni religiose, ma spettava a loro la gestione della famiglia. Si sperava che ogni famiglia, con il proprio esempio, suscitasse nei non-membri della comunità interesse per la Chiesa.

Quando Ed e Noreko si rivolsero alla loro «figura centrale» per avere un consiglio sull'opportunità di trasferirsi in una «home church», vi fu un lungo dibattito sulla loro capacità di far fronte alle responsabilità che avrebbero dovuto assumersi. Per la prima volta in oltre un decennio avevano bisogno di possedere un proprio conto in banca, di amministrare spese di vitto e alloggio, di organizzare tutti i lavori domestici. Ed confessò di avere una certa trepidazione a lasciare l'ovile, ma allo stesso tempo si disse ottimista per questa nuova sfida.

Noreko, che parlava bene l'inglese, descrisse la sua reazione a questo importante cambiamento, che implicava l'abbandono della sede della Chiesa a Manhattan.

In principio eravamo molto felici di trasferirci al Centro mondiale della Missione, dopo il periodo di separazione, e di vivere insieme. Avevamo una stanza con bagno. Era stata una camera d'albergo. Per i pasti andavamo tutti nella grande sala da pranzo con i fratelli e le sorelle, ma sei mesi fa chiedemmo alla nostra «figura centrale» se sarebbe stato saggio progettare di andarcene in una «home church», e lui ci disse che eravamo pronti. Dopo averne parlato, lui mi suggerì di trovare un lavoro che sarebbe servito a Ed e a me per avere un appartamento nostro e io cominciai a lavorare come segretaria. Dapprima mi sentii spaesata al lavoro perché ero separata dai fratelli e dalle sorelle tutto il giorno, ma in questo modo potevamo mettere da parte il denaro che io guadagnavo per mettere su casa.

Ci siamo appena sistemati a Staten Island, a circa un'ora dal Centro, e dobbiamo destreggiarci con le spese, contando sul mio stipendio e sul poco denaro che Ed riceve dalla Chiesa per il suo lavoro nella tipografia. Non è facile, ma la nostra casa non è semplicemente un alloggio; è una parte della Chiesa. Il matrimonio ci dà la possibilità di appartenere alla famiglia perfetta. È un posto bellissimo per entrambi.

In questo caso le aspettative della Chiesa e le naturali inclinazioni dei suoi seguaci operarono di concerto. Ed e Noreko erano rassicurati dalla mitologia che stava alla base del rituale di nozze della setta e non avevano difficoltà materiali per adattarsi al rapporto coniugale. Grazie a questo e al fatto che la «figura centrale» comprese i loro bisogni, la struttura che li legava alla setta operò dolcemente.

Il movimento della «home church» rappresentò una fase dell'evoluzione della setta, riflettendo un cambiamento di prospettiva da parte del reverendo Moon. Nel periodo precedente il matrimonio in massa, la Chiesa era diventata un po' più tollerante nel guidare i suoi membri e aveva diminuito il rigido coordinamento delle abitudini quotidiane. Quelli che abitavano nella stessa residenza non si svegliavano più l'un l'altro per le preghiere mattutine collettive; alcuni cominciarono a tenere i loro conti in banca e a comprarsi modesti capi di vestiario. Il movimento della «home church» faceva parte di questa transizione in cui Moon stimolava i seguaci a completare la loro istruzione o a imparare un mestiere affinché potessero farsi strada. Molti cercarono di finire l'università o di portare a termine i corsi di specializzazione che avevano abbandonato quando si erano convertiti. Ma diversi mesi dopo la cerimonia di nozze il reverendo Moon annunciò un progetto per reclutare nuovi proseliti, l'International One-World Crusade (IOWC). Sebbene una tale iniziativa fosse già stata lanciata in precedenza, questa volta essa fu condotta su larga scala. In precedenti campagne i partecipanti erano stati organizzati in squadre di 25 per ogni Stato; in questa crociata furono costituite 250 squadre, ognuna con otto membri, per un totale di 2.000 partecipanti, quasi il doppio dei precedenti. Nelle squadre entrò più di un terzo di quelli sposati al Madison Square Garden.

Il reverendo Moon chiamò tutti i seguaci a partecipare alla IOWC; gli aderenti furono lodati per la loro dedizione, mentre i rinunciatari avrebbero dovuto fornire, secondo le «figure centrali», un'accettabile scusa. La IOWC fu lanciata con grande pubblicità fra tutti gli associati, con articoli in edizioni successive di «Unification News», il giornale nazionale della Chiesa a uso dei suoi seguaci. Cartine geografiche indicanti l'ubicazione delle squadre itineranti in ogni dato momento furono pubblicate con rapporti aggiornati delle loro attività. Emerse presto che le quantità previste di nuove reclute non sarebbero state raggiunte, molto probabilmente perché i giovani del paese, in un periodo di buoni sentimenti conservatori e di interessi personali, non erano più disposti ad allontanarsi dalla tradizione. Le squadre furono reimpiegate nella raccolta di fondi per le strade e molti seguaci rimandati ai loro luoghi di residenza affinché riprendessero il lavoro e la vita familiare.

Tuttavia l'iniziativa ebbe conseguenze molto negative per la setta, e lamentele vennero perfino dalla Chiesa. Sull'«Unification News» le descrizioni dell'IOWC, scritte da reclutatori sul campo per altri seguaci, riflettevano la situazione.

> Avete mai sperimentato una situazione che in altre parole potrebbe dirsi «inferno»? Lo stato di totale assenza dell'amore di Dio, un luogo di nemici occulti o di completo disprezzo di un'altra persona? Ebbene vi confesso che io ho fatto tutte queste esperienze durante il periodo dell'IOWC.

Il corso degli eventi fu molto penoso per gli adepti, perché furono strappati da residenze e famiglie che si erano guadagnate, per così dire, con lunghi anni di fedele servizio alla Chiesa. Dovettero anche accettare lo scompiglio nei loro ruoli di lavoro per sollecitare fondi con le squadre itineranti. Per coloro che avevano conseguito la tranquillità in posizioni più sicure fu un cambiamento difficile e spiacevole, dopo anni di avanzamento nella gerarchia della Chiesa. Tuttavia, una larga maggioranza riuscì a ritrovare le energie di uno zelante impegno. Raramente furono espresse aperte critiche alla Chiesa.

Sarah, sposata e partecipante all'IOWC, con la quale parlai press'a poco a quel tempo, rivelò la forza della struttura di controllo nel dare nuovo impulso alla declinante devozione dei membri.

> La cosa più dura, partecipando all'IOWC, fu che cominciai a diffidare di mio marito, e anche della santità del nostro matrimonio. Mi parve che lui mi respingesse quando mi lasciò andare a quel tempo. Ci rimuginai per settimane mentre la nostra squadra

si spostava da una città all'altra, prima per reclutare, quindi per vendere fiori agli angoli delle strade. Mi era difficile sentirmi tranquilla e sicura, ma, quando tornai, per fortuna potemmo contare su una figura centrale comprensiva che parlò con Larry e me del mio stato di confusione.

In pochi mesi lui mise in evidenza che i miei problemi nell'accettare la missione non dovevano interferire con la mia concezione del matrimonio come rituale sacro e non come progetto secolare.

L'esperienza di Sarah nel chiedere consiglio indica una somiglianza fra il ruolo delle «figure centrali» della setta e quello dello specialista di malattie mentali nello stabilizzare l'adattamento sociale dei membri. Entrambi devono interpretare i valori sociali di individui turbati e ad entrambi, in qualche misura, viene data la prerogativa di adattare quei valori ai bisogni degli individui. Quando indicò a Sarah come conciliare i suoi sentimenti di fronte alle pratiche coniugali e di colletta, la «figura centrale» indossò i panni di chi dovrebbe comprendere i più vasti problemi sociali e religiosi che stanno alla base dei bisogni di una persona turbata. In maniera simile l'attuale medico psichiatra è visto dai clienti come uno che comprende i princìpi generali la cui applicazione aiuterà a risolvere i loro conflitti psichici. I guaritori per suggestione hanno pure questo ruolo nelle loro culture. L'importanza della «figura centrale» nel risolvere conflitti collegati con il matrimonio moonista è ben delineata nel caso di Calvin, un seguace che stava cominciando a riconoscere la sua tendenza omosessuale prima di associarsi alla Chiesa a ventitré anni. Le sue inclinazioni erano moralmente inaccettabili per la setta, e lui finì con l'adattarsi al rituale di nozze della Chiesa.

Quando parlai con lui nove anni dopo, Calvin disse che la sua decisione di farsi moonista era stata dettata dall'«idealismo che la Chiesa offriva, e dall'alternativa che forniva alla gente rispetto a una costante ossessione del sesso». Ma a lui parve offrire anche la liberazione da conflitti relativi alla sua tendenza sessuale.

Calvin non aveva frequentato persone dell'altro sesso prima di affiliarsi ma era stato sempre afflitto da fantasie omosessuali. In più aveva avuto diversi incontri omosessuali con estranei, e ricordò con angoscia che allora era «sicuro di intraprendere una vita da gay, prima o poi». Quando fece la conoscenza di alcuni moonisti, abitava in una zona largamente popolata da «single» che riteneva più attivi di lui socialmente. Soffriva di un lieve stato depressivo, e non aveva relazioni con la comunità eterosessuale, né accettava l'identità di gay. L'ansia causata da questo conflitto regredì dopo la conversione perché, come disse, «la fede nel reverendo Moon e il sostegno di fratelli e sorelle mi liberarono da quelle idee peccaminose».

Dopo diversi anni di associazione, Calvin aveva solo occasionalmente delle idee omosessuali. Ma poi ebbe un preciso episodio di attrazione verso un membro della Chiesa, che lo fece tornare ansioso. Per conforto e guida si rivolse alla «figura centrale», parlò a fondo dei suoi problemi e accettò i sermoni religiosi del suo mentore.

Quando venne l'occasione di fare domanda per l'accoppiamento, Calvin «decise di non preoccuparsi» dei problemi derivanti dal suo passato di confusione sessuale, dicendo a se stesso che il ruolo del reverendo Moon nella scelta della sua fidanzata era di buon auspicio per risolvere il problema. Sentì che la «forza della Chiesa» gli veniva elargita con la cerimonia di benedizione, permettendogli di vivere secondo il suo credo.

Il periodo di separazione successivo al fidanzamento evidenziò scarsamente i problemi di Calvin riguardo al rapporto eterosessuale, dato che la sposa abitava a molte centinaia di chilometri da lui, ma quando giunse il tempo della consumazione del matrimonio, quattro mesi dopo, Calvin nicchiò, dicendo che non si sentiva ancora pronto per l'intimità fisica. In realtà, tali richieste non erano infrequenti fra le nuove coppie poiché tanti problemi interpersonali dovevano essere risolti prima che gli sposi si sentissero a loro agio insieme. Ma Calvin era spaventato al pensiero di avere rapporti sessuali con sua moglie, anche se le era affezionato e considerava con entusiasmo il matrimonio come sacramento della Chiesa dell'Unificazione.

Ricorse diverse volte alla sua «figura centrale» nei successivi tre mesi e dietro suo consiglio si trasferì in una camera con la moglie, dividendo il letto con lei. Così ricordò l'esperienza un anno dopo.

> Non è che non volessi rapporti sessuali, ma l'idea mi metteva in agitazione. Dopo che ebbi parlato con [la mia «figura centrale»], imparai a fissarmi in mente l'idea della Chiesa che la nostra unione fa parte della nostra fede, e non è una questione di solo sesso; presto la paura diminuì. Penso che funzionò perché sapevo che facevamo parte di una sacra famiglia e non eravamo semplici partner in carne e ossa.

Calvin disse di avere completato il coito con successo in diverse occasioni nei mesi successivi, e aggiunse con orgoglio che le preghiere sue e della moglie per avere un figlio si stavano avverando. Negò di avere avuto fantasie omosessuali da quando si era fidanzato, quattro anni prima.

Grazie alla stretta collaborazione fra Calvin e la sua «figura centrale», questo gruppo carismatico produsse un duraturo cambiamento nel comportamento di un individuo le cui naturali tendenze sessuali erano contrarie alla dottrina della Chiesa. La «figura centrale» modellò i bisogni di Calvin, inizialmente devianti nella sottocultura della Chiesa, fino a un adattamento sessuale accettabile per lui e per il gruppo. Questo mutato comportamento sessuale è un rilevante esempio del potere d'influenza sociale concentrata.

Il caso di Calvin mette in rilievo la differenza fra conformità volontaria in un gruppo carismatico e conformità coartata in un contesto autoritario. Se Calvin non fosse stato impegnato totalmente a rispettare il sistema di valori del gruppo, il suo comportamento palese sarebbe stato, forse, controllato, ma le sue fantasie e i suoi desideri probabilmente no. Le forze d'intensa coesione e fede condivisa, più che l'aperta minaccia di un regime autoritario, favoriscono questo efficace modellamento del comportamento individuale in seno a un culto.

Membri sposati: ulteriore studio

L'opportunità di proseguire lo studio sui fidanzati della Chiesa fu straordinaria. Per lo studioso di scienze sociali

Tabella 8-2. **Il campione originario di fidanzati, quattro anni dopo**

Attivi accertati nella chiesa	93%
Sposati con compagna membro 85%	
Mai sposati 1%	
Sposati e divisi 6%	
Rinunciatari	4%
Non rintracciati tramite posta, registri della Chiesa, o contatti	3%

tutta la sequenza del fidanzamento con persone sconosciute, del periodo di attesa e del matrimonio aveva il carattere di un grandioso esperimento naturale, come se un'eccezionale manipolazione a scopo di ricerca fosse stata realizzata su migliaia di soggetti ignari. Un ampio questionario fu spedito a tutti i soggetti originari che fu possibile rintracciare quattro anni dopo l'indagine sul fidanzamento e un anno dopo il matrimonio di massa. Le risposte di questi membri fornirono un'ulteriore testimonianza del loro tenace attaccamento alla Chiesa: quasi tutti erano ancora attivi, e in larga maggioranza sposati con un membro della setta (Tabella 8-2). Solo pochi erano sul punto di por fine al matrimonio o non si erano mai sposati.

La dedizione alle idee mooniste sul matrimonio era ancora fermamente sentita. Fu chiesto loro di valutare la rispettiva importanza dei quattordici pregi di un partner, gli stessi usati nel primo studio. Ancora una volta i sette tratti relativi ai valori religiosi della Chiesa avevano un punteggio più alto degli altri che rispecchiavano valori ritenuti importanti nella cultura comune. Una caratteristica del coniuge quale «disponibilità a sacrificare per la Chiesa bisogni personali e comodità» era valutata più di cose pratiche come la capacità di «contribuire con successo al sostegno economico o a eseguire i lavori domestici».

La natura deviante del matrimonio, evidente nelle pratiche di convivenza delle coppie, può aiutarci a spiegare questa scoperta. Molti interpellati (65%) erano ancora nel rituale periodo di separazione, e non avevano iniziato i rapporti sessuali. Infatti molti (38%) vivevano lontani dalla moglie anche ottocento chilometri, e meno della metà

(48%) riferirono di avere passato una sola notte sotto lo stesso tetto del coniuge nelle ultime due settimane.

Non sorprende che il ruolo della Chiesa fosse preminente nell'ispirare i progetti di procreazione dei membri. Il concepimento veniva incoraggiato fra tutti coloro che avevano completato il periodo di separazione, e al tempo del secondo studio un numero di coppie abbastanza alto aspettava un figlio o lo aveva già (24%). Poiché il periodo di separazione continuava finché i coniugi non avessero convertito tre persone, la maggior parte dei restanti seguaci (45% degli interpellati) non poteva programmare nascite, non avendo portato alla Chiesa il numero prescritto di proseliti. Il questionario era stato concepito per valutare anche l'impatto del dominio della setta sullo stato psicologico dei membri. A questo fine, includeva una lista di esperienze collegate al matrimonio, tutte ispirate dalla dirigenza della Chiesa. Tipiche erano: «lasciare lo sposo/a per oltre una settimana per occuparsi di alcune attività della Chiesa» e «formare una "home church"». [37] Per valutare l'impatto di questi eventi sul benessere generale dei seguaci, il questionario chiedeva se ne avessero sperimentato qualcuno in maniera sgradevole. Le domande furono formulate così a causa di recenti testimonianze che eventi della vita con manifesto impatto negativo hanno un effetto patogeno sulla salute mentale dell'individuo. [38]

Gli eventi coniugali determinati dalla Chiesa, se visti negativamente dai membri, avevano anche un effetto deleterio sul loro benessere? Inoltre, i sentimenti affiliativi dei membri verso la Chiesa annullavano questo impatto negativo? Un'analisi delle loro risposte rivelò che un'apprezzabile porzione di variazione nel loro benessere generale poteva, di fatto, essere indicata dalla misura in cui essi percepivano come indesiderabili gli eventi coniugali collegati alla Chiesa (14% della variazione) e, meglio ancora, dalla combinazione dei punteggi di sentimenti affiliativi ed eventi di vita (32%). [39]

Questi risultati statistici indicavano che specifiche esperienze di vita provocate dalla setta potevano produrre una diminuzione del senso di benessere psichico. È significativo, però, che l'impegno dei membri attutiva questo disturbo, accrescendo il loro benessere. Così un novello coniuge avrebbe potuto essere spedito in una località remota per una missione di raccolta di fondi. La fede della coppia nella Chiesa la protegge da questo evento stressante pure imposto dalla Chiesa stessa. I due fenomeni, la creazione dell'angoscia e l'evento equilibratore, creano insieme l'*effetto pinza* nel modo seguente: i membri intuiscono implicitamente che il sollievo dall'angoscia è dato dal loro legame con la setta, e a essa si rivolgono per avere conforto quando devono affrontare esperienze traumatizzanti della vita. Ironicamente la loro conseguente adesione ai dettami della setta li porta a un'ulteriore conformità a richieste potenzialmente traumatizzanti. Con ciò la setta crea angoscia e al tempo stesso la toglie — al prezzo di maggiore obbedienza.

Abbandono della setta

Il modo in cui il seguace abbandona un gruppo carismatico può essere illuminante quanto il suo ingresso. In una setta dove la necessità di rimanere legati è così pressante, uscirne comporta il rifiuto della missione trascendente ascritta al leader e un fardello di esami di coscienza e di sensi di colpa. Come per il reclutamento, su costoro potrebbe essere esercitata tutta la forza del gruppo carismatico.

I seguaci lasciavano la Chiesa dell'Unificazione in due modi: per separazioni volontarie e a causa della deprogrammazione. I transfughi volontari arrivavano a una tale decisione in un certo lasso di tempo mentre continuavano a vivere nel gregge della Chiesa. La deprogrammazione, o allontanamento forzato, era assai meno comune ma ebbe molta più pubblicità.

Abbandono volontario

La decisione di un seguace di lasciare la Chiesa dell'Unificazione riflette un incepparsi del ruolo di controllo esercitato dalla setta, poiché la disillusione sorge dall'incapacità di comprendersi fra seguace e setta. Le esperienze dei membri illustrano le complesse circostanze che possono portare a tale «fallimento» del funzionamento del sistema.

Il motivo apparente dell'abbandono fu per un membro la perdita di fede nella Chiesa e nella propria missione, ma si può vedere come il sistema di controllo della setta non seppe conservare la sua dedizione. Armand lavorava da due anni come redattore di «Newsworld», un giornale diffuso a New York e gestito dalla Chiesa, ed era molto orgoglioso di contribuire all'impatto della setta sui mezzi di comunicazione di massa, convinto che il giornale svolgesse un'opera importante nel comunicare notizie e messaggi del reverendo Moon. Come spesso accadeva nella Chiesa, Armand fu trasferito in un nuovo ambiente di lavoro, a molte centinaia di chilometri dalla sede di «Newsworld». Il giovane si gettò a capofitto nel nuovo incarico di testimone della fede, dato che fare proseliti era un obiettivo importantissimo. I metodi di reclutamento praticati in quella regione erano privi di infingimenti; i potenziali convertiti venivano informati subito che si trattava della Chiesa dell'Unificazione. In pochi mesi, però, una nuova «figura centrale», un giapponese, venne a guidare la squadra e lo scopo della missione non fu più il reclutamento ma la raccolta di fondi. Armand trovò che il nuovo leader era meno franco nei suoi rapporti con il pubblico, come avveniva con i funzionari di origine orientale. Contrariamente alle precedenti «figure centrali», quella fu una persona per la quale Armand non provò pieno rispetto. Inoltre l'«inganno paradisiaco» divenne il tema principale nel condurre gli affari della squadra: era accettabile, anzi lodevole, ingannare i non-membri, quando necessario, per promuovere gli obiettivi della Chiesa.

In breve, Armand si trovò a litigare con il capo della squadra su questioni di strategia. Insisteva che il grado d'inganno praticato era contrario ai princìpi della religione che lui aveva abbracciato, mentre un franco approccio sarebbe stato più efficace nella raccolta di fondi. In particolare contestò che non venisse rivelata la loro identificazione con la Chiesa dell'Unificazione e che si usassero tecniche aggressive nelle vendite porta a porta.

In un'occasione Armand arrivò al punto di telefonare

alla «figura centrale» con cui era stato in contatto quando lavorava al «Newsworld» per esprimere riserve sull'operazione della squadra, sperando nella sua comprensione. Con sua grande mortificazione, gli fu risposto che non doveva in alcun modo mettere in dubbio i princìpi della Chiesa.

Armand raccontò:

> Mi fecero sentire una persona cattiva perché parlavo onestamente. Lui disse perfino che Dio non sarebbe stato con me, e pensare che mi ero fidato di lui, speravo che mi comprendesse. Ma io non mi sarei intrufolato nei supermercati, mentendo sui permessi che avremmo dovuto avere, e credendo che il fine giustifica i mezzi... Ero arrabbiato e offeso, ma cominciai anche a sentirmi molto colpevole, come se stessi abbandonando la Chiesa. Non dormivo più bene, non mi curavo di ciò che sarebbe accaduto.

Un mese dopo la conversazione telefonica con il suo ex mentore, Armand, in stato di disillusione, lasciò il centro della Chiesa dove il gruppo era temporaneamente alloggiato e tornò a casa dei genitori, che aveva abbandonato cinque anni prima per entrare nella setta. Per ironia, aveva ignorato le precedenti pressanti richieste dei genitori perché lasciasse la Chiesa, accusata di presunti maltrattamenti dei membri.

A quel punto i genitori di Armand parlarono con me e riferirono con angoscia che lui ora si estraniava da ogni contatto sociale e passava tutto il tempo nella sua stanza, disteso sul letto. Dissero, inoltre, che il figlio era molto dimagrito nelle poche settimane dal suo ritorno, che la sua mente era «sempre da qualche altra parte» e il suo sguardo «assente». Temevano che non sarebbe stato capace di cavarsela da solo e pensavano che fosse giusto ricoverarlo in ospedale. Armand si rifiutò, ma accettò un mio consulto psichiatrico. Un anno dopo Armand mi chiamò e mi chiese di passare da lui. Aveva ripreso una vita attiva e pareva di buonumore. Lavorava a tempo pieno come piazzista e si era trasferito in un appartamento con due amici, uno dei quali aveva lasciato la setta. I suoi sentimenti sulla Chiesa erano ambivalenti.

> Quanto a me, rispetto ancora il reverendo Moon e il *Principio Divino*; lui è un maestro religioso molto importante. D'altra par-

te, come avrei potuto continuare ad aver fede in un gruppo che predicava la parola di Dio ma al tempo stesso ingannava la gente? La contraddizione mi era diventata insopportabile quando me ne andai.

Il dilemma morale che Armand aveva affrontato, e poi l'esame di coscienza e la depressione, erano molto comuni, tanto da essere denunciati quasi dalla metà degli intervistati. Nel caso di Armand potremmo rifarci alla teoria dei sistemi per chiarire come un insieme di circostanze fece indebolire la sua fede. Tutti i gruppi religiosi affrontano contraddizioni quando i loro seguaci sono costretti a vivere in una comunità dove si abbracciano valori contraddittori e si deve poi contare su operazioni protettive al confine del sistema. Per un piccolo gruppo religioso carismatico i conflitti risultanti sono più intensi perché i contatti con la società circostante costringono il gruppo a trattare regolarmente con un mondo inospitale, se non ostile. Spiacevoli collisioni con questo mondo mettono in luce le differenze fra i due sistemi ideologici. I seguaci devono bandire spesso i più vasti valori della società, negando sistematicamente l'umanità di estranei che arrivano a ingiuriare. Nel caso della Chiesa dell'Unificazione questo aspetto del controllo di confine assunse spesso la forma di «inganno paradisiaco». Ma Armand non si ritenne capace di farlo.

Nel suo lavoro al «Newsworld» era esposto ai valori della più vasta società, ma solo quando fu trasferito all'IOWC ebbe delle difficoltà nell'assumere il necessario atteggiamento protettivo. In quell'ambiente fu mal preparato ad assumere la posizione difensiva del gruppo, poiché era stato strappato da un posto relativamente protetto al «Newsworld» e messo a diretto confronto con un pubblico ostile. Il suo faccia a faccia quotidiano con gli altri al giornale era nulla in confronto ai suoi rapporti con i destinatari degli «inganni paradisiaci». Venne anche in conflitto con il personale di controllo della setta, sia la prima che la seconda «figura centrale», e ciò accadde quando avvertì un'inaspettata perdita di autonomia e una diminuzione di rango.

Queste difficoltà allentarono i legami fra Armand e il sistema. Armand cominciò a distaccarsi dal sistema di fede condivisa, dal modello di bene e male della Chiesa, e ad adottare i valori della società generale. A quel punto non era più entro il confine del gruppo e cessò di essere un componente del sistema.

Se Armand abbandonò la Chiesa perché non era più attaccato ai suoi valori, molti seguaci giustificarono la loro partenza in termini più mondani. Doris, per esempio, era una giovane emotiva che aveva cantato in un coro di professionisti sponsorizzato dalla Chiesa. Descrisse l'abbandono in termini di amore deluso. La sua storia dimostra che per quanto forte sia l'influenza di una setta carismatica sui suoi fedeli, essa non può cancellare totalmente i sentimenti romantici di una persona, per grande che sia il suo desiderio di non venir meno alle regole della religione adottata.

Due anni dopo essere venuta via, Doris parlò della sua esperienza con una certa amarezza, e riconobbe che anche durante gli ultimi anni nella Chiesa si sentiva meno positiva di tanti altri verso di essa, e sovente era infelice della sua condizione. Parlando del fidanzamento di massa, mise in rilievo che lei e altri seguaci di lunga data erano «tenuti legati per cinque o dieci anni con la carota dell'accoppiamento [eventuale] dondolata davanti a noi». Disse che ai seguaci veniva detto continuamente di un prossimo fidanzamento e matrimonio, ma poi tutto era più volte rimandato. Talvolta si chiedeva se l'obbligo di portare nuovi proseliti non fosse una sorta di ricatto a cui sottostare per il matrimonio. Doris accennò raramente ai suoi sentimenti, e semmai si confidò con pochi veri amici che non condivisero quei dubbi. Doris ammise anche di avere avuto un debole per un compagno di lavoro negli anni trascorsi nella sezione di spettacoli artistici della Chiesa, altro segno del suo allontanamento. Con il tempo questa attrazione divenne un problema serio per lei, poiché sperava che loro due venissero accoppiati. In circostanze eccezionali taluni seguaci erano presi in considerazione dal Comitato «di benedizione» per un'unione combinata prima, ma Doris non aveva un'idea precisa di come usufruire della concessione. La

Chiesa disapprovava che i seguaci parlassero di cose romantiche fra loro, e questo impedì a Doris di fare una richiesta basata sul proprio affetto.

Quando la data dell'accoppiamento si avvicinò, Doris sperò che il suo amore segreto per il compagno venisse in qualche modo contraccambiato, e pensò che l'apparente cordialità di lui riflettesse il desiderio di essere suo sposo. Ma dopo che il reverendo Moon ebbe convocato i volontari da accoppiare, in fotografia, con coreane e giapponesi, quel compagno l'avvicinò un giorno durante il lavoro e le disse che sperava di essere scelto per un «Kodak match» perché considerava le orientali la parte migliore della Chiesa. Doris fu profondamente offesa da quello che ritenne un rifiuto, e divenne sempre più ansiosa, nel timore che Moon la destinasse a qualcuno con cui non sarebbe stata felice. Solo più tardi, dopo aver lasciato la Chiesa da un anno, si rese conto che le sue aspettative di essere unita al compagno di lavoro erano state mal riposte, perché si era illusa sui sentimenti di lui.

Alla cerimonia di accoppiamento il giovane che Moon scelse per Doris si presentava abbastanza bene, ma lei era incerta se accettarlo come marito. Così fu ossessionata dalla paura di non trovare più un matrimonio soddisfacente nella Chiesa, e ne parlò a lungo con la sua «figura centrale», una vecchia coreana con cui aveva avuto un buon rapporto di lavoro. La donna le assicurò che poteva rompere il fidanzamento se lo desiderava, ma poi Doris sentì che qualsiasi unione nell'ambito della Chiesa sarebbe diventata problematica. Contrariamente ad altri ordini coercitivi che lei aveva accettato negli otto anni di appartenenza al movimento, questo era minaccioso e sgradevole.

Sperò di avere sostegno dalla famiglia, che abitava lì vicino e a suo tempo aveva accettato la sua decisione di farsi moonista, e tramite la sua figura centrale chiese il permesso di assumere un nuovo lavoro nella città dove era cresciuta. La richiesta le fu accordata e là incontrò un uomo che già conosceva; lui aveva lasciato la Chiesa da un anno. In poche settimane fiorì una relazione romantica, e Doris sentì che sarebbe stata una cosa seria. Lui le disse che sarebbe rientrato nella setta per amor suo, ma solo se Doris avesse presentato la loro unione come un fatto compiuto perché credeva che, altrimenti, essa non sarebbe stata accettata dai dignitari della Chiesa.

Doris fu d'accordo ma temette che la situazione sarebbe stata inaccettabile per la setta. Si rivolse di nuovo alla sua fidata «figura centrale» della sezione di spettacoli artistici, dato che la donna era in buoni rapporti con i più alti gradi della Chiesa. Sentendo la storia, la coreana fu sconvolta, ma accettò d'intercedere per Doris presso un dirigente anziano. Poi le disse che, per rimanere nella Chiesa, lei doveva respingere subito il nuovo innamorato. La ragazza non avrebbe voluto lasciare la Chiesa, ma non ebbe alternative. Mise su casa con il suo nuovo compagno, uscendo dalla Chiesa, e trovò lavoro. Accoppiamento e nozze crearono vere difficoltà a diversi seguaci, ma tramite la funzione di controllo la Chiesa poté contare sul loro forte impegno affinché superassero la situazione. Tuttavia, data la netta separazione imposta dall'accoppiamento, non stupisce che venissero persi alcuni seguaci, come nel caso di Doris.

Altri se ne andarono dopo avere preso coscienza di non tollerare più quel duro sistema di vita. Si pretendeva da loro una gran quantità di lavoro. Gli interpellati della mia prima indagine, per esempio, riferirono di dedicare in media 67 ore settimanali a lavori che sarebbero stati regolarmente pagati fuori della setta. I seguaci contestavano raramente tanta perdita di tempo e dispendio di forze; ma vi erano occasioni insolite in cui un insieme di circostanze poteva mettere il lavoro in una luce meno favorevole e minare l'impegno del fedele. Questo accadeva, talvolta, quando c'era un brusco cambiamento nell'assegnazione del lavoro.

Alec, per esempio, lavorava da due anni in una delle ditte semi-indipendenti della Chiesa, un ristorante coreano, quando fu trasferito a una squadra itinerante per la raccolta di fondi. In seguito mi disse che, forse, era stato «viziato», avendo avuto una sua stanza e un orario fisso per tutto quel periodo. Inoltre, sorvegliando un modesto numero di dipendenti, si considerava più un dirigente che uno dei tanti lavoratori.

Inizialmente aveva sperato che i suoi sforzi nel nuovo posto gli fruttassero una ricompensa spirituale. Aveva raccolto fondi per due anni dopo che era entrato nella Chiesa, e tutto sommato non gli era dispiaciuto. A quel punto della sua carriera, però, Alec sentì che quell'attività era degradante, un trattamento indegno per lui; non riusciva a reprimere i sentimenti d'insoddisfazione, lavorando con la squadra dal primo mattino a notte tarda per vendere fiori nelle strade. La cosa più intollerabile fu per lui l'anonimato imposto ai componenti la squadra. Venivano ammassati in un furgone e fatti viaggiare per tutto il territorio assegnato, e di notte dormivano nei sacchi a pelo in locali angusti, «ammucchiati come un branco di sardine». Per risparmiare tempo ed energia gli indumenti venivano messi a disposizione di tutti i componenti della squadra che così indossavano roba diversa dopo ogni lavaggio.

In breve, Alec cominciò a sentirsi confuso e ribelle. Per conservare «uno straccio d'identità» acquistò una piccola valigia e lavò la propria biancheria personale e altri indumenti, prima violazione delle norme della Chiesa. Come in seguito chiarì, questo stava a indicare quali dubbi avesse sul proprio posto nella setta.

Nulla era mio. Non avevo uno spazio. Anche il vestiario che portavo era una sfida alla mia identità. Mi chiesi: se senti il bisogno di non far usare queste poche camicie ai tuoi fratelli della Chiesa e non vuoi adeguarti veramente a questo terribile calendario di lavoro, allora cosa ci fai qui? Cominciai a chiedermelo e non trovavo una risposta adeguata per continuare. Mi spaventai di non avere ciò che occorreva per sostenere gli altri che erano in missione con me. Forse pensai che li stavo deludendo.

Dalla disillusione Alec scivolò nella depressione e nell'ira contro se stesso. Si consigliò con il capo della squadra il quale, resosi conto che i problemi di Alec non avrebbero trovato soluzione in quell'ambiente, propose un cambiamento di luogo. Nel suo nuovo incarico Alec si occupò di incarichi speciali per uno dei leader della Chiesa, ma non riuscì a riconquistare l'entusiasmo di un tempo. La sua disaffezione si acuì quando scoperse che la moglie del leader era anche lei scoraggiata perché la gerarchia della Chiesa voleva farle tenere i suoi bambini piccoli nell'asilo collettivo per tutto il giorno. Alec fu solidale con lei e cominciò a vedere la Chiesa come un oppressore. Pensò di abbandonarla, avendo concluso che quel sistema di vita non «aveva più senso» per lui. Pianse per giorni e rimuginò su ciò che sembrava una frattura inevitabile fra sé e il principale impegno che aveva preso nella vita. La moglie del leader divenne la sua confidente e lo incoraggiò con tatto. Un giorno lui le disse addio e partì per la città dove aveva frequentato l'università, suo ultimo legame con il mondo esterno. Dopo tanta agitazione, provò sollievo andandosene. Quali che fossero le ragioni, i seguaci che abbandonarono volontariamente la Chiesa lo fecero dopo una scelta meditata e una decisione che ritennero autonoma. Diversamente da quelli rapiti e costretti a lasciare il gruppo, costoro trovarono una giustificazione logica per staccarsi, e in un certo senso conservarono un po' di affetto verso il gruppo. Ben diversa fu, invece, l'esperienza di quelli che furono deprogrammati.

Abbandono forzato

Per «deprogrammazione» s'intende il ricorso alla coercizione fisica da parte della famiglia o di alcuni suoi rappresentanti nel tentativo di strappare il seguace da uno di questi gruppi. Il grado di coercizione esercitata varia dal costringere il figlio a restare nella casa dei genitori alla violenza fisica da parte di estranei che tengono il soggetto recluso in luoghi remoti, e l'aspetto legale di tali interventi è complesso. I deprogrammatori si rifanno generalmente alle leggi statali sulla tutela che autorizzano la famiglia a intervenire quando uno dei suoi componenti venga giudicato infermo di mente, ma le loro pratiche sono risultate spesso in violazione dei diritti sanciti nel Primo Emendamento della Costituzione americana: libertà di parola e libertà di religione. Idee contrastanti sulla deprogrammazione sono state sostenute da diversi illustri giuristi. Richard Delgado, per esempio, sottolineò che un'importante distinzione dovrebbe essere fatta fra il diritto costituzionalmente riconosciuto della tradizione pratica religiosa e i vincoli affiliativi che nascono dal reclutamento coercitivo in certi culti. Asserì che «alcuni culti religiosi espongono i loro indottrinati a un'ampia varietà delle classiche tecniche di lavaggio del cervello, con la maggiore intensità», e perciò «i due elementi essenziali del consenso informato — conoscenza e capacità — non sono presenti simultaneamente».[40] Questa posizione servì di base per limitare l'autonomia di taluni seguaci adulti. Al contrario, l'American Civil Liberties Union difese in molti casi i diritti degli associati ai culti perché vi restassero e abbracciassero la fede che volevano, evidenziando che la libera scelta assoluta e anche il rischio sono insiti nei privilegi del Primo Emendamento. Jeremiah Gutman, presidente della New York Civil Liberties Union, espresse questa opinione affermando che «tutte le religioni sono ugualmente buone o cattive di fronte alla legge americana. Questo è ciò che dice il Primo Emendamento».[41] Molte accese dispute si scatenarono su queste distinzioni, in aule di giustizia e fuori.

I tribunali sostennero generalmente i diritti dei seguaci di una setta a opporsi alle violente incursioni organizzate dalle rispettive famiglie[42] e ben noti deprogrammatori «professionisti» come Ted Patrick e Galen Kelly persero battaglie legali cruciali in casi di loro interventi forzati. Anche se le procedure di deprogrammazione «professionali» esponevano gli esecutori ad accuse legali, i familiari di giovani entrati a far parte di una setta continuarono a sequestrarli, sperando di farli recedere dalla loro conversione.

Esaminando la psicologia di questi fatti, considereremo due tipi di allontanamento forzato dalla Chiesa dell'Unificazione, uno organizzato «professionalmente» e uno diretto dalla famiglia. Entrambi dimostrano modi diversi in cui lo specialista di malattie mentali può essere coinvolto.

Nel primo caso un rappresentante della Chiesa dell'Unificazione mi pregò di valutare la capacità mentale di Michelle, una venticinquenne entrata nella setta da cinque anni e rapita da deprogrammatori, ma successivamente fuggita e tornata nella setta. Era stato emesso un decreto di tutela, perché la ragazza era stata ritenuta incapace di badare a se stessa. Tre settimane dopo che era tornata nella Chiesa, Michelle venne nel mio studio. Era accompagnata da un moonista grande e grosso, perché lei e i dirigenti della setta temevano un altro rapimento. I miei colloqui con Michelle, e tutta una serie di test psicologici, avvennero in privato e i risultati furono riservati. La valutai innegabilmente capace di intendere e di volere e fornii ai suoi avvocati una breve dichiarazione in questo senso.

Michelle mi fece un interessante resoconto della sua fallita deprogrammazione. Otto settimane prima lei e altri tre seguaci stavano tornando alla loro sede da una riunione di reclutamento quando l'auto fu bloccata da tre veicoli sopraggiunti. Da uno di questi scese un poliziotto che chiese la patente al guidatore; il fratello di Michelle scese da un'altra auto e identificò Michelle per la polizia. A quel punto le persone presenti, alcune vestite da poliziotti e altre in borghese, le chiesero di scendere perché volevano notificarle una citazione per la tutela. Michelle, spaventata, si rifiutò, ma fu trascinata fuori e costretta a salire su una delle auto della polizia. Quando fu dentro, l'ammanettarono e la condussero urlante alla locale stazione di polizia dove suo padre l'attendeva. Da lì fu portata in un vicino motel e chiusa in una stanza sotto il controllo di due guardie in divisa.

Per una settimana fu tenuta lì isolata, chiusa a chiave, con le imposte abbassate. Le fu tolto l'orologio e lei perse la cognizione del tempo. Temette di essere torturata fisicamente o magari violentata, anche se i catturatori, a lei sconosciuti, l'assicurarono che ciò non sarebbe accaduto.

Durante quella settimana tutte le conversazioni mirarono a farle cambiare idea sulla setta. L'unico visitatore con cui parlò a lungo fu un deprogrammatore apparentemente esperto che le diceva in continuazione che la Chiesa dell'Unificazione stava violando i diritti e le libertà dei suoi seguaci, e poi la costrinse a dichiarare che tutte le attività della Chiesa erano assurde. Le fece ascoltare molte volte dichiarazioni registrate di persone che presumibilmente avevano abbandonato la Chiesa dell'Unificazione, e vedere spezzoni di programmi televisivi su aspetti disgustosi della setta. Le ripeté che lei aveva subìto il lavaggio del cervello, ma secondo Michelle questo era semmai ciò che stava accadendo in quel momento.

Dopo circa tre giorni di quel trattamento, Michelle concluse che le conveniva fingere di accettare il punto di vista del deprogrammatore, così si mise a parlare contro la setta. Verso la fine della settimana, sempre che il suo calcolo del tempo fosse giusto, si presentò suo fratello e la portò a fare una passeggiata, forse, ipotizzò lei, per saggiare le sue convinzioni e vedere se intendesse fuggire. Michelle calcolò che fuggire era un'impresa impossibile perché i deprogrammatori potevano contare sull'aiuto della polizia. Aveva sentito dire di altri seguaci che erano stati rinchiusi in ospedali psichiatrici dopo avere tentato la fuga. Suo fratello le disse che quella sera lei sarebbe stata trasferita in aereo in un'altra città per stare in un centro diverso; la sera l'accompagnò all'aeroporto insieme al deprogrammatore e ad altre persone.

Il nuovo centro, dove lei restò un mese, era in un ex motel e constava di uno staff di circa dodici persone. A orari stabiliti circa otto «residenti» venivano sottoposti a deprogrammazione da vari gruppi, come la Chiesa dell'Unificazione, gli Hare Krishna, e altre sette minori. Qui Michelle subì ripetuti interrogatori e lunghi discorsi calunniosi sulla Chiesa dell'Unificazione. Commentò così la loro imposizione sui suoi forti sentimenti religiosi:

Primo, tutte le mie convinzioni morali e i miei sentimenti sulla Bibbia e il Principio [Divino], e più o meno tutto nella vita, furono argomento di discussione. Mi fu fatta sempre pressione perché mi adeguassi al loro modo di pensare e a quella che presentavano come giusta moralità. Continuavano a insistere con forza che se si è nel giusto si salirà sul carrozzone dei deprogrammati e si vedrà il diavolo nel reverendo Moon. Ma era più facile per *loro* parlare di essere nel giusto che non per *me* andare in chiesa; quella sembrava una cosa che non gradivano. Dopo varie insistenze, però, potei andare in chiesa almeno una volta in cinque domeniche, anche se mi portarono sei volte o più nei bar e a ballare.

Insieme con gli altri alloggiati al centro di deprogrammazione, Michelle doveva riesaminare del materiale dotto e popolare sul lavaggio del cervello, nella presunzione che prendesse coscienza dei maltrattamenti subiti nella Chiesa e si allontanasse dalle sue dottrine. L'imposizione di tali idee veniva accolta da Michelle con ironia poiché lei subiva aggressioni verbali e implicite minacce di coercizione in una maniera che mai, quando era nella Chiesa dell'Unificazione, aveva provato.

Nonostante l'aperta sopraffazione a cui fu sottoposta, le richieste fatte a Michelle non potevano superare certi limiti. Il personale del centro accettò il rifiuto a fornire i nomi dei compagni di fede, e non usarono le maniere forti per trattenere lei e gli altri, almeno da quanto poté vedere. Però pensò che l'avrebbero inseguita se avesse tentato di fuggire. Come nei gruppi carismatici, la linea fra adesione volontaria e coercizione non era sempre ben definita. In ogni caso Michelle disse che, dopo un mese al centro, fu invitata a parlare con un giornalista che s'interessava di pratiche di deprogrammazione; a lui disse che voleva ristabilire i contatti con la Chiesa dell'Unificazione. Secondo Michelle, il giornalista l'aiutò, offrendole un pretesto per lasciare il centro, e quindi fuggire.

In una serie di colloqui Michelle rivelò un modesto residuo psicologico derivante dall'esperienza di deprogrammazione. Inizialmente parlò di grandi paure quando l'avevano rapita, ma ammise di essere stata abbastanza bene al centro di deprogrammazione. Tornata alla Chiesa, era tesa, aveva difficoltà a dormire, ma poi partecipò a un seminario di due giorni che pare costituisse lo sforzo della setta di «riprogrammarla». Passò parecchio tempo a preparare la difesa per l'udienza relativa alla tutela. Stette sempre in compagnia dei seguaci della Chiesa e ribadì di essere a suo agio nel gruppo. Parve stabilizzarsi grazie a queste attività e il forte sostegno ricevuto. Tuttavia, quando la incontrai, lei si sentiva ancora inquieta per la propria sicurezza, e qualche volta, sola di notte, era presa dall'ansia.

Come vittima della tattica di allontanamento forzato, Michelle era stata trascinata oltre il confine del sistema sociale della setta e fu poi in grado di rientrarvi. Questo provocò forti sentimenti e forse percezioni distorte. È quindi saggio astenersi dal trarre conclusioni finali sull'esperienza di Michelle nelle cinque settimane di deprogrammazione. Per esempio, potrebbe essere stata influenzata dai suoi catturatori più di quanto ammettesse con se stessa, almeno per un certo tempo dopo il suo ritorno nella setta. Ciò nonostante, sulla base del mio giudizio psichiatrico e dei test psicologici indipendenti, lei era sana di mente all'epoca dell'accertamento e capace di decidere da sé se rimanere nella setta o andarsene. Pareva una giovane calma, risoluta e riflessiva.

Le ragioni che inducono alla cautela nel trarre conclusioni su fatti al confine di un gruppo carismatico diventano più evidenti nel caso di Kim, una ragazza di ventuno anni relativamente instabile che i genitori sottrassero alla Chiesa dell'Unificazione. I particolari di quanto le successe furono ricavati da molteplici fonti, tra cui la stessa Kim, la sua famiglia, e successivamente un moonista attivo. Risultò chiaro che nessuna di queste fonti avrebbe potuto fornire indipendentemente una ricostruzione completa e coerente del fatto. Kim partecipò per quattro mesi a seminari e attività sociali della Chiesa dell'Unificazione in maniera discontinua, mentre abitava con i genitori. In quel tempo aveva fatto credere loro di essere interessata a una setta protestante tradizionale, e solo dopo essersi trasferita in una residenza della Chiesa i genitori compresero come stavano le cose. Dopo due mesi di incertezza e angoscia, costoro presero contatto con Dennis, un giovane che l'anno precedente era stato per diversi mesi nella Chiesa dalla quale i suoi genitori l'avevano fatto allontanare. Avuti da lui dei consigli, progettarono di riprendersi Kim e di rinchiuderla in casa. Speravano di convincerla ad abbandonare quel culto con l'aiuto di Dennis e dell'innamorato che lei aveva lasciato da poco.

Il padre riuscì a parlare per telefono con Kim che era nella residenza della Chiesa e ottenne d'incontrarla fuori dell'edificio, dove poi lui, la moglie e l'innamorato la sollecitarono a salire in auto per un momento; a quel punto partirono a tutta velocità. Kim trascorse in casa la settimana seguente. Mi raccontò poi che non avrebbe voluto starci ma preferì non opporsi alle richieste dei genitori a cui lei voleva sempre bene. Dennis, il giovane consigliere della famiglia, andò da Kim ogni giorno per un'ora o due. La ragazza esitava a dialogare con lui, ma poi parlarono delle idee di lei sulla Chiesa e l'amico cercò di farle notare la perniciosa influenza della setta.

Dopo diversi giorni Kim disse ai genitori di avere degli incubi nei quali i seguaci della Chiesa, sotto forma di figure spettrali, venivano a minacciarla. Cominciò anche a temere di essere rapita dai moonisti e portata via su qualche furgone in transito mentre era a passeggiare con i genitori, ma, quando glielo chiesi, non seppe fornirmi esempi di ex seguaci rapiti in quel modo. Non riusciva a dormire se non in compagnia di un genitore o del suo ex innamorato. Quando si accorsero che Kim non era più capace di stare sola di notte, i genitori si rivolsero a me per un consulto. Spiegai che avrei potuto occuparmi dei suoi sintomi, ma non ero disposto a farle pressioni perché stesse lontana dalla Chiesa.

Quando le parlai, Kim era molto sulla difensiva e non voleva manifestare i propri sentimenti sull'alternativa se restare o meno nella Chiesa. Pur esprimendo ansietà per i suoi incubi, ne parlò brevemente. Forse aveva paura che un approfondito esame dei suoi conflitti potesse minacciare il suo fragile equilibrio. Una settimana dopo Kim cominciò a uscire per un'ora o due con il suo innamorato. Poteva già addormentarsi senza qualcuno vicino e si lamentava meno degli incubi. Espresse anche il desiderio di stare lontana dalla Chiesa, ma era ancora mal disposta a esaminare i propri sentimenti su tutta la faccenda.

Kim mi sembrò una giovane debole di carattere e con una buona dose di esibizionismo che era entrata nella Chiesa soprattutto perché non voleva più stare con i genitori e lavorare nella ditta di famiglia, ma provava angoscia e paura all'idea di affrontare un'esistenza indipendente. C'era anche da considerare la sua vacillante relazione con l'innamorato. La setta le forniva un oggetto alternativo per i suoi bisogni di dipendenza e una via per non dover gestire la propria vita. Non dava segni di alterazione mentale e non risultavano a suo carico precedenti crisi paranoiche, quindi la paura del rapimento era, forse, solo una reazione contingente.

Dopo che fu portata via dalla setta, Kim si attaccò di nuovo ai genitori e regredì al punto da avere bisogno di qualcuno al suo fianco di notte per paura degli incubi, ma il suo stato emozionale stava migliorando. Un mese dopo il mio contatto con la famiglia, la madre di Kim mi chiamò per dirmi che la figlia aveva parlato al telefono con persone presumibilmente della Chiesa dell'Unificazione. Kim passava ormai molto tempo da sola e si supponeva che cercasse lavoro, anche se dimostrava poco interesse alla cosa, aumentando le preoccupazioni della madre sul suo futuro. Un mese dopo la telefonata della madre, una mattina Kim uscì di casa e non tornò. I genitori ne denunciarono la scomparsa alla polizia che diramò un comunicato per ricercarla. Tentai di rassicurare i genitori dicendo che Kim era sicuramente incolume, ma doveva avere riallacciato i rapporti con gli amici della Chiesa. Siccome non sapevano dove cercarla, i genitori erano comprensibilmente spaventati. La polizia mi contattò e io, dietro richiesta dei genitori, fornii un profilo psicologico di Kim.

Due settimane dopo i genitori ricevettero una chiamata dalla polizia di una città vicina e furono informati che la loro figlia si era presentata al posto di polizia dicendo che non aveva denaro e desiderava tornare a casa. L'avevano messa su un pullman e sarebbe arrivata fra poco. Quando fu a casa, Kim spiegò di essere stata rapita da un seguace della Chiesa che guidava un furgone e trattenuta dalla setta nelle ultime due settimane, fino a quando era riuscita a fuggire. La storia non suonava vera in quanto non vi era notizia di tali rapimenti, e qualsiasi atto del genere avrebbe avuto gravi conseguenze legali per la setta. Suggerii ai genitori d'incoraggiare l'apparente desiderio di Kim di lasciare la Chiesa. Gli stessi genitori diedero poco credito al presunto rapimento, ma, essendo disposti ad accogliere Kim a qualsiasi condizione, le diedero corda. Dennis, l'ex seguace, insistette perché i genitori assumessero un investigatore privato onde indagare sul presunto rapimento, e in breve attirò Kim in un piano per punire i «rapitori». A quel punto i genitori temettero che Dennis fosse una forza destabilizzante, capace soltanto d'incoraggiare la figlia a persistere nel suo racconto inventato. Lo considerarono sempre di più un elemento negativo e infine gli dissero che il suo aiuto non era più gradito.

Rividi Kim solo dopo diversi mesi dal suo ritorno, anche se i genitori comunicavano saltuariamente con me. Ora lei sembrava risoluta a stare con la famiglia ed era tornata alla situazione antecedente la sua affiliazione alla Chiesa: lavorava nella ditta di famiglia e aveva riallacciato i rapporti con il suo ragazzo. Era ancora riluttante a dare particolari sul periodo della sua scomparsa, ma non si discostò mai dalla versione originale.

Come capita con gli eventi che accadono al confine di un gruppo carismatico, tante domande rimasero senza risposta. Kim era tornata volontariamente nella setta dopo essere stata in famiglia per tre mesi? Se sì, da quanto covava quel progetto mentre era a casa? Mentì intenzionalmente su questo, o il suo comportamento potrebbe attribuirsi a una negazione, inconsciamente interposta, della realtà? Qualche tempo dopo scopersi che un fedele della Chiesa dell'Unificazione, con cui avevo parlato più volte, conosceva Kim. Mi disse che la ragazza era tornata di sua volontà nella setta, lasciando la casa dei genitori, e che, con il suo consenso, era stata poi trasferita in un centro per il trattamento di seguaci con turbe psichiche, situato in un'altra città. Ma in meno di due settimane lei aveva cominciato a manifestare timori circa la sua permanenza nella setta e si dileguò dal centro proprio come si era dileguata da casa.

L'esperienza di Kim è una variazione sul tema del conflitto in individui tormentati nella scelta fra setta carismatica e legami familiari. Spesso tali conflitti non si risolvono facilmente, e la persona soggetta a disturbi è costretta a creare un racconto abbastanza credibile per esprimere i motivi contrastanti. Come altri che non sanno riconciliare sentimenti divisi, molti di quelli che lasciano la Chiesa arrivano a credere nelle proprie storie e vi si attaccano perché esse offrono una tregua nel conflitto insolubile.

Studio di seguaci allontanatisi dal culto

È difficile ottenere osservazioni obiettive sullo stato psichiatrico di ex seguaci, dati i forti pregiudizi espressi dagli interessati, specialmente quando sono ancora coinvolti nelle immediate circostanze dell'allontanamento. Per ottenere una visione equilibrata del fenomeno di abbandono, inviai questionari strutturati a coloro che erano usciti dalla Chiesa dell'Unificazione qualche tempo prima.

Lo studio si basò su due fonti: uno studio di controllo sui moonisti che si erano fidanzati e sposati, e un'indagine separata su persone che avevano già abbandonato la Chiesa. Entrambi i gruppi fornirono preziosi spunti.

I fidanzati furono esaminati dopo tre anni, quando di lì a un anno si sarebbero sposati. Di questo considerevole numero (314), tre sottogruppi fornirono dati interessanti. Il primo consiste di fidanzati che *avevano abbandonato la Chiesa* all'epoca del secondo studio (14). Il primo questionario mi permise di verificare quali fossero stati i loro atteggiamenti tre anni prima. In termini di benessere psichico, senso di appartenenza alla Chiesa e soddisfazione per il proprio fidanzato/a, non si erano discostati dagli altri seguaci a quel tempo. [43] Quando avevano riempito il primo questionario, quei quattordici individui non avevano indicato insoddisfazione per la Chiesa, tanto da far pensare a una loro eventuale fuga. [44]

Quelli di un secondo sottogruppo (9 persone) *stavano pensando di lasciare la Chiesa all'epoca della prima indagine* e avevano evidenziato allora una significativa angoscia psicologica. Stranamente solo uno di loro si era allontanato nei tre anni successivi, e i punteggi dei rimanenti non furono, nel secondo studio, diversi da quelli degli altri interpellati riguardo al benessere psicologico o ai sentimenti affiliativi verso la comunità dei fedeli. Chiaramente il desiderio di andarsene può essere transitorio, quantunque accompagnato da notevole ansietà. Un terzo sottogruppo di interpellati (14) indicò *al momento del controllo* che stavano pensando di lasciare la Chiesa. Nessuno di loro aveva espresso questa inclinazione tre anni prima. Ora quei seguaci avevano sentimenti affiliativi molto più bassi e un diminuito benessere psichico rispetto al resto del gruppo.

Alla luce di tali rivelazioni, sembra esistere uno scarso rapporto fra un'effettiva insoddisfazione del seguace in un momento qualsiasi e il suo eventuale allontanamento dalla setta. Coloro che contemplano l'ipotesi di andarsene sono chiaramente depressi, forse al pensiero di rompere i legami con la Chiesa e ristabilire una nuova identità. Alla fine, però, pochi se ne vanno effettivamente. Talune circostanze abbastanza incisive, anche se non necessariamente evidenti molto tempo prima, potrebbero indurre le persone a lasciare il gruppo. L'espressione di una forte tendenza ad andarsene si misura in settimane o mesi, più che in anni.

L'inesattezza nel predire eventuali abbandoni in questa popolazione mi suggerì di studiare ex seguaci che si erano riproposti seriamente di abbandonare il gruppo. Il mio precedente lavoro sui moonisti mi diede la possibilità di prendere contatto con molte persone in varie parti del paese, persone che per ragioni diverse avevano preferito lasciare la setta. Otto ex seguaci accettarono di collaborare come équipe di lavoro per lo studio, desiderosi soprattutto di assicurare al pubblico e a se stessi un quadro chiaro delle conseguenze della defezione. Molti avevano la sensazione che chiunque era diventato un moonista fosse visto in modo stereotipato, come se fosse stato segnato in modo permanente da quell'esperienza.

Questa équipe mi fornì liste di tutti gli ex seguaci di cui conoscevano l'indirizzo. Nell'insieme contattarono sessanta persone, e tutte, tranne due, accettarono di partecipare allo studio: un campione di sessantasei individui che abitavano in ventuno Stati americani. Tutti risposero anonimamente alle domande del questionario e me le spedirono per essere immesse nel computer. Questi partecipanti avevano lasciato la Chiesa dopo un periodo medio di quattro anni ed erano equamente divisi fra maschi e femmine. La loro età media era di ventinove anni, erano quasi tutti bianchi (96%) e per metà laureati.

Nel complesso si erano bene inseriti nelle rispettive comunità secondo misure standard di adattamento sociale. Per esempio, solo tre si erano sposati prima di lasciare la Chiesa, ma i più (52%) erano sposati a quel tempo, e nessuno abitava con genitori o parenti. Inoltre, una larga maggioranza (79%) comprendeva studenti o dipendenti salariati. Solo poche donne (6%), tutte sposate, erano prive di occupazione. Il loro livello di adattamento emozionale pareva buono. I punteggi di benessere generale di questo gruppo non differivano da quelli della massa della popolazione.

Ciò nonostante, il distacco era stato un'esperienza difficile. Oltre un terzo degli interpellati (36%) riferì che avevano avuto «seri problemi emozionali» dopo l'allontanamento. Un numero apprezzabile (24%) aveva «chiesto cure mediche» per tali problemi e due erano stati in ospedale.[45]

Si poterono fare raffronti con le risposte di moonisti attivi per stabilire quali cambiamenti fossero intervenuti negli ex seguaci riguardo all'adattamento psicologico e alle opinioni sulla Chiesa. Sebbene fossero passati anni dall'abbandono, gli interpellati indicarono un sorprendente grado di sentimenti positivi verso coloro che *non* avevano abbandonato la Chiesa. La maggioranza (62%) «voleva ancora bene» ai «dieci seguaci che conosceva meglio», una cifra non lontana dalla percentuale (89%) di seguaci attivi che avevano risposto allo stesso modo nella precedente indagine. Questi sentimenti affiliativi non si limitavano necessariamente a coloro che conoscevano meglio. Una rispettabile porzione (20%) indicò che «voleva ancora bene» a «tutti i seguaci della Chiesa sparsi nel mondo», percentuale discreta ma significativa se paragonata al 38% di moonisti attivi che avevano risposto così.

La fede religiosa persistente negli ex seguaci era pure simile a quella dei moonisti attivi. Infatti una larga porzione di costoro sosteneva di sentire ancora «uno stretto legame con Dio» (40%) anche se in proporzioni minori dei seguaci attivi (79%), e quasi la metà degli ex seguaci (41%) confessò di accettare ancora con convinzione alcuni specifici dogmi della Chiesa come: «Il regno del Cielo può essere stabilito sulla Terra se tutti gli uomini corrispondono ai desideri che Dio ha riguardo all'uomo».

Una larga maggioranza di ex seguaci ammise blandamente o con forza che «aveva ottenuto delle cose positive» dalla setta (89%). Tuttavia questo segno di disposizione abbastanza benevola verso la Chiesa era controbilanciato dalla risposta di una maggioranza (53%) la quale riteneva che «gli attuali seguaci dovrebbero abbandonare la Chiesa dell'Unificazione». Esaminando ulteriormente questi dati, emerse una significativa distinzione. Le differenze di percezione della Chiesa si basavano in gran parte su come i seguaci avevano abbandonato il gruppo: quelli costretti a fare un simile passo espressero una visione molto più negativa. Per saperne di più sul ruolo della coercizione in rapporto agli atteggiamenti dei seguaci, predisposi che l'équipe di lavoro designasse quali interpellati erano stati deprogrammati, in base a quanto conoscevano di ciascuno di loro. Dieci dei sessantasei ex seguaci furono identificati, e la deprogrammazione fu convalidata dalle loro informazioni. [46]

I deprogrammati mostrarono un maggiore distacco dalla Chiesa, con un punteggio più basso sulla lealtà verso i moonisti che conoscevano meglio e sulla rispettiva accettazione del credo della setta. [47] Si noti che tutti gli otto interpellati che poi parteciparono alla deprogrammazione di altri seguaci della Chiesa erano stati essi stessi deprogrammati. Quindi il processo ebbe un effetto duraturo nel mantenere viva l'animosità verso la setta. [48] Quest'ultima scoperta fu molto rivelatrice, perché dimostrò come i fenomeni di confine possano generare aggressione fra un culto e la società in generale. La battaglia per la fedeltà di un seguace potrebbe arrivare a rappresentare perfino la sopravvivenza del gruppo sia per i membri sia per chi non ne fa parte. Ciò vale non solo per gli assidui sforzi della deprogrammazione, ma anche per la risposta protettiva a qualsiasi aggressione al gruppo. Abbiamo visto le profonde conseguenze di questi fenomeni a Jonestown e in MOVE.

9

GRUPPI CARISMATICI DI GUARIGIONE: L'ESEMPIO DEGLI ALCOLISTI ANONIMI

Un gruppo carismatico di guarigione dei giorni nostri qual è l'associazione Alcolisti Anonimi ci offre il modello di uno strumento sociale efficace e poco costoso, da usare nella cura di determinati problemi psicologici, e l'attività di questo gruppo può essere compresa se paragonata a quella delle sette religiose carismatiche. Gli associati ai gruppi terapeutici di AA sono molto coesivi; conservano un sistema di fede condivisa e il loro comportamento è fortemente influenzato dal gruppo. Nonostante questi punti di analogia con le sette religiose, emergono importanti differenze. Per esempio, le aspettative, riguardo al comportamento, di un tale gruppo di guarigione si riferiscono soltanto al superamento della malattia, non ad aspetti diversi della vita dei seguaci come il posto di lavoro che dovrebbero mantenere o il loro modo di gestire i rapporti familiari. Le sette religiose hanno generalmente una filosofia universalistica e un codice di comportamento che tocca tutti gli aspetti della vita dei loro seguaci.

I due tipi di gruppi differiscono anche nello scopo dei loro sforzi. Il gruppo terapeutico si sforza principalmente di cambiare i propri membri, mentre i gruppi religiosi propugnano un'ideologia apparentemente intesa a trasformare il mondo. Fintanto che non viene in urto con i valori della società nel suo insieme, AA ha meno probabilità delle sette religiose di generare conflitti al proprio confine. Infatti la sua ideologia è compatibile con gli atteggiamenti tradizionali e riceve spesso sostegno e incoraggiamento da nonmembri.

L'associazione Alcolisti Anonimi (AA), fondata nel 1935, è un eccellente esempio di come un gruppo carismatico di guarigione si evolva dalle sue origini con una intensa guida personale fino ad affermarsi come istituzione stabile, quantunque legata allo zelo degli affiliati. Sebbene AA sia ora un'organizzazione mondiale con oltre un milione di iscritti e una solida struttura amministrativa, nuove reclute ricapitolano ancora la fervente esperienza dei suoi fondatori in modo tale da impegnarsi nel gruppo. Esamineremo l'evoluzione di AA in tre fasi, ognuna con controparti nello sviluppo di altri gruppi carismatici il cui successo ha permesso loro di seguire la via della maturazione — usando un modello che Max Weber sviluppò per primo. [1]

Il dono carismatico degli Alcolisti Anonimi

L'associazione Alcolisti Anonimi ebbe origine dall'esperienza religiosa trascendente del suo principale fondatore, Bill W., il cui racconto, come quelli di tanti altri leader di gruppi carismatici, evidenziava un'angoscia prolungata — in questo caso dovuta all'alcolismo. Viene indicato con il solo nome di battesimo, secondo la tradizione di anonimato di AA, ma la sua storia è ben nota. [2] Nacque a East Dorset, Vermont, nel 1895 da una famiglia borghese. Iniziò a studiare elettrotecnica mentre seguiva un corso per riservisti all'Accademia militare, ma cominciò anche a bere molto. Ricordò in seguito che ricorreva all'alcool per superare le inibizioni che provava nei contatti con le persone, specialmente quelle «socialmente più elevate». All'epoca della grande crisi economica, Bill beveva gin giorno e notte, dilapidando il magro reddito della moglie.

Si stava così distruggendo allorché un suo vecchio amico bevitore di nome Ebby andò a trovarlo e gli parlò della sua esperienza nel Gruppo di Oxford, un fervente movimento religioso inter-protestante. Ebby affermò che, entrando nel movimento, aveva superato il problema dell'alcool e raggiunto la sobrietà. Gli incontri del Gruppo di Oxford erano caratterizzati da franche confessioni e dalla guida di membri nelle riunioni collettive.

Al momento di quell'incontro la situazione di Bill era grave — nel corso dell'ultimo anno era stato ricoverato quattro volte per cure disintossicanti. Spossato e vacillante per il bere, rimase colpito dal bell'aspetto e dall'eleganza del suo amico, nonché dall'influenza che poteva essere esercitata quando un alcolista divideva con un altro le sue lotte per controllare il bere. Non molto tempo dopo ebbe un'esperienza istruttiva.

Tutt'a un tratto mi ritrovai a gridare: «Se c'è un Dio, che si mostri. Sono pronto a fare qualsiasi cosa, qualsiasi cosa».

Improvvisamente la stanza s'illuminò di una forte luce bianca. Fui rapito da un'estasi che non so descrivere a parole. Con l'occhio della mente mi pareva di essere su una montagna dove soffiava un vento non fatto di aria ma di spirito. E dopo ebbi la rivelazione di essere un uomo libero. Lentamente l'estasi regredì. Giacevo sul letto, ma per un certo tempo fui in un altro mondo, un nuovo mondo di consapevolezza... e pensai fra me: «Così questo è il Dio dei predicatori!». E fui pervaso da una grande pace. [3]

Proprio l'intensità di quell'esperienza trascendente ne fece la svolta decisiva per raggiungere la sobrietà, e Bill cominciò a predicare agli alcolizzati nell'ospedale dove era stato ricoverato tante volte.

Ma l'impatto di tale iniziativa fu scarso. Influenzato dal Gruppo di Oxford, costituì una rete di scambievole aiuto e scoperse l'efficacia del sostegno sociale quando ci si impegna a conseguire un obiettivo comune. Verso il 1937 Bill e il suo compagno potevano contare su quaranta alcolisti con cui avevano collaborato, i quali avevano provato l'intensità della guarigione spirituale e avevano raggiunto l'astinenza. [4] Di lì a due anni erano diventati cento, e fu pubblicato il libro *Alcoholics Anonymous*, che sarebbe diventato la bibbia del movimento. Fin dall'inizio AA si presentò con le caratteristiche di una setta carismatica: fede condivisa e fortemente sentita, coesione interna, esperienze di coscienza alterata e una potente influenza sul comportamento degli associati. Anche nuovi membri perseguivano la missione apostolica di convertire alcolisti disperati, in quanto imbevuti dello zelo carismatico e della smania di far proseliti del suo fondatore Bill W.

La routinizzazione del carisma

Il sociologo Max Weber definì il ruolo del leader carismatico in termini di abilità nel galvanizzare la gente a perseguire una missione trascendente, ma rilevò che un tale leader poteva avere successo a lungo andare solo se creava un ordine sociale strutturato e un relativo insieme di tradizioni. Il movimento degli Alcolisti Anonimi è passato dal fervente ideale del suo fondatore a un'organizzazione ben diretta. Al suo cinquantesimo anniversario, nel 1985, aveva 58.576 capitoli in più di novanta paesi con oltre un milione di associati. [5] Harrison Trice, [6] che ha seguito da vicino l'evoluzione di AA, ipotizzò che la sua espansione dimostrasse come si conformava al concetto di Weber della routinizzazione del carisma. Attraverso uno studio storico Weber osservò che i poteri di un capo carismatico persistono quando vengono conferiti in ruoli organizzativi di successori e nei cerimoniali del loro movimento.

LO SVILUPPO DEL RITUALE

La missione trascendente di un gruppo carismatico routinizzato si esprime nei suoi riti e rituali. Usando queste prescrizioni comportamentali, il gruppo stabilisce norme in base alle quali i membri dovrebbero comportarsi, nella propria vita e nelle attività comuni, in conformità con la missione del gruppo. Sebbene siano pochi i riti e i rituali rigidamente definiti da AA, gli associati di tutto il mondo aderiscono con scrupolosità e zelo a quelli esistenti.

Come nel Gruppo di Oxford, le riunioni di AA mostrarono fin da principio aperte confessioni ritualizzate di precedenti trasgressioni e l'accettazione di un «Potere Superiore» quale guida. Dei Dodici Passi di AA, dieci si basano sul credo del Gruppo di Oxford. Gli altri due, riconoscimento d'impotenza di fronte all'alcool e trasmissione del messaggio ad altri alcolisti, sono esclusivi di AA.

Un rituale centrale è la regolare partecipazione a incontri del capitolo di AA. I proseliti che si associano dovrebbero andare a «novanta riunioni in novanta giorni», onde rafforzare la loro astinenza e l'impegno verso il gruppo; dopo di ciò, partecipano a riunioni almeno una o due volte alla settimana, spesso ogni giorno. Le riunioni variano solo leggermente nell'impostazione da un capitolo all'altro, e i riti sono quindi subito riconoscibili in ambienti distanti migliaia di chilometri fra loro. Per esempio, tutti coloro che prendono la parola cominciano dicendo: «Il mio nome è ..., e sono un alcolista», a evidenziare il loro rifiuto a negare la malattia, tipico degli alcolizzati. I ben noti slogan «vivere alla giornata» e «chi va piano ce la fa», tratti dagli scritti di Bill W., fanno parte degli scambi verbali. Appaiono su poster e cartelli ai convegni, e sono popolari anche come adesivi sulle auto. Questo uso di un linguaggio ritualizzato unisce le persone e rafforza la conformità richiesta agli associati. Rappresenta l'accettazione della creazione di miti e l'assunzione di un linguaggio con le connotazioni proprie del gruppo.[7]

Incontri specifici hanno pure il loro significato ritualizzato, come quelli che celebrano i raggiunti novanta giorni e poi l'anno di astinenza degli associati. In tali occasioni i celebranti raccontano la storia del loro alcolismo e l'attuale guarigione. Ognuno descrive la china verso l'alcolismo, lo stato di degradazione di quel periodo, infine la trasformazione avvenuta affidandosi agli Alcolisti Anonimi. La litania del peccato e della redenzione recitata da ognuno, udita in diverse variazioni tante e tante volte, è stimolante per la sincerità e il peso della testimonianza personale. Anche l'osservatore casuale non può non farsi conquistare dall'intensa partecipazione degli oratori. Un paziente che mandai a una riunione di AA sulle prime fu scettico, ma alla fine ne tornò entusiasta.

Non so dirle come è stato fantastico. Ero seduto tranquillamente verso il fondo, quasi nascosto a quelli che avrebbero potuto notare la mia presenza, ma ogni oratore mi ha conquistato. C'era magnetismo e passione in quei racconti, e mi sono sentito spronato da loro come se fossero persone per me importanti. È stato un qualcosa di personale, in una maniera che non mi sarei mai aspettato.

Come nella maggior parte dei gruppi carismatici, la ricerca di nuovi membri è un'importante componente del rituale. Essa sostiene l'impegno degli associati sottolineando la credibilità del movimento, poiché la testimonianza degli adepti fornisce un'ulteriore convalida degli ideali del gruppo. La mutua assistenza inerente al processo di reclutamento aiuta i vecchi associati a mantenersi sobri, poiché essi stessi si identificano con la lotta dei nuovi per superare la negazione della malattia e resistere all'acuto desiderio di bere.

L'enfasi sul reclutamento è stato un tema essenziale in tutta l'evoluzione del gruppo. Fu un aspetto centrale della missione carismatica di Bill W. da quando cominciò a predicare agli alcolizzati in ospedale. Il suo successivo lavoro con il dottor Bob, il secondo convertito all'emergente modello di Bill, fu il prototipo del successivo rituale dei «Dodici Passi», le attività di reclutamento svolte fra un membro e un nuovo adepto. Questo ruolo è stato trasmesso in maniera apostolica a successive generazioni di membri; tutti i proseliti sono tenuti a stabilire un rapporto formalizzato con un membro più anziano che può fare da garante nell'arduo processo di guarigione.

Il rituale del garante illustra il valore dell'impostazione di reclutamento formalizzata nel gruppo carismatico, in quanto il membro a pieno titolo sceglie un mentore fra i veterani. Il rapporto è abbastanza impegnativo per entrambi, e comporta confessioni giornaliere del neofita al garante per diversi mesi. In tal modo i membri vengono introdotti a molte pratiche del gruppo, come i Dodici Passi, e impegnati in una dipendenza continuativa. Questi ruoli hanno le loro controparti in tanti altri gruppi carismatici routinizzati, come le «figure centrali» della Chiesa dell'Unificazione.

Uno studio degli scambi fra garanti e neofiti rivelò l'evolversi del rapporto fra i due.[8] Quando il periodo di sobrietà dei neofiti si faceva più lungo, si verificava un cambiamento, un passaggio dalla formazione dello stato d'animo e da specifiche istruzioni per raggiungere l'astinenza verso un mutamento personale e uno sviluppo spirituale. Come in altri movimenti carismatici, l'adepto assimila prima gli elementi fondamentali della conformità e poi procede verso una più profonda ristrutturazione dell'adattamento psicologico.

Il rituale del garante è importante anche per la sobrietà del garante medesimo, che trae forza dei consigli dati e dal modello che offre di sé. Lo studio di un campione di membri di AA rivelò che la maggioranza (66%) di coloro che raggiunsero l'astinenza erano stati garanti, mentre solo una minoranza (19%) erano garanti falliti.[9]

Come in tutti gli altri movimenti carismatici, il coinvolgimento in nuovi rituali crea conflitti nei preesistenti rapporti del membro, dato che importanti cambiamenti d'impegno e di modo di vivere non avvengono senza destabilizzare i vecchi equilibri. La natura del reclutamento agli AA e i conflitti che può generare sono chiaramente evidenziati in un paziente che curai per alcolismo e indirizzai agli AA. Harry si rivolse a me a causa delle crescenti difficoltà che incontrava nel lavoro. Come dirigente di una grande società era tenuto d'occhio dai suoi capi a seguito di vari episodi d'intossicazione sul lavoro, specialmente quando viaggiava per affari. Allorché lui e io raggiungemmo l'intesa che i suoi erano problemi di alcolismo, convenimmo che il suo programma di cura avrebbe compreso alcune sedute con gli Alcolisti Anonimi e l'assunzione di disulfiram (*Antabuse*), un farmaco che dissuade l'alcolista dal bere perché provoca in lui un acuto malessere fisico non appena ingerisce bevande alcoliche.

Harry si comportò bene all'inizio, ma il suo impegno con gli AA fu modesto e in due viaggi d'affari tralasciò il disulfiram e bevve smodatamente. Con il mio incoraggiamento, cercò un garante e cominciò a parlare con lui ogni giorno. Nonostante le riserve, Harry si legò sempre di più al garante e iniziò a partecipare a sedute giornaliere. La sua «conversione», per così dire, fu evidente in una delle nostre sedute di psicoterapia quando gli chiesi che cosa pensasse di certi problemi di lavoro che aveva da tempo. Con espressione di calma determinazione mi rispose: «Ora so che tutto andrà bene purché io segua il programma, perché l'alcolista in me non parla più. Vivo alla giornata». Il programma era quello di AA e «vivere alla giornata» era uno dei suoi slogan.

Tra Harry e l'associazione si era stabilito un legame. Lui aveva deciso di seguire il regime di AA e mantenersi sobrio, così continuò a usare gli slogan di AA e a interpretare molti dei suoi problemi basandosi sulla retorica di AA. Il linguaggio di AA gli servì abbastanza bene per esprimersi in terapia e probabilmente nella vita di tutti i giorni.

Il forte legame di Harry con AA causò due problemi nelle sue relazioni correnti. Sua moglie non aveva lo stesso entusiasmo verso l'associazione, e le frequenti assenze di lui quando partecipava alle sedute la facevano sentire sola e la irritavano. Nonostante i tentativi di Harry per convincerla a partecipare ad Al-Anon, l'organizzazione complementare di AA per i familiari, lei non si lasciò coinvolgere. Come per i seguaci dei gruppi religiosi carismatici, Harry ebbe problemi a empatizzare con le riserve della moglie riluttante. Infatti, come in quei gruppi, AA consiglia ai suoi associati di separarsi dal coniuge, dal figlio o dal genitore se costoro mettono a repentaglio l'impegno della persona a perseguire gli obiettivi del gruppo. Harry stava applicando una soluzione ritualizzata di AA a un problema familiare: mandare la moglie ad Al-Anon. Ma non funzionò.

Un altro conflitto sorse a proposito della cura di disulfiram. Come molti membri di AA, il suo garante era contrario a tutte le terapie psichiatriche, considerandole «stampelle» il cui uso impediva una piena guarigione tramite AA. Come altri gruppi ferventi, AA tende a vedere il mondo in bianco e nero e talvolta evita il pensiero professionale e scientifico estraneo alla sua ideologia.

Entrambi i conflitti di Harry richiedevano una decisione. Incontrai più volte lui e sua moglie per indurre quest'ultima ad adeguarsi all'impegno del marito con AA e per aiutare entrambi a risolvere i problemi sorti nel loro rapporto. Con Harry trattai solo cautamente del disulfiram e di AA, non desiderando mettermi in contrasto diretto con il gruppo. Dopo un po' Harry vide meno il suo garante e continuò a prendere il disulfiram, soprattutto perché non voleva contrastare me. Ma il suo impegno con AA rimase forte. Parlando dei suoi problemi per organizzare un reparto della società dove lavorava, così disse di un collega rivale:

> Stavo per ingaggiare battaglia con Carter ma non ci si può permettere risentimento quando si è alcolisti [uno slogan di AA]. Pensai a Bill W. e alla sua costituzione del General Service Board, destinato a succedergli. Se lui poté operare quel miracolo, io potevo certamente gestire questo mio problema senza una battaglia.

Harry stava integrando la filosofia — piuttosto amorfa — del gruppo e anche le esperienze del suo fondatore nella propria vita giornaliera.

LO SVILUPPO DI TRADIZIONI SCRITTE E ORALI

Una seconda componente della routinizzazione del carisma è l'emergere di tradizioni in cui la santità ascritta al primo leader e al gruppo viene trasferita in codici di comportamento fissi. I Dodici Passi, una tradizione scritta, hanno una posizione canonica nella letteratura di AA e sono ripetutamente rivisti e studiati dai membri man mano che il loro coinvolgimento aumenta; essi sono i Dieci Comandamenti del gruppo. Molto del successo di AA si deve a come i Passi trattano specificatamente dell'etilismo senza stabilire un codice generale di comportamento. Perciò sono applicabili a vari segmenti della società con metodi di vita diversi. Il loro ristretto punto focale serve anche a colpire il cattivo uso che i membri fanno dei guadagni finanziari o personali, e minimizza i timori di nuovi adepti che il loro sistema di vita possa essere materialmente compromesso dall'associazione.

Si consideri il ruolo dei primi tre Passi nel sostenere il modo di vivere astemio:

1. Abbiamo ammesso che eravamo impotenti di fronte all'alcool — che la nostra vita era diventata incontrollabile.
2. Siamo arrivati a credere che un Potere più grande di noi poteva ridarci l'equilibrio.
3. Abbiamo preso la decisione di affidare la nostra volontà e la nostra vita nelle mani di Dio, *come noi Lo comprendevamo*. [10]

Nel Quarto Passo si chiede agli iniziati di fare una lunga confessione che, secondo Lifton, serve ad accrescere la loro abnegazione. [11] In AA questo si chiama «coraggioso inventario morale»: il membro esamina i propri difetti e cerca di fare ammenda. Un'altra tradizione vitale, quella del proselitismo, è incorporata nel Dodicesimo e ultimo Passo con le parole: «Abbiamo tentato di portare il messaggio agli alcolisti». I Dodici Passi costituiscono quindi orientamenti scritti per la condotta personale degli associati.

LA COSTITUZIONE DI UNA STRUTTURA AMMINISTRATIVA

Per reggere nel tempo un sistema sociale deve avere un'organizzazione interna capace di creare nuove iniziative, mantenere l'ordine e risolvere i conflitti giornalieri. Quindi una componente finale della routinizzazione del carisma è lo sviluppo di un apparato amministrativo che assicuri la continuità nel tempo delle funzioni di guida. Anche qui Bill W. ebbe il merito di avere passato il suo scettro di guida ispirata a una organizzazione stabile ed efficiente, e questo da solo gli valse la lode di Aldous Huxley che lo definì «il più grande architetto sociale del secolo». [12] Mentre la tradizione viene conservata da tale organizzazione, numerosi espedienti impediscono una fossilizzazione dei gradi dirigenti e tengono conto della vitale espressione dell'originaria missione carismatica del gruppo.

Si consideri il rituale del garante, il primo gradino della

scala di guida del gruppo. Il garante viene scelto da ogni nuovo membro e a lui spetta inculcargli le credenze tradizionali di AA e dargli una mano per percorrere i Dodici Passi. Poiché la scelta del garante è sostanzialmente libera, l'istituzione evita che questo importante strato direzionale diventi rigido.

Al successivo livello di amministrazione, nei capitoli, i dibattiti formali e informali definiscono le giuste relazioni fra membri, e le decisioni fra funzionari dei capitoli risolvono i problemi amministrativi locali. I capitoli eleggono i loro funzionari nelle riunioni aperte a tutti i membri e dirigono i loro affari con procedura parlamentare.

Le Dodici Tradizioni definiscono le norme di comportamento ai più alti livelli amministrativi, in maniera da assicurare la conservazione del ruolo carismatico del gruppo sconfessando ogni idea di guadagno o profitto personale. Sanciscono che i membri «devono mantenere sempre l'anonimato a livello di stampa, radio e riprese filmate», impedendo così l'uso dell'affiliazione per qualunque guadagno personale. Stabiliscono, inoltre, che «ogni gruppo non ha che uno scopo primario — portare il suo messaggio all'alcolista che ancora soffre... Il nome di AA non dovrebbe essere mai trascinato in controversie pubbliche», onde evitare il proliferare di cause e iniziative che potrebbero guastare la funzione del gruppo. Le idee femministe, per esempio, hanno attirato notevole attenzione in anni recenti da parte di membri di AA, ma non hanno attecchito come prerogative istituzionali a causa di questa limitazione.

Nel suo studio sulle comunità utopistiche Rosabeth Kanter osservò che quei gruppi con una stabilità a lungo termine erano riusciti a disseminare carisma in tutto il gruppo corporativo.[13] La costituzione del General Service Board (Consiglio Generale di Servizio) di AA, che Bill W. aveva ideato come successore permanente dei fondatori dell'associazione, rese possibile questo anche per AA. Operando tramite una Conferenza annuale del Servizio Generale, a cui partecipano delegati eletti di novantanove zone geografiche, il Consiglio promulga linee guida su problemi d'interesse o su controversie.

Un'altra caratteristica della funzione amministrativa del gruppo è dettata dall'ingiunzione delle Tradizioni contro l'accumulo di beni e di potere nella organizzazione. I membri non pagano quote sociali, ma danno piccoli contributi di pochi dollari a ogni riunione. Anche a livello nazionale, non si accettano grandi donazioni, né contributi da nonalcolisti. Gli uffici centrali dell'associazione sono dotati di personale volontario. La saggezza di questa politica emerge se si fanno confronti con altri gruppi carismatici nei quali i capi hanno potuto sfruttare i seguaci per trarne un vantaggio finanziario.

Il gruppo terapeutico ben sviluppato

Alcolisti Anonimi è un buon esempio di gruppo carismatico istituzionalizzato con un obiettivo ben preciso. Per saperne di più su questi gruppi ben delineati, cominceremo a esaminare punti forti e deboli di AA, e poi guarderemo come hanno avuto successo alcuni gruppi collegati, derivati da AA. Un paragone fra taluni aspetti di AA e gruppi religiosi carismatici evidenzierà in che modo l'impostazione del gruppo carismatico possa adattarsi a obiettivi specifici.

Successo di AA nella comunità

In un'attenta analisi degli studi compiuti sui risultati della partecipazione ad AA, Chad Emrick e i suoi colleghi conclusero che i problemi del bere diminuivano in circa i due terzi dei membri di AA durante il loro periodo di partecipazione; essi consumavano meno alcool o non bevevano affatto. [14] Quasi la metà di coloro che migliorarono rimasero astemi per un anno. Nel complesso AA si dimostrò superiore alle terapie mediche nell'aiutare gli alcolisti a osservare una totale astinenza, anche se una cura organizzata senza il concorso di AA era, talvolta, più efficace nell'aiutare gli alcolizzati a ridurre il bere, non nell'eliminarlo totalmente. AA eccelle nel risultato a paragone di un'assistenza medica elaborata e costosa per coloro che vi si rivolgono per avere aiuto.

Come AA conseguì il successo quando vi era scarso apprezzamento pubblico dei bisogni degli alcolisti? Per rispondere dobbiamo esaminare il contesto sociale in cui AA sorse, nonché la sua psicologia come gruppo carismatico. In quanto movimento sociale, AA ebbe il forte vantaggio di farsi accettare. Diversamente dalle sette religiose carismatiche, non furono necessari cambiamenti della più vasta società per raggiungere gli obiettivi. Ci si aspettava cooperazione solo dai partecipanti, ed essi erano preavvisati di aspettarsi poco aiuto dalle persone a loro più care. Famiglia e amici di reclute di AA erano contenti di liberarsi di un peso di anni, ora che quegli alcolisti tentavano di aiutarsi fra loro.

Anche la reazione della stampa fu molto positiva: svariati articoli in cui si citava il successo di AA apparvero poco dopo l'inizio della sua attività. Per esempio, uno dei primi articoli sul «Plain Dealer» di Cleveland portò a una crescita, nelle iscrizioni al locale capitolo, da cinquanta a trecento in dodici settimane. Un altro sul «Saturday Evening Post» produsse 6.000 lettere di richieste d'informazioni da parte di lettori che volevano aiuto. [15]

L'associazione Alcolisti Anonimi riuscì anche a sviluppare un buon rapporto di lavoro con la comunità medica. Molti ospedali ospitano adesso riunioni di capitoli di AA, e uffici di intergruppi AA mantengono rapporti di lavoro con centri di disintossicazione, assicurando così un pronto accesso a cure mediche per nuovi adepti e membri recidivanti. Oggi è ben raro che attrezzature mediche destinate alla cura dell'etilismo negli Stati Uniti non abbiano riunioni *in loco* integrate nei loro programmi. Inoltre, l'American Medical Society on Alcoholism and Other Drug Dependencies, la principale organizzazione medica in questo campo, sostiene attivamente AA come forma primaria di terapia. Infatti AA conta fra i suoi membri un buon numero di medici alcolizzati poi guariti, grazie ai suoi metodi. Quando si vince la battaglia contro quel nemico interiore che è il desiderio insaziabile di bere, AA dà più fede ai nuovi membri e li induce a stabilire stretti legami con i compagni, cementando il loro impegno verso il gruppo e la sua missione. I membri di AA sono molto uniti nella lotta contro il comune nemico

La psicologia di AA

La psicologia di AA come gruppo carismatico è il perno del suo successo. Molto spesso gli alcolisti si rivolgono ad AA quando hanno «toccato il fondo», raggiunto il culmine della disperazione, cosa che li induce a cercare delle alternative. In questo somigliano ai proseliti di sette religiose che tendono a essere tormentati e allontanati dai loro cari al momento del reclutamento. [16]

Il reclutamento avviene in un contesto psicologico in cui la comunicazione è strettamente controllata per assicurare che l'ideologia del gruppo sarà mantenuta di fronte a bevitori attivi non associati. Come nei seminari della Chiesa dell'Unificazione, molti fra coloro che frequentano le riunioni di un capitolo di AA sono fortemente coinvolti nell'ethos del gruppo, e l'espressione di idee contrarie al modello di cura è scoraggiata in modo subdolo o manifesto. Un buon esempio è la risposta dell'associazione al concetto del bere controllato, un approccio alla cura dell'alcolismo basato sulla limitata assunzione di alcool più che sulla totale astinenza. Ricercatori e clinici hanno riferito di avere avuto successo con questa alternativa alla terapia. [17] Tuttavia l'approccio è inaccettabile nella tradizione di AA, e l'opzione è quindi un anatema per i membri attivi. Viene raramente trattato dagli oratori nelle riunioni e, se si presenta, represso. Quando un neofita viene coinvolto nel gruppo, il garante controlla le sue idee con attenzione, per assicurarsi che la recluta aderisca alla prospettiva nella quale il garante stesso è stato attirato; qualsiasi accenno a un interesse al bere controllato viene scoraggiato. Costrizioni simili si applicherebbero se un neofita mettesse in dubbio l'importanza di un qualsiasi Passo o la necessità di partecipare regolarmente alle riunioni.

Il problema qui non è il rispettivo merito del bere controllato: negli Stati Uniti questo non è un approccio di cura praticabile per la grande maggioranza di persone dipendenti dall'alcool. È piuttosto il modo in cui si mantengono le comunicazioni in AA. Come gruppo carismatico, AA è in grado di reprimere atteggiamenti che potrebbero minarne le tradizioni. La devianza dalla regola di astinenza viene considerata una «mancanza» grave. Come indica David Rudy, definendo rigidamente i limiti del comportamento accettabile, il gruppo rafforza e riafferma i propri confini. [18]

AA genera un intenso coinvolgimento personale nel gruppo, paragonabile alla precedente dipendenza dall'alcool, e quindi fornisce ai membri «una dipendenza alternativa». Oltre l'80% degli associati invita altri membri a casa propria, fuori dello schema della riunione. [19] Nei suoi studi di casi clinici di alcolisti George Vaillant ha trovato che la guarigione si riscontra quando all'etilismo si sostituisce una dipendenza alternativa. [20]

L'impatto emozionale di questa dipendenza da AA è evidente nell'esperienza di molti membri la cui serenità è strettamente legata al rapporto stabile con il gruppo. Uno dei miei pazienti, un illustre avvocato che frequentava regolarmente le riunioni di AA, parlò dei suoi scatti d'ira nei confronti della moglie e dei colleghi dello studio legale dopo essere tornato da un lungo viaggio d'affari.

Saltare le riunioni perché ero via fu un grosso problema. La settimana scorsa mancai cinque giorni e non potevo ricorrere al vecchio «fa' scoccare la scintilla». Urlavo con Jennie ed ero un rompiscatole sul lavoro. Sapevo che in me qualcosa era fuori posto, qualcosa che mi rendeva irritabile in ogni occasione. Ma, dopo essere tornato a una riunione, mi sono sentito di nuovo me stesso. Dovrò andarci ogni giorno al prossimo viaggio.

I gruppi carismatici tendono a dividere il mondo in buoni, coloro che fanno parte del loro gruppo, e cattivi, coloro che annoverano fra i nemici. Anche AA si basa sulla difesa psicologica di proiettare all'esterno il male che i membri temono sia dentro loro stessi. Il male inaccettabile si personifica sotto forma di alcool e di decorso della malattia alcolica. Ciò produce la tipica visione manichea in cui il mondo è diviso in buoni e cattivi. Porta i membri a evitare tutte le persone che potrebbero indurli di nuovo a bere e ad attaccarsi di più ai confratelli. Come dice Margaret Bean, [21] l'iniziato viene incoraggiato ad abbandonare i contatti sociali fuori di AA, per la dichiarata ragione che gli estranei lo mettono in pericolo, essendo in primo luogo loro che possono farlo ricadere nell'alcolismo. Questa strategia funziona bene nel promuovere la guarigione dell'alcolizzato al prezzo di qualche amicizia.

Per alcuni membri potenziali l'appello di AA è limitato dal suo settarismo, ulteriormente riflesso in un dogma più elaborato. [22] Agnostici e atei potrebbero reagire con avversione agli incontri di capitolo, che spesso iniziano con il Padre Nostro e magari indugiano sull'idea di un Potere Superiore. Nelle culture orientali l'impostazione cristiana del gruppo presenta pure problemi di reclutamento. Durante una visita in Thailandia notai che i tentativi di costituire capitoli di AA avevano avuto successo fra cristiani di origine occidentale, ma avevano riscosso un'assai tiepida accoglienza dalla maggioranza buddista. Varianti più accettabili sono sorte in Giappone. [23]

Un altro punto di rigidità dottrinale che può causare problemi di reclutamento è, come si è accennato, il bere controllato. Per le sue origini di gruppo carismatico, AA si affida alla conoscenza ricevuta più che alla ricerca sperimentale. Se gli esperimenti del bere controllato hanno sollevato interesse fra sociologi e medici americani, essi sono stati bocciati da AA. Questa battaglia sul dogma non è diversa da quelle combattute dai gruppi carismatici — e in questo caso vinta: oggi negli Stati Uniti AA fa da guida nella cura dell'alcolismo in tutto il paese.

La possibilità di essere incorporata in altre istituzioni del sistema terapeutico tradizionale rende AA vulnerabile. Molti suoi associati sono diventati terapeuti in programmi di riabilitazione per alcolisti su base ospedaliera e il loro impegno all'approccio di AA si è attenuato. Nuovi membri sono indirizzati ad AA in numero crescente da ambienti professionali; oltre un terzo dei nuovi provengono adesso da programmi di riabilitazione istituzionali. [24] Con il tempo AA potrebbe essere considerato dai suoi membri una fra le tante opzioni ugualmente valide, più che il veicolo unico e definitivo per la loro riabilitazione. Oltre il 40% di un recente campione di membri di AA si rivolsero a medici *dopo* essersi iscritti, e moltissimi dissero che tale assistenza professionale aveva avuto una «parte importante» nella loro guarigione. [25]

Vi è una lezione in questo; l'associazione ha lottato per anni affinché l'alcolismo trovasse il suo posto nella corrente tradizionale, e l'influenza di AA potrebbe ora diminuire proprio a causa del suo successo. Talvolta i gruppi carismatici conservano meglio l'integrità quando sono perseguitati che non quando godono il favore della più vasta società. Il gruppo carismatico può riuscire su più larga scala allorché il suo messaggio diventa parte della tradizione culturale.

In conclusione, troviamo che AA offre un buon esempio di movimento carismatico di guarigione pienamente evoluto. Esso trae le forze dalla psicologia del gruppo carismatico: nel fare proseliti, nel controllare le comunicazioni dei membri e nella visione manichea. Allo stesso tempo, ha la vulnerabilità dei gruppi carismatici ed è soggetto alla dissoluzione dello zelo dei fondatori quando raggiunge il successo organizzativo.

Diramazioni di AA e Synanon

I movimenti di autosostegno variano parecchio nella struttura e nella impostazione. Alcuni collaborano strettamente con personale sanitario istituzionale, mentre altri si tengono in disparte, stabilendo pochi contatti con organizzazioni o professionisti. Ho studiato bene tre gruppi ferventi e coesivi, orientati verso la guarigione. Uno, la Federation of Parents for Drug-free Youth (Federazione di genitori per liberare i giovani dalla droga), è un movimento nazionale antidroga che tiene conto della preoccupazione dei genitori per il benessere dei loro figli.[26] L'altro è Recovery, un movimento di autosostegno esistente da lunga data per malati psichiatrici.[27] E il terzo è un programma di autosostegno per alcolismo, sviluppato nel mio ospedale, integrato nel trattamento istituzionale a base ospedaliera.[28] Ognuno offre un'utile prospettiva sull'adattabilità di taluni aspetti del gruppo carismatico, ma sarà più istruttivo concentrarci su gruppi che si sono sviluppati più direttamente da AA.

Molti hanno imitato con successo AA. Ben più di una dozzina di gruppi «Anonimi» si sono ispirati all'impostazione dei Dodici Passi di AA. Si occupano di problemi che vanno dalla tossicodipendenza, come Pills Anonymous e Cocaine Anonymous, al vizio del gioco d'azzardo e all'obesità. L'ammissione d'impotenza di fronte al proprio problema e l'unione con altri parimenti afflitti sembra funzionare bene come formula di autosostegno per molti comportamenti compulsivi.

Più oltre, nella scala del comportamento di assuefazione sta la dipendenza da oppiacei, come eroina e morfina. Per affrontare questo grave problema ci vuole un più profondo impegno di gruppo, il che può avvenire in una comunità terapeutica residenziale. In questo ambiente tutti gli aspetti della vita di un membro entrano nel programma carismatico di guarigione, e occorre risiedere lì per molti mesi. La comunità terapeutica è usata meno frequentemente nella cura dell'assuefazione all'eroina che non per il mantenimento con metadone (terapia di sostituzione di oppiacei) e queste comunità illustrano le limitazioni di un approccio terapeutico carismatico. Per esempio, in uno Stato americano meno di un quinto di tutti i pazienti sotto cura per tossicodipendenza da oppiacei erano in comunità terapeutiche, mentre i restanti erano curati con metadone.[29] Ciò nonostante, certe comunità terapeutiche a orientamento carismatico, come Phoenix House e Daytop Village, sono state largamente accettate grazie al loro oculato uso di tecniche di terapia di gruppo, apertura a successive cure indipendenti e collaborazione con altri organismi della comunità.

Synanon, la prima comunità terapeutica per drogati,

simboleggia molti dei fallimenti dei gruppi carismatici di guarigione. Questo movimento fu fondato nel 1958 da Charles Dederich in California. Dederich, un alcolista guarito grazie ad AA, volle applicare le tecniche associative ai tossicodipendenti. Fra i cambiamenti che introdusse, il principale fu lo spostamento in un luogo di residenza e — almeno all'inizio — l'eliminazione di un orientamento religioso. All'apice del suo successo nei primi anni Settanta, il movimento aveva 1.350 membri, soprattutto nella California meridionale. Sebbene i più fossero entrati per guarire dalla tossicodipendenza o dall'etilismo, circa un quarto lo avevano fatto per problemi di adattamento. [30] Molte figure illustri, dallo psicologo Abraham Maslow [31] ad autorevoli funzionari degli enti antidroga, furono colpiti favorevolmente dal gruppo nella sua fase iniziale.

L'esperienza di Synanon cominciò con neofiti che cessavano ogni rapporto con l'esterno per tre mesi, dopo di che vivevano in luoghi isolati e lavoravano nelle attività gestite da Synanon, tutte ideate per allontanarli dalle influenze della comunità generale che poteva, forse, riaccendere in loro il desiderio smodato di eroina. La rigida obbedienza alle pratiche e alle norme di comportamento del gruppo veniva richiesta appena entravano e ribadita in intensi incontri di gruppo chiamati «giochi». I membri passavano una media di trenta ore al mese nei giochi, caratterizzati da durissimi scambi. Essi servivano a una quantità di funzioni, esplicite e non. Il loro scopo palese era convertire il tossicodipendente a un nuovo sistema di vita. Fungevano anche da valvola di sicurezza per i forti sentimenti e le animosità che potevano insorgere nell'ambiente comunitario. Su un altro livello, come descritto da Richard Ofshe, [32] assicuravano l'acquiescenza dei membri a tutte le domande del gruppo, quindi davano ai capi il fermo controllo della comunità.

In breve, il gruppo divenne sempre più autosufficiente, impiegando i propri membri e controllandoli strettamente. Verso la metà degli anni Settanta i membri furono indotti da Dederich a perversi atti sessuali, i disertori furono tormentati e i critici sottoposti a violenze. Un pubblico e una comunità medica, inizialmente entusiastici, si chiesero come mai il gruppo si fosse così deteriorato.

Fin dall'inizio Synanon fu vittima della presunzione di Charles Dederich, il suo leader carismatico. In contrasto con Bill W., Dederich era arrogante e autoritario, e con il tempo chiamò Synanon una religione, attribuendosi un ruolo trascendente assai lontano da quello che deve avere il direttore di un programma terapeutico antidroga. Un potere sfrenato porta a sentimenti di delirio di grandezza difficili da sostenere, per cui il risultato di questo gruppo dipendeva dalla costituzione di una struttura amministrativa ragionevole. Tuttavia, diversamente da AA, Synanon non sviluppò un'organizzazione stabile o una comunità democratica. Il potere era concentrato nelle mani di uno solo che si dimostrò inadatto a esercitarlo.

Mentre AA si occupa di un aspetto molto circoscritto della vita degli associati, l'uso dell'alcool, Synanon pretendeva di interessarsi di tutti gli aspetti dell'adattamento sociale. Indubbiamente si pensò che Synanon, occupandosi di un problema importante come la tossicodipendenza, fosse giustificato nei suoi controlli.

Dederich separò i membri di Synanon dalla vita economica della più vasta comunità, mettendoli a lavorare in aziende artigianali e vendite al minuto in piccole ditte possedute dal gruppo. Gettò così le basi per concentrare nelle sue mani i beni economici del gruppo. In seguito, davanti al giudice, Dederich ammise che la sua famiglia si era appropriata di due milioni di dollari dai fondi dell'organizzazione in un periodo di quattro anni. [33] Questo profitto, naturalmente, è in netto contrasto con la tradizionale limitazione di acquisizione di beni da parte di AA, e con la rinuncia a ogni profitto personale da parte del suo fondatore.

Con il tempo Dederich divenne sempre più bizzarro e costrinse i membri sposati a cambiare partner a suo comando. [34] Il suo delirio di grandezza e il suo stato mentale sempre più instabile emergono nella seguente dichiarazione fatta durante una deposizione in tribunale negli ultimi anni del suo potere.

Sono più famoso di Babbo Natale. Abbiamo avuto una valanga di pubblicità. Avevamo dalla nostra tutti i più importanti periodici: «Life», «Look», tutti tranne «Reader's Digest». La gente sapeva più di me che della seconda guerra mondiale, a giudicare dai vari sondaggi che facemmo. [35]

La separazione dei buoni e dei cattivi e la proiezione del male sugli estranei furono un aspetto della paranoia aggressiva di questo leader alienato. Quando un avvocato intentò causa a Dederich per conto di un ex membro disincantato, il leader disse ad alcuni suoi collaboratori:

Non intendiamo mescolarci con il vecchio atteggiamento «porgi l'altra guancia». Non immischiatevi nelle nostre cose — potreste lasciarci la pelle — questa è la nostra interpretazione di ciò che un atteggiamento religioso dovrebbe essere. Voglio il suo orecchio in un bicchiere di alcool. [36]

In risposta a questo, tre membri della «guardia imperiale» armata di Dederich misero un serpente a sonagli nella cassetta della posta dell'avvocato, che per poco non rimase ucciso. L'episodio costò a Dederich un'ammenda di 5.000 dollari e una condanna a cinque anni di libertà vigilata, con la proibizione di occuparsi della direzione del suo gruppo. [37] Chiaramente un sistema di governo aperto, quale quello instaurato da AA, avrebbe posto un freno a una tale piega degli eventi.

Raccomandazioni

Il confronto fra Synanon e Alcolisti Anonimi suggerisce misure che impediscano l'abuso di potere in un gruppo terapeutico carismatico. In particolare è importante evitare improprie concentrazioni di potere e la proibizione di stabilire contatti con il mondo esterno.

1. Un gruppo terapeutico carismatico dovrebbe avere una struttura amministrativa a larga base e instaurare tradizioni scritte per impedire l'insorgenza di una direzione autocratica. Una possibilità è il procedimento elettorale.

2. Si dovrebbero definire chiari limiti per le intrusioni nella vita sociale dei membri onde evitare che siano manipolati più di quanto è necessario per la loro guarigione.
3. Ingenti contributi in denaro e altre risorse dovrebbero essere scoraggiati; le funzioni amministrative dovrebbero essere eseguite da volontari.
4. Fonti d'informazione indipendenti e aperti scambi con la società in generale non dovrebbero essere soppressi. Essi servono a minimizzare i pericoli dell'eccessiva fiducia nelle stravaganti dottrine del gruppo e nei valori generati al suo interno. Possono anche facilitare una preziosa collaborazione con professionisti esterni.

Per ironia questi passi verso la moderazione possono anche minare lo zelo carismatico del gruppo e quindi il suo successo. Qui sta la sfida per chi intende costituire e portare avanti tali ferventi gruppi terapeutici.

EPILOGO

Questo libro si chiude con una nota di cautela sui gruppi carismatici, descrivendo come essi possano generare un comportamento violento. Talvolta l'aggressione scaturisce dallo zelo di sette religiose carismatiche e di movimenti politici locali divenuti aberranti; questa combinazione ha alimentato lo sviluppo del terrorismo internazionale. In ogni gruppo carismatico si può sviluppare la xenofobia, e con essa un allentamento dei freni sul comportamento aggressivo. È più che evidente che l'atteggiamento difensivo può diventare paranoia, e questa sfociare nella violenza.

Violenza e sette religiose

Abbiamo già considerato come i culti religiosi possano diventare violenti *contro i propri seguaci* se guidati da un alienato. L'esempio più clamoroso è quello del suicidio di massa dei seguaci del Tempio del Popolo a Jonestown. La violenza può anche essere diretta *all'esterno*, come nei delitti commessi nel 1969 dal culto quasi-religioso di Charles Manson nella California meridionale. Gli otto omicidi, compreso quello di una donna gravida, furono compiuti con brutalità, stravaganza, molteplici pugnalate e disposizione rituale dei corpi delle vittime.

Le indagini rivelarono che Manson era in grado di promuovere quelle azioni mediante una varietà di accorgimenti. Era molto selettivo nella scelta dei seguaci; solo quelli che obbedivano alle sue richieste restavano nel piccolo gruppo. Lui contava molto anche nella manifestazione di stati di coscienza alterata dei seguaci, spinti regolarmente a usare farmaci psicoattivi, in particolare Lsd. Gli estranei erano considerati «alieni». Attribuendosi i ruoli di Gesù e di Satana, Manson impersonava il bene e il male. Il suo culto era isolato socialmente e fisicamente nel deserto californiano, e ogni tipo di informazioni esterne — spesso anche l'uso di orologi — era proibito.[1] Il fascino personale di Manson è in gran parte un mistero. Probabilmente i capi di culti come lui vengono presi da delirio di grandezza e senso di onnipotenza nell'interagire con i loro seguaci. Si vedono incensati nella vanità e nelle inadeguatezze da individui adoranti e sono abbastanza scaltri da manipolare efficacemente il proprio gregge. Dubito che abbiano tratti della personalità ben definiti *prima* di assumere i loro ruoli di guida. In realtà il carisma può scaturire da molte fonti: dal fascino seducente di uno psicopatico, dal forte impegno di un ideologo, dallo zelo di un alcolista disperato, dall'audacia di un guerriero, o dalla fede del paranoide nella sua visione distorta del mondo. Ognuno di questi tratti può catapultare un individuo apparentemente irrilevante dall'anonimato all'adulazione, purché vi sia la giusta combinazione di circostanze.

Culti religiosi piccoli, violenti, autistici come quello di Manson spuntano dall'oggi al domani e nelle loro azioni esplosive solitamente provocano la propria fine. Un'altra fine cataclismica fu anche quella, avvenuta a Memphis, Tennessee, nel 1983, di un culto più piccolo semi-cristiano. Era composto da sei uomini di colore e dal capo Lindberg Sanders, un alienato che si proclamava il «Gesù nero». Il gruppo si era convinto che un'imminente eclissi di luna avrebbe portato all'Apocalisse, e agiva in base a quella delirante fede condivisa che era evidentemente frutto della mente malata di Sanders. Un giorno, quando stava per essere rinchiuso in ospedale psichiatrico, Sanders e i suoi seguaci si barricarono in una casetta, portando con sé un poliziotto come ostaggio. Vi fu una tregua armata con le autorità locali e l'ostaggio fu ucciso brutalmente. L'irruzione della polizia nella casa si risolse con la morte di tutti i seguaci del culto. [2]

Gli eventi messi in moto da Jones, Manson e Sanders mostrano chiaramente che l'alterazione mentale dei leader può avere un ruolo importante nell'insorgenza di comportamenti violenti in un gruppo carismatico. Grazie alla facilità con cui si può esercitare il controllo del gruppo, le fantasie del leader si traducono in azioni rituali che, sebbene delittuose e bizzarre, hanno un senso nell'ambito del sistema delirante del culto.

I gruppi carismatici più diffusi degli anni Settanta erano, al contrario, relativamente immuni da violenza. Quando misero radici negli Stati Uniti, erano diretti da una struttura burocratica abbastanza bene organizzata per attutire l'impatto delle stravaganze dei leader ed erano disposti a scambi con il pubblico generale, anche se in maniera distorta per mutuo risentimento. Inoltre, c'era una certa trasparenza e le autorità locali e statali non esitavano a esaminare minuziosamente eventuali settori di attività illegale e a intervenire quando comparivano segni di comportamento violento.

Violenza e gruppi politici nazionali

La violenza può sorgere anche in gruppi carismatici politici, ma questo è poco comune negli Stati Uniti dove i gruppi politici potrebbero incorrere nei rigori delle leggi federali concernenti l'azione politica armata e la violazione dei diritti civili. Ciò nonostante, in anni recenti alcune sommosse hanno attirato l'attenzione pubblica. Se hanno avuto poco impatto sul tenore della politica nazionale lo si deve al fatto che un corpo politico stabile e conservatore può reprimere tale attività. Un episodio avvenne nel 1981, l'assalto a un furgone blindato della Brinks da parte di uomini dei Weathermen, un movimento di estrema sinistra. Quattro membri di quel gruppo radicale uccisero due guardie nel tentativo di rubare il denaro per finanziare le proprie attività politiche. [3] I Weathermen si erano resi responsabili di diverse dozzine di attentati dinamitardi e di almeno cinque morti agli inizi degli anni Settanta, ma erano scomparsi dalla scena da sei anni. Alcuni avevano ancora conservato una fede anarchica e radicale mentre erano in clandestinità. Questo illustra una caratteristica importante dei gruppi terroristici — la capacità di conservare coesione interpersonale e lealtà a un ideale politico durante un prolungato periodo di inattività, per poi riemergere con immutato zelo. Ciò somiglia all'impegno che gruppi religiosi carismatici e pacifici conservano per i loro precetti di fronte a privazioni, e dimostra l'eccezionale forza di questa forma di organizzazione sociale.

L'alienazione è sentita alle due estremità dello spettro politico, e i gruppi terroristici degli Stati Uniti sono sorti anche in ambienti di estrema destra. Un gruppo carismatico neonazista, l'Ordine, operava agli inizi degli anni Ottanta nell'ovest degli Stati Uniti, praticando rituali quasi religiosi fra i suoi membri segreti e molto uniti. Come i Weathermen, i suoi aderenti attuavano assalti a mezzi blindati per autofinanziarsi, e uccisero a sangue freddo Allen Berg, un presentatore televisivo ebreo che aveva provocato il forte antisemitismo della setta. Secondo il loro dogma gli ebrei erano figli di Satana e quindi dovevano essere uccisi.[4] A causa della natura politica delle loro credenze, e degli atti di violenza commessi, i componenti dell'Ordine furono braccati dalle autorità federali che, alla fine, riuscirono ad arrestare i capi.

L'Ordine e i Weathermen erano molto imbevuti di una tradizione di violenza tratta da modelli storici. Il nazismo nel caso dell'Ordine, un vago amalgama di anarchia e socialismo rivoluzionario per i Weathermen. Questo fu il perno della loro ideologia, non un semplice strumento di linea politica. Anche la tradizione di violenza può contribuire a sostenere un gruppo carismatico nel corso del tempo.

Violenza e terrorismo internazionale

Gruppi fanatici che assumono il controllo di organizzazioni politiche riescono spesso a mettere in atto piani sistematici su larga scala, usando anche il potere dello Stato per i loro fini. Se s'impossessano dell'apparato statale, diventano legittimi, istituzionalizzando la loro filosofia di governo.

Non c'è esempio recente di fanatismo ideologico, sposato al potere dello Stato, più convincente del regime dell'Ayatollah Khomeini. Leggendo dell'Iran sui giornali, abbiamo saputo dei sacrifici fatti da tanti credenti e della netta separazione dei buoni dai cattivi — quelli nel gregge e quelli fuori. Per vendicarsi dell'aggressione di Saddam Hussein nel 1980, Khomeini portò avanti una guerra santa che provocò la morte di centinaia di migliaia di giovani iraniani, ignorando qualsiasi proposta di pace negoziata. Sotto il suo regime i valori di una società parzialmente occidentalizzata ritornarono a un fondamentalismo islamico senza il quale la guerra non sarebbe infuriata in quel modo.

Il grado di dominazione del paese da parte di Khomeini si evidenziò soprattutto quando giovani dai dodici ai diciassette anni alimentarono la macchina bellica, spinti a un vero suicidio rituale. Molti andarono disarmati in battaglia, con fasce attorno al capo rosse di sangue, o con libri recanti segni rossi sacri, il colore che simboleggiava il loro biglietto per il cielo. Queste vittime della missione carismatica della nazione furono reclutate per il martirio dal clero locale e mandate al fronte in Irak contro mezzi corazzati pesanti. Mentre correvano ai campi di battaglia, moltissimi persero arti e vita calpestando delle mine, e lasciando così il terreno sgombro per le truppe regolari. Spesso erano legati insieme con corde, in gruppi di venti, per impedire che a qualcuno mancasse il coraggio e disertasse. Alla fine, però, fu l'impegno fanatico a spingere quei giovani in battaglia, sostenuti dalle famiglie che accettavano il loro martirio con profonda fede religiosa.[5] Lo Stato non solo aveva assunto il ruolo di gruppo carismatico ma attingeva a una tradizione di martirio nella fede fondamentalista sciita.

Questa sorta di sacrifici umani in Iran, e le ondate di terrorismo che investirono il Medio Oriente nello stesso periodo, rappresentano un risveglio di un tipo estremo di impegno islamico espresso con zelo carismatico e spesso con violenza: irruzioni in aeroporti, pirateria aerea e marittima, assalti a obiettivi diplomatici, cattura di ostaggi e guerriglia prolungata. Tali eventi continueranno probabilmente fino a quando i vari movimenti non saranno assorbiti nella corrente tradizionale dell'Islam, sottomessi da forze islamiche più conservatrici, oppure — naturalmente — fino al loro trionfo sugli avversari.

La violenza terroristica è sorta in diverse forme anche nelle culture occidentali. Negli anni Settanta la banda Baader-Meinhof, le Brigate Rosse, Action Directe, i Weathermen impersonavano tutti un analogo impegno fanatico per una visione rivoluzionaria del mondo, radicata in un miscuglio di socialismo e di anarchismo internazionali. Questi gruppi non solo collaboravano l'uno con l'altro ma operavano anche con i fondamentalisti islamici e con l'Ira, nonostante le incongruenze nelle rispettive posizioni ideologiche, in una «rete di terrore» internazionale.[6]

Quali circostanze contribuiscono al sorgere della violenza in gruppi carismatici? Fra i segnali di pericolo di violenza potenziale vi sono:

1. Un *capo delirante predisposto alla paranoia* può incitare i seguaci alla violenza e le sue idee hanno la probabilità di tradursi in azione se non esiste un livello intermedio di burocrazia per attutire l'impatto sulla collettività dei seguaci.
2. Quando gruppi fanatici sono *allontanati dall'aperta comunicazione* con il corpo politico, possono scaturire piani bizzarri che ignorano i normali freni sociali sulla violenza.
3. Se gruppi zelanti acquisiscono un *potere di polizia* conquistando l'apparato dello Stato, diventano legittimati a usare la forza per conseguire i loro fini. L'attività aggressiva non è più il prodotto di una minoranza deviante, ma la prerogativa formale dello Stato.
4. Un gruppo che è assediato e *combatte per il simbolo della propria missione trascendente*, sia esso una residenza fortificata, un simbolo religioso, o un modello

politico, può ricorrere alla violenza per proteggere la sua missione simbolica. Questo si accentua quando l'identità e la sopravvivenza del gruppo sono minacciate da reali assalitori, come la polizia o altri rappresentanti dello Stato.

5. Alcuni gruppi sono associati a *una tradizione storica di violenza*, e perciò inclini a portare avanti quella tradizione, specialmente se sotto tensione.
6. Quando un gruppo carismatico *si allea con un altro movimento che predica la violenza* è probabile che venga trascinato a collaborare in atti ostili.

Questo epilogo si è occupato di alcuni pericoli potenziali di gruppi del tipo «culto». Si noti, tuttavia, che tante ideologie influenti, religiose o politiche, sono nate dai crogiuoli di tali movimenti. La rivoluzione, veicolo talora inevitabile per un cambiamento sociale, avviene raramente senza guida carismatica, intensa coesione e fanatica fede condivisa. Perciò, quando un gruppo carismatico si è costituito, è difficile predire le vicende di queste forze. Potrebbero venire in conflitto con i più nobili princìpi della società, oppure costituire uno dei mezzi con cui il corpo politico persegue i fini dei suoi membri. A causa di queste diverse possibilità, solo il trascorrere del tempo ci dirà se un dato gruppo carismatico sarà giudicato buono, cattivo o insignificante.

APPENDICE A

IL GRUPPO CARISMATICO: SCHEMA SOMMARIO

Se lo studio del cosiddetto gruppo carismatico ha una valenza scientifica, per lo studioso può essere utile fare riferimento ad alcuni princìpi operativi. La seguente ricapitolazione è stata fatta proprio a tale scopo.

Il gruppo carismatico è una comunità strettamente interrelata definita in base alle seguenti caratteristiche primarie: possiede un sistema di fede fortemente condiviso e un alto livello di coesione sociale; i suoi membri vengono pesantemente influenzati dalle norme di comportamento del gruppo e attribuiscono un ruolo trascendente (o divino) al loro leader. Questi gruppi possono differenziarsi tra loro a seconda delle peculiarità della loro ideologia e dei comportamenti rituali, ma hanno certamente svariati tratti in comune, alcuni dei quali sono elencati più sotto. Certi gruppi possono conformarsi solo parzialmente a questo modello e, in tal senso, sono un'espressione del fenomeno in forma modificata.

L'ingresso nel gruppo

Si ritiene che i gruppi carismatici emergano nei periodi in cui i valori di una società vengono percepiti come inadeguati a risolvere i più importanti problemi sociali. I soggetti individuali sono più inclini ad affiliarsi a tali gruppi se avvertono di trovarsi in condizione di infelicità a causa di problemi esistenziali o di malessere psichico cronico e se i loro legami affiliativi con la famiglia e gli amici sono limitati.

I gruppi generalmente attirano i nuovi membri creando un'atmosfera di accettazione incondizionata e di sostegno e offrendo una visione del mondo tale da promettere una soluzione a tutti i problemi esistenziali. L'adesione al gruppo (o la conversione alla nuova fede) porta con sé l'esperienza di un'emozione intensamente avvertita o di un mutamento a livello percettivo. Offre anche un sollievo all'angoscia nevrotica e una sensazione di benessere. Per il convertito queste esperienze servono a convalidare la missione del gruppo.

L'esperienza dell'affiliazione

Al leader del gruppo viene attribuita la capacità di offrire una soluzione ai problemi dell'umanità. Nell'interagire con i seguaci, il leader viene anche indotto a credere nel grandioso ruolo che gli viene attribuito, il che lo porta a giustificare il proprio comportamento in base alla missione trascendente suggerita dalla filosofia del gruppo. Ciò può indurlo a pretendere dai suoi seguaci prestazioni che agli esterni al gruppo sembrerebbero sgradite e illegali.

Il gruppo attribuisce uno speciale significato, variabile a seconda della filosofia che lo contraddistingue, agli avvenimenti e al linguaggio quotidiani; tale significato viene di solito messo in relazione con il dogma o il codice scritto attribuito al leader del gruppo o al suo ideatore.

Affiliandosi, gli adepti sperimentano un *effetto sollievo*. In altre parole, quanto più vicini si sentono agli altri membri della comunità e ai valori del gruppo, tanto più avvertono un sollievo dall'angoscia; quanto più si distanziano a livello emozionale dal gruppo, tanto più forte è l'esperienza d'angoscia. Questo «effetto sollievo» serve da base per rafforzare l'acquiescenza alle norme del gruppo, in quanto premia implicitamente ogni tentativo di conformarsi ad esse offrendo un'accentuata sensazione di benessere, mentre punisce il prendere le distanze da tali norme ingenerando sentimenti d'angoscia. Impedisce anche ai membri del gruppo di lasciarlo perché li condiziona a evitare il malessere psichico che viene generato dalla rinuncia ai benefici dell'«effetto sollievo».

Le regole comportamentali del gruppo dettano legge di solito in tutti gli ambiti dell'esistenza dei membri, nella loro attività lavorativa, nella sessualità, nella socializzazione e nelle occupazioni intellettuali. Ogni prestazione in questi ambiti viene preferibilmente eseguita insieme con altri membri, cosicché gli affiliati evitano generalmente di avere degli estranei come amici o colleghi.

L'affiliazione è caratterizzata da livelli di «santità», in modo tale da indurre ogni membro a puntare a un livello superiore di inserimento col conformarsi quanto più possibile alle aspettative del gruppo. Quale conseguenza di tale conformità i membri sperimentano di solito notevoli privazioni.

Il gruppo carismatico come sistema sociale

Il gruppo opera come un sistema sociale chiuso e strettamente interrelato allo scopo di assicurarsi la stabilità. Ottiene tale risultato manipolando le attività e il modo di pensare dei suoi membri. Le attività degli affiliati sono sottoposte a un attento controllo, da parte sia di osservatori, formalmente designati a questo scopo, sia di altri membri generici. L'acquiescenza alle regole del gruppo è assicurata dal bisogno dei membri di evitare l'estraniazione, e la conseguente disforia, causata da un loro eventuale mettere in discussione quei valori. Il fatto che i membri recalcitranti vengano presi come capri espiatori aiuta a mantenere un senso di benessere e di fiducia tra gli affiliati.

Ci si serve dell'informazione per minimizzare le dissonanze tra le opinioni del gruppo e gli atteggiamenti contrastanti in seno all'opinione pubblica. Il gruppo può così generare modi di agire e di pensare che sfidano la realtà pur di impedire preventivamente che l'impegno dei membri venga destabilizzato. Una «prova» implicita della credibilità dell'etica del gruppo viene fornita anche dall'accrescersi del numero degli affiliati, ragion per cui un reclutamento aggressivo contribuisce a stabilizzare l'intero sistema.

I gruppi carismatici vengono in conflitto con la società circostante in diversi modi. Non tengono in alcun conto le preoccupazioni delle famiglie dei nuovi membri. Si comportano in modo difensivo e paranoide nei confronti di estranei, sospettati di nutrire ostilità verso il gruppo. Mantengono aggressivamente delle posizioni ideologiche in contrasto con quelle della cultura dominante.

Dopo la fase iniziale, contraddistinta soprattutto da un certo fanatismo, i gruppi carismatici possono imboccare una delle seguenti strade: possono burocratizzarsi, attribuendo alla gerarchia che guida il gruppo il carisma del leader originario; possono integrarsi nella società circostante se i meccanismi di autodifesa e di isolamento del gruppo non vengono attivati dalla leadership; possono mettersi in aperto conflitto con la società circostante a causa delle differenze ideologiche e autoconservatrici esistenti da entrambi i lati, situazione che può sfociare in atti di violenza. Per sfuggire a un esito negativo, questi gruppi possono anche trasferirsi in un insediamento isolato.

APPENDICE B

CRONOLOGIA DEGLI STUDI EFFETTUATI

I risultati di molti dei miei studi vengono discussi in punti diversi del testo. Per chiarire la sequenza di questo lavoro, gli effettivi progetti di ricerca vengono qui elencati in ordine cronologico.

Anno della ricerca	*Progetto di ricerca, località e soggetti studiati*	*Fonti principali*
1970-72	Marijuana: fisiologia, psicologia e comportamento sociale. National Institute of Mental Health (12 volontari; 36 volontari)	Galanter e al., 1972 Galanter e al., 1973 Galanter e al., 1974
1974	Missione della Luce Divina, membri attivi. New York, Orlando, Florida (119 membri)	Galanter, 1978 Galanter e Buckley, 1978
1977	Chiesa dell'Unificazione, membri attivi. New York City (237 membri)	Galanter e al., 1979 Galanter, 1981
1978	Chiesa dell'Unificazione, seminari di reclutamento. Boston, California, Washington D.C., Stato di New York (104 nuove reclute)	Galanter, 1980
1980-81	Chiesa dell'Unificazione,	Galanter 1983 (a)

Anno della ricerca	*Progetto di ricerca, località e soggetti studiati*	*Fonti principali*
	studio dei fidanzamenti. New York City, Boston (321 membri)	
1981	Chiesa dell'Unificazione, casi di abbandono della setta. Stati Uniti (66 ex membri)	Galanter 1983 (b)
1982	Federation of Parents for Drug-Free Youth. Atlanta, Georgia (135 genitori membri dell'associazione)	Galanter e al., 1984
1982-86	Terapia di autosostegno, su base istituzionalizzata, per combattere l'alcolismo. Bronx Municipal Hospital Center (282 pazienti e soggetti di controllo)	Galanter e al., 1987
1983-85	Chiesa dell'Unificazione, studio delle coppie sposate. Stati Uniti (321 membri già precedentemente studiati)	Galanter, 1986
1983-86	Recovery, Inc., terapia di autosostegno per problemi psichiatrici. Stati Uniti (un membro e un leader in ognuno dei 211 gruppi)	Galanter, 1988
1988	Programma basato sulle tecniche di AA per medici tossicodipendenti (100 medici)	Galanter e al., 1989

NOTE

1. Il gruppo carismatico

1. S. Freud (1921), p. 16.
2. W. James (1902).
3. D. Hume (1779).
4. C. Darwin (1871).
5. E. O. Wilson (1975).
6. S. Wright (1945).
7. M. Galanter (1978, 1983a).
8. A. Jolly (1972).
9. S. J. Suomi (1972); S. J. Suomi e al. (1978); J. M. Smith (1964), S. Wright (1945).
10. L. von Bertalanffy (1950).
11. «U.S. News and World Report», 4 dicembre 1978, pp. 28-29.

2. Coesione di gruppo

1. Qui ci si dovrebbe riferire a G. H. Mead (1962), il quale dimostrò che la mente e l'io sono generati in un processo sociale. Mead formulò la teoria di un «altro generalizzato», cioè la comunità organizzata o gruppo sociale che dà all'individuo l'unità dell'io.
2. D. Cartwright e A. Zander (1962), p. 74.
3. M. Bowen (1978); L. Wynne e al. (1958).
4. D. Reiss (1971).
5. A. Deutsch (1980).
6. W. Bion (1959), p. 30
7. A. K. Rice (1965). Negli Stati Uniti questi programmi sono condotti dal A. K. Rice Institute con sede a Washington, D.C.
8. L. Coser (1974); A. L. Greil e D. R. Rudy (1984).
9. S. Freud (1921), p. 16.
10. Il termine «nuovi movimenti religiosi» denota un certo rispetto per questi gruppi. È stato divulgato da autori più «comprensivi». Il termine «culto», al contrario, è stato usato spesso in senso peggiorativo da autori più preoccupati del pericolo potenziale di questi gruppi. «Set-

ta», più usato nel linguaggio comune nelle lingue latine, è lievemente meno peggiorativo di «culto».

11. I nomi dei seguaci di gruppi e i particolari del loro passato sono stati alterati in tutto il libro per proteggere le loro identità.

12. J. G. Melton e R. L. Moore (1982).

13. J. V. Downton (1979).

14. J. V. Downton (1979); T. Pilarzyk (1978), p. 30.

15. M. Galanter e P. Buckley (1978).

16. L'età media degli interpellati era di 25 anni. Eliminando le risposte «nessuna» e «altra», la rispettiva distribuzione delle principali confessioni religiose fra il restante campione prima di entrare nella setta era: 44% protestanti, 32% cattolici e 21% ebrei. Cifre paragonabili per l'intera nazione (*Yearbook of American Churches*, 1972, U.S. Church membership) erano 57%, 38% e 2% rispettivamente.

17. C. Cameron (1973), p. 22.

18. T. Pilarzyk (1978), p. 38.

19. J. C. Ross (1982); D. G. Bromley e A. D. Shupe (1979).

20. M. Galanter e al. (1972).

21. Tuttavia sintomi soggettivi non collegati all'esperienza di gruppo differenziarono le tre condizioni sperimentali. Quindi per sintomi come «sentire la bocca asciutta», «sentirsi sognante», e «sentire la testa più pesante», marijuana e placebo sono diversi in modo significativo dalla condizione senza droga, sebbene l'effetto della marijuana attiva sia più forte (M. Galanter e al. 1974).

22. B. J. Albaugh e P. O. Anderson (1974).

23. R. L. Bergman (1971).

24. F. Kass e al. (1980).

25. L'affidabilità interna delle scale messe a punto per questo studio e per studi successivi fu valutata calcolando il coefficiente alfa, che rifletteva la correlazione media degli elementi del test. Con questa tecnica, le scale avevano tutte soddisfacenti coefficienti di affidabilità interna. Per esempio, per la Scala di disturbo psicologico, 0,78; per la coesione di gruppo in relazione a dieci membri, 0,75; in relazione a tutti i membri, 0,75; in relazione a non-membri, 0,78; per il credo religioso (scala usata nello studio della Chiesa dell'Unificazione), 0,81 (Galanter, 1981). I punti specifici su tutte queste scale furono designati così: 1 - niente affatto; 2 - appena; 3 - moderatamente; 4 - parecchio; 5 - moltissimo.

26. Ulteriori dettagli sul regresso di sintomi si trovano in Galanter (1978). I seguaci avevano un'incidenza relativamente alta di uso di droga prima di entrare nel gruppo. Per esempio, la stragrande maggioranza aveva fumato marijuana (92%), molti avevano usato allucinogeni (68%), e un certo numero anche eroina (14%). A eccezione dell'alcool, il livello di uso di tutte le droghe indagate era da due a quattro volte superiore a quello riferito da un campione rappresentativo nazionale di studenti universitari per lo stesso periodo. Lo stesso numero di membri della Luce Divina (86%), tuttavia, aveva usato alcool, rispetto agli intervistati in un campione nazionale (National Commission on Marijuana and Drug Abuse, 1973).

27. Punteggi medi per la Scala di coesione sociale a fronte di ognuno dei tre gruppi esaminati riflettevano questa differenza: per dieci membri, 34,4±3,4; per dieci non-membri 26,4±4,7; per tutti i membri, 32,4±3,6 ($F=214,7$;2/116 df.; $p<0,01$).

28. Diminuzioni tipiche nei punteggi dei sintomi dopo l'entrata nel gruppo erano 41% per l'angoscia e 42% per la depressione. Un'analisi di regressione multipla per gradi fu effettuata usando quesiti selezionati sulla coesione sociale verso i membri della setta. Questi ultimi risultati spiegavano il 37% della variazione nei punteggi sulla Scala dei disturbi psichici (Galanter, 1982).

29. In un quesito i soggetti indicarono se avevano o no «avuto gravi problemi emozionali» in passato, prima di entrare nel gruppo.

3. Fede condivisa

1. R. M. Kanter (1972).

2. W. M. Kephart (1976) riesamina la storia di questa comunità e di altre simili sorte nel XIX secolo.

3. W. M. Kephart (1976), p. 58.

4. P. B. Noyes (1927), pp. 126-127.

5. Oneida, *Circular*, 17 luglio 1863.

6. R. J. Lifton (1961). R. Ofshe (1974) descrisse i giochi di Synanon, e E. H. Schein (1956) esaminò le inefficienze nelle tecniche cinesi di lavaggio del cervello.

7. A. Leighton e D. Leighton (1941).

8. B. Kaplan e D. Johnson (1964), I. Lubchansky e al. (1970) offrono un quadro simile della guarigione per suggestione di soggetti di origine ispanica negli Stati Uniti.

9. R. S. Lynd e H. B. Lynd (1929); T. Caplow e al. (1981).

10. M. E. Pattison e al. (1973).

11. S. Schacter e J. E. Singer (1962).

12. M. E. Pattison e M. L. Pattison (1980).

13. J. Frank (1973).

14. L. Mosher e A. Menn (1978).

15. L. Mosher e A. Menn (1978).

16. R. J. Wendt e al. (1983).

17. E. Liberman (1973); A. Brier e J. S. Strauss (1983); W. T. Carpenter (1977).

18. L. Mosher e A. Menn (1978), pp. 716-719.

19. J. Lofland e R. Stark (1965) usarono il termine «cercatori religiosi» in maniera simile nella loro iniziale descrizione dei nuovi movimenti religiosi.

20. Questo punto è illustrato in studi sulla dissonanza cognitiva come quelli di L. Festinger e J. M. Carlsmith (1959) e M. R. Lepper e al. (1973).

21. E. Barker (1974) si servì di liste di associati per produrre un campione casuale nei suoi studi sui moonisti.

22. Quesiti tipici erano: «Ti sei sentito emozionalmente stabile e sicuro di te?» e «Quanto sei stato felice, soddisfatto, o contento della tua vita privata?» con risposte su una scala di sei punti (Dupuy, 1973). I punteggi di benessere generale ($X = 74,4 \pm 17,2$) furono molto al di sotto di quelli del gruppo di controllo ($83,4 \pm 16,2$, $p. < 0,001$). Erano anche correlati molto inversamente ($r = -0,64$, $p < 0,001$) per quanto riguardava i punteggi della Scala dei disturbi psichici.

23. M. Galanter e al. (1979). Il dottor John Ware dello Stamford Research Institute non solo aveva sottoposto la Tabella di benessere generale a 1.196 adulti di Dayton, Ohio, ma aveva anche fatto classificazioni incrociate dei punteggi della sua popolazione per età e per sesso, rendendo possibile estrarre un campione con quasi la stessa distribuzione demografica dei nostri intervistati.

24. Il confronto delle risposte ottenute per i periodi appena prima e appena dopo i primi contatti con la Chiesa (Galanter, 1981) rifletté un marcato aumento dell'intensità d'impegno religioso con l'ingresso nella setta.

25. I quesiti di coesione incidevano per il 30% della variazione nei punteggi di benessere generale in un multiplo per gradi di analisi di regressione ($R = 0,55$, $F = 2,49$, 6/230 df), ma quando furono aggiunti i quesiti di religione all'equazione di regressione, fu spiegato un altro 6% della variazione ($R = 0,62$, $F = 2,52$, 8/228 df) (Galanter, 1981).

26. F. Heider (1958).

27. W. Proudfoot e P. Shaver (1975).

28. D. J. Bem (1972), p. 2.

29. H. H. Kelley (1967), p. 200.

30. M. Galanter e al. (1979); M. Galanter (1980).

31. N. J. Cameron (1943).

32. S. E. Asch (1952).

33. R. Ofshe (1976).

34. R. Lifton (1961).

4. Coscienza alterata

1. W. James (1902).

2. A. M. Ludwig (1966).

3. C. T. Tart (1975).

4. R. K. Wallace (1970).

5. M. Galanter e al. (1973); Roth e al. (1973).

6. J. V. Hardt e J. Kamyra (1978).

7. La meditazione era «solitamente» sperimentata durante le attività giornaliere dal 72% dei membri con precedenti problemi di droga contro solo il 47% di quelli senza tali problemi ($X^2 = 2,43$, $p < 0,05$).

8. La maggior parte di queste rilevazioni su esperienze trascendenti furono riferite nel testo di M. Galanter e P. Buckley (1978). Questi elementi furono usati anche per domande su esperienze durante la conversione (Buckley e Galanter, 1979).

9. In una analisi di regressione multipla a gradi gli indicatori significativi del regresso dei sintomi comprendevano la frequenza di meditazione dei membri e il verificarsi di esperienze trascendenti durante la loro meditazione. Altri indicatori significativi in questa analisi furono coesione di gruppo e livello di partecipazione nelle attività della Luce Divina. Queste variabili entravano per il 48% della variazione nel regresso dei sintomi dopo la conversione.

10. «The New York Times», 6 febbraio 1975, p. 12; questa è anche la fonte delle cifre sulla MT.

11. H. Benson e R. K. Wallace (1972) e H. Benson (1974).

12. «The New York Times», 1 gennaio 1984, p. A14.

13. Il termine si applica anche a certe droghe che non portano ad assuefazione o abuso. La cloropromazina, un neurolettico, è uno psicofarmaco usato nella cura della schizofrenia. Si potrebbe studiare l'impatto sociale in reparto psichiatrico quando i pazienti vengono trattati con questo farmaco.

14. R. E. Schultes (1972); M. D. DeRios e D. E. Smith (1977); A. Paredes (1975).

15. E. M. Brecher (1972).

16. W. N. Pahnke (1966).

17. A. Deutsch (1975).

18. Furono elaborate tabelle dei punteggi di coesione dei membri del «Gruppo di genitori» rispetto alla collettività di membri. Non vi furono differenze dai punteggi di membri della Chiesa dell'Unificazione rispetto al complesso di membri sui punteggi medi di tutti i quesiti ($3{,}72 \pm 0{,}96$ contro $3{,}66 \pm 1{,}04$). I punteggi del gruppo genitori sull'atteggiamento verso i non-membri che loro conoscevano meglio erano, tuttavia, molto più alti di quelli dei moonisti ($3{,}66 \pm 1{,}14$ contro $2{,}62 \pm 0{,}91$; $t = 9{,}65$, $p < 0{,}001$) (Galanter e al., 1984).

19. M. Orne (1969).

20. M. Galanter e al. (1974).

21. F. I. Melges e al. (1974).

22. J. G. Melton (1978).

23. R. C. Ness e R. M. Wintrob (1980).

24. W. J. Samarin (1959); F. M. Pattison (1974).

25. J. G. Melton (1978), p. 248.

26. F. D. Goodman (1972).

27. Lisa Alther, «The New York Times», 6 giugno 1976, pp. 18 sgg.

28. R. Lane (1976) descrisse in questo senso lo sviluppo del Movimento Cattolico carismatico.

29. «The New York Times», 8 settembre 1974, pp. A1 sgg., e 10 maggio 1981, p. A26, fra gli altri articoli in merito.

30. A. Greeley (1975).

31. E. Bourguignon (1974).

32. W. LaBarre (1970).

33. M. A. Kirsch e L. L. Glass (1977).

34. Irvin Yalom, un ricercatore di terapia di gruppo, incontrò a sua

volta delle difficoltà nel tentativo di stabilire accordi di lavoro con est («American Journal of Psychiatry», 134:231, 1977).

35. Il numero dei partecipanti e la citazione dell'istruttore di est sono tratti dalla rivista «Time», 7 giugno 1976, pp. 53-54.

36. E. Babbie e D. Stone (1976).

37. J. Simon (1978).

5. Biologia e comportamento

1. C. Darwin (1889).
2. M. T. Ghiselin (1969), p. 188.
3. C. Darwin (1889), p. 402.
4. K. Z. Lorenz (1974).
5. N. Tinbergen (1951); E. Weigert (1956); J. Bowlby (1957).
6. E. O. Wilson (1975).
7. M. Ruse (1981); J. D. Baldwin e J. I. Baldwin (1981).
8. W. D. Hamilton (1975); M. J. Smith (1964).
9. R. L. Trivers (1971); B. C. R. Bertram (1982).
10. C. J. Lamsden e E. O. Wilson (1981).
11. I punteggi medi per gli iscritti al seminario furono 61,9 (quelli che si associarono), 67,2 (ultimi rinunciatari) e 74,7 (primi rinunciatari). Quelli che erano membri da due anni ebbero un punteggio medio di 74,4. Il gruppo di controllo preso dalla popolazione generale ebbe un punteggio medio di 83,4. Questi e altri dati sui convertiti saranno riesaminati in un capitolo successivo sull'esperienza di alcuni membri della Chiesa dell'Unificazione.
12. Un'analisi di regressione multipla per gradi fu fatta usando quesiti che riflettevano la coesione sociale come indicatori, e la diminuzione nei punteggi di disturbo psichico dei seguaci dopo l'affiliazione alla setta come variabile dipendente. I quesiti di coesione spiegavano il 37% della variazione nella diminuzione del disturbo.
13. In un'analisi di regressione multipla dove i punteggi sulla Tabella del benessere generale erano usati come variabile dipendente, i quesiti sulla coesione sociale spiegano il 30% della variazione. Quando all'equazione di regressione furono aggiunti i quesiti sulla fede religiosa fu spiegato un ulteriore 6% della variazione. Questi dati e altri qui citati furono riesaminati in M. Galanter (1981). Vedasi anche National Center for Health Statistics (1977).
14. M. Galanter (1983).
15. T. H. Holmes e R. H. Rahe (1967).
16. Questi studi sono descritti in seguito. In breve, gli eventi della vita incisero per il 15% della variazione nei punteggi di benessere generale durante il fidanzamento. Quando furono aggiunti i quesiti sull'affiliatività all'equazione di regressione si spiegò un ulteriore 20% della variazione. Dopo il matrimonio, nell'insieme si registrò il 32% della variazione, usando una procedura un po' modificata (Galanter, 1983, 1985).
17. Correlazioni a doppia serie di punti furono ottenute fra il quesito

al quale gli interpellati risposero se avevano o no un'anamnesi di «seri problemi emozionali» e i loro punteggi su ciascuno dei due punteggi seguenti: (a) disturbo psicologico e (b) coesione sociale. Non vi fu una significativa correlazione nei due casi, fra i moonisti o i membri della Luce Divina (Galanter, 1981).

18. La correlazione prodotto-momento (*r*) fra questo quesito e la diminuzione sulla scala dei disturbi psicologici fu 0,45 ($p<0,01$) (Galanter, 1978).

19. M. Galanter (1984).

20. B. G. Campbell (1974), pp. 376-81.

21. W. D. Hamilton (1975).

22. A. Jolly (1972), p. 128.

23. T. Dobzhansky e O. Pavlovsky (1971).

24. D. Pilbeam (1972).

25. A. Jolly (1972), p. 126.

26. H. F. Harlow e M. K. Harlow (1969).

27. S. J. Suomi e al. (1976); S. J. Suomi e al. (1978).

28. R. Gardner (1982).

29. J. A. Hobson e R. W. McCarley (1977).

30. A. R. Radcliffe-Brown (1939).

6. Il culto come sistema sociale

1. Von Bertalanffy (1968), F. Baker (1970), e J. G. Miller (1975) forniscono buone introduzioni alla teoria dei sistemi e al suo rapporto con la psicologia sociale.

2. American Psychiatric Association, DSM III (1980).

3. APA, DSM III (1980), p. 253.

4. J. Simon (1978).

5. L. L. Glass e al. (1977); M. A. Kirsch e L. L. Glass (1977).

6. T. Strentz (1980) fornisce il quadro dei colloqui clinici con vittime di rapine.

7. D. Lang (1974).

8. A. Freud (1966).

9. A. Deutsch (1980).

10. M. Galanter (1983a).

11. M. Galanter (1983b).

12. Un caso riferito da H. Basedow, citato da W. B. Cannon (1965).

13. R. A. DeSilva (1982).

14. J. G. Miller (1985).

15. «Newsweek», 14 giugno 1976, p. 44.

16. G. Moorhouse (1981); K. Rothmyer (1984).

17. J. G. Clark (1979); M. Singer (1978).

18. J. T. Ungerleider e D. K. Wellisch (1979).

19. M. Galanter (1983b).

7. Difficoltà al confine del sistema

1. J. M. Weightsman (1983), p. 47; J. P. Nugent (1979), pp. 77-8.
2. *Keesing's Contemporary Archives*, 25 maggio 1979, p. 29627.
3. «Time», 4 dicembre 1978, p. 21.
4. C. Winfrey (1979).
5. J. M. Weightsman (1983), p. 98.
6. Le due lettere sono riportate su «The New York Times», 29 novembre 1978, p. A1.
7. J. R. Hall (1981), p. 188.
8. J. M. Weightsman, p. 29.
9. «Time», 4 dicembre 1978, p. 28.
10. Gerald Parks, citato da J. M. Weightsman (1983), p. 54.
11. Deborah L. Blakey, dichiarazione giurata, citata da J. M. Weightsman (1983), p. 57.
12. J. M. Weightsman (1983), p. 49.
13. P. Kerns e D. Wead (1979), p. 191.
14. «Time», 4 dicembre 1978, p. 19.
15. *Keesing's Contemporary Archives*, 25 maggio 1979, p. 29627.
16. «Newsweek», 27 maggio 1985, p. 21.
17. «Time», 27 maggio 1985, p. A5.
18. «The New York Times», 20 maggio 1985, p. A5.
19. «Time», 27 maggio 1985, citazione dal «Philadelphia Inquirer».
20. «Newsweek», 27 maggio 1985, p. 24.
21. «Time», 27 maggio 1985, p. 22.

8. Una setta religiosa: la Chiesa dell'Unificazione

1. Questa dichiarazione e la seguente furono riportate su «The New York Times» del 22 gennaio 1978, pp. A1 sgg.
2. «The New York Times», 16 settembre 1974, p. 1.
3. *Ibidem*, p. 26.
4. «Boston Globe», 23 maggio 1979, pp. 37-8.
5. «The New York Times», 22 luglio 1979, p. A1.
6. Berkeley Rice, *The Pull of Sun Moon* su «The New York Times», 30 maggio 1976.
7. «The New York Times», 19 settembre 1977, p. 22
8. B. Falk, *Suburbia Today*, Gannett Newspapers, 27 dicembre 1981, pp. 6 sgg.
9. «The New York Times», 16 ottobre 1981, p. C15.
10. C. Welles, «New York», 27 settembre 1976.
11. B. Falk, *Suburbia Today*, Gannett Newspapers, 17 dicembre 1981, pp. 6 sgg.
12. «The New York Times», 16 ottobre 1981, p. A1.
13. *Ibidem*, 5 luglio 1985, p. B3.
14. *Ibidem*, 27 luglio 1985, p. A10.
15. M. Galanter (1982).

16. Modelli di reclutamento sono stati proposti anche da J. Lofland e R. Stark (1965); D. A. Snow e C. L. Philips (1980); B. Kilbourne e J. T. Richardson (1984).

17. F. Conway e J. Siegelman (1978) nel loro volume divulgativo *Snapping* riassumono l'atteggiamento negativo di chi critica le tecniche di reclutamento. D. Bromley e A. Shupe (1979) hanno studiato l'evoluzione di tali idee molto negative nei mass media.

18. J. M. Carlsmith e al. (1966).

19. Vedasi M. Galanter (1980) per una relazione completa sulla metodologia di questo studio sul reclutamento.

20. E. Baker (1984), p. 146.

21. Membri veterani diedero punteggi più bassi di un campione della comunità sul benessere generale ($74{,}7 \pm 17{,}2$ contro $83{,}4 \pm 16{,}2$, $t = 6{,}24$, $p < 0{,}001$). Coloro che lasciarono il seminario dopo il primo weekend avevano punteggi non molto diversi da quelli dei membri di antica data. Coloro che rimasero dopo il primo weekend avevano, però, punteggi più bassi ($67{,}2 \pm 19{,}2$ contro $74{,}7 \pm 17{,}2$, $t = 1{,}95$, $p < 0{,}05$) e quelli che si associarono li avevano ancora più bassi ($61{,}9 \pm 20{,}1$, $t = 1{,}89$, $p < 0{,}05$). I partecipanti al seminario che continuarono oltre il secondo giorno ebbero un punteggio sulla scala di coesione alto come i membri di antica data (punteggio medio $23{,}7 \pm 3{,}9$), già dal secondo giorno. I primi rinunciatari, invece, non avevano un punteggio tanto alto ($t = 5{,}76$, $p < 0{,}001$). I primi rinunciatari registrarono un punteggio più basso sulla scala di fede rispetto a quelli che continuarono (punteggio medio $22{,}3 \pm 7{,}2$ e $26{,}0 \pm 6{,}0$ rispettivamente, $t = 2{,}39$, $p < 0{,}01$).

22. Non vi furono differenze significative in nessuno dei punti di test fra i due gruppi riguardo all'affiliazione verso compagni di culto, ma rilevanti differenze in tutti i punti riguardanti sentimenti affiliativi verso estranei; i primi e gli ultimi rinunciatari raggiunsero punteggi assai più alti sulla scala delle affiliazioni esterne rispetto a chi si associò. Per esempio, punteggi di affiliazioni esterne al secondo giorno furono: $15{,}8 \pm 6{,}6$ e $7{,}4 \pm 6{,}2$, rispettivamente; $t = 2{,}80$, $p < 0{,}01$.

23. Per esempio, se i soggetti erano classificati secondo il grado di diminuito disturbo, il quartile che migliorò di più mostrò un 128% di aumento nei punteggi di religiosità nel corso della conversione, mentre quelli che migliorarono di meno mostrarono un 76% di aumento ($t = 3{,}67$, $p < 0{,}01$). Risultati simili furono ottenuti con membri della Luce Divina, riferiti in un capitolo precedente.

24. A. S. Parsons (1984).

25. M. Galanter (1983a).

26. Senza dubbio alcuni di loro abbandonarono nel primo anno di fidanzamento. Su questi non ho informazioni. I particolari su ognuno dei sottogruppi di fidanzati e loro punteggi sono in: M. Galanter (1983a).

27. Il loro punteggio medio su quesiti di benessere generale era molto più basso ($53{,}9 \pm 17{,}8$ contro $70{,}6 \pm 14{,}1$; $t = 3, 48$, $p < 0{,}001$), nella sfera di disturbo clinico significativo (National Center for Health Statistics, 1977).

28. B. I. Murstein (1972); W. J. Goode (1970).

29. T. H. Holmes e R. H. Rahe (1967).

30. Questi ultimi eventi furono valutati da ogni soggetto in relazione alla quantità di riadattamento di cui aveva bisogno, secondo l'impostazione originariamente definita dalla scala di Holmes e Rahe. L'adattamento della scala segue il modello proposto da B. S. Dohrenwend (1978).

31. Le seguenti variabili furono usate come indicatori nella prima analisi: i 15 quesiti tratti da Holmes e Rahe più frequentemente sperimentati dagli interpellati e i cinque cambiamenti di vita riferiti alla Chiesa dell'Unificazione più frequentemente sperimentati. Nella seconda analisi 10 quesiti che riflettevano affiliatività verso la Chiesa dell'Unificazione furono aggiunti alla lista di indicatori. In ogni fase gli indicatori furono inseriti nell'equazione di regressione purché ognuno rispondesse a una porzione della variazione significativa al livello del 5%. Le percentuali di variazione indicate nelle due analisi sono riportate nel testo.

32. S. Milgram (1985).

33. L. Festinger e al. (1956).

34. «Life», agosto 1982, pp. 91-6.

35. *Ibidem*.

36. «The New York Times», 2 luglio 1982, p. B4.

37. Altri eventi della vita includevano il problema della gravidanza, il matrimonio stesso, l'assumersi responsabilità per il pagamento dell'affitto e delle spese di casa, e l'adeguamento a una vita sessuale attiva con il proprio coniuge. Tutti furono classificati su una scala di cinque punti che andava da «molto gradevole» a «molto sgradevole». La metodologia e i risultati dell'interö studio sono elaborati in: M. Galanter (1986).

38. D. P. Mueller e al. (1977); I. Grant e al. (1981).

39. In un'analisi furono inclusi quesiti sulle scale di coesione e religiosità; incisero per il 21% della variazione nei punteggi di benessere generale. In una seconda analisi furono inclusi come indicatori eventi di vita coniugale segnati per la loro natura sgradevole; queste variabili incisero per il 14% della variazione sui punteggi di benessere generale.

40. «The New York Times», 22 gennaio 1979, p. A14.

41. *Ibidem*.

42. T. Robbins (1979-1980); M. Galanter (1982).

43. Questi paragoni furono fatti nello studio di controllo, M. Galanter (1986), sul campione di fidanzati, M. Galanter (1983a).

44. Nel 1985, due anni dopo l'indagine di controllo su seguaci sposati, potei ottenere un secondo controllo sul gruppo di seguaci che si erano fidanzati nel 1979, con l'assistenza di informatori della Chiesa e con la sua cooperazione. I risultati confermarono ancora la tenacia dell'impegno nel gruppo da parte di coloro che ormai vi erano da circa quindici anni. Il 71% erano ancora sposati con la persona cui erano stati accoppiati. Del campione esaminato, 81% erano documentati come attivi. Solo il 10% avevano lasciato la setta. Di un altro 9% non rintracciato, alcuni erano probabilmente attivi ma trasferiti in località remote.

45. Specificatamente i membri attivi (Galanter e al. 1979) ebbero

punteggi più bassi di quelli che se ne andarono (74,4 ± 17,2 contro 81,9 ± 16,7; $t = 3,16$, $p < 0,01$) (Galanter, 1983a), i cui punteggi erano a loro volta non molto diversi da quelli di un gruppo di accoppiati nella comunità (82,3 ± 15,7). Si noti, tuttavia, che potrebbe esservi una varietà di ragioni per questo: alcuni membri con una disposizione più benevola potrebbero avere avuto la tendenza ad abbandonare; altri membri potrebbero anche essere stati disposti ad abbandonare *dopo* essere migliorati; in alternativa, certi membri potrebbero essere migliorati dopo avere abbandonato. Tutte queste ragioni potrebbero aver giocato un ruolo in questa osservazione.

46. Per corroborare queste designazioni, fu chiesto ai partecipanti di classificare il grado di forza che la famiglia o suoi rappresentanti avevano usato per tentare di toglierli dalla setta. Per chiarire l'uso della coercizione nella Chiesa dell'Unificazione gli interpellati dovevano usare la stessa scala per indicare il grado di forza usata su di loro da altri membri per trattenerli nel gruppo. Quelli designati come deprogrammati indicarono molta più coercizione esercitata in una varietà di modi. Nessuno dei dieci indicò che la sua libertà fosse apertamente limitata dalla famiglia prima e dopo l'allontanamento dalla setta. Essi riferirono anche di maggiori limitazioni imposte loro dai membri prima della partenza.

47. I deprogrammati ebbero un punteggio più basso sulla coesione verso i membri che conoscevano meglio (2,61 ± 0,40, 3,29 ± 0,71; $t = 2,76$, $p < 0,01$), e più alto sui sentimenti affiliativi verso non-membri che conoscevano meglio (4,45 ± 0,25 contro 4,01 ± 0,56; $t = 3,80$, $p < 0,001$). Ebbero anche un punteggio medio inferiore sulla scala della fede (1,33 ± 0,50 contro 2,55 ± 1,35; $t = 2,79$, $p < 0,01$).

48. Osservazioni simili furono fatte da E. Baker (1984) nel corso dei suoi contatti con la Chiesa dell'Unificazione.

9. Gruppi carismatici di guarigione: l'esempio di AA

1. M. Weber (1947); H. Gerth e C. W. Mills (1946).

2. La storia di Bill W. è disponibile in una quantità di fonti, fra cui E. Kurtz (1979) e R. Thomsen (1975).

3. *Alcoholics Anonymous Comes of Age* (1957).

4. Bill W., lettera a Carl Young, *The AA Grapevine*, New York, 1963.

5. *Alcohol, Drug Abuse, and Mental Health Administration*, «ADAMHA News», maggio 1985; M. Bean (1975).

6. H. Trice e J. M. Beyer (1983).

7. R. Lifton (1961), pp. 429-430; N. K. Denzin (1987).

8. L. A. Alibrandi (1978).

9. E. A. Bohince e A. C. Orenstein (1950).

10. Alcoholics Anonymous (1976).

11. R. Lifton (1961), p. 425.

12. Citato da R. Thompson (1975), p. 365, e in «Village Voice» di New York, 23 luglio 1985, p. 64.

13. R. Kanter (1972), p. 113.
14. C. Emrick e al. (1977).
15. «ADAMHA News», maggio 1985.
16. M. Galanter (1980).
17. E. M. Pattison (1976); «The New York Times», 22 novembre 1983, pp. C1 sgg.
18. D. R. Rudy (1986).
19. D. Robinson (1979).
20. G. Vaillant (1982).
21. M. Bean (1975), p. 49.
22. *The AA Way of Life* (1967).
23. H. Suwaki (1979).
24. «ADAMHA News», maggio 1985.
25. M. A. Maxwell (1984).
26. M. Galanter e al. (1984).
27. M. Galanter (in stampa).
28. M. Galanter (1984); M. Galanter e al. (1987).
29. F. Adler (1974).
30. C. Emrick e al. (1977).
31. A. Maslow (1967).
32. R. Ofshe (1976).
33. «The New York Times», 9 marzo 1982, p. A17.
34. *Ibidem*.
35. *Ibidem*.
36. *Ibidem*.
37. *Ibidem*, 4 dicembre 1978, p. A16.

Epilogo

1. V. Bugliosi e C. Gentry (1974).
2. «The New York Times», 14 gennaio 1983, pp. A1 sgg.; 15 gennaio 1983, p. 4.
3. *Ibidem*, 21 ottobre 1981, p. A; 22 ottobre 1981, p. 1.
4. *Ibidem*, 17 dicembre 1985, p. A18.
5. «The New York Times», 12 febbraio 1984, pp. 21 sgg.; «Time», 2 aprile 1984, p. 30.
6. C. Sterling (1981).

BIBLIOGRAFIA

Si è mantenuto il riferimento alle edizioni inglesi citate dall'autore nel testo, senza indicare le (rare) traduzioni italiane, spesso peraltro parzialmente difformi. [*N.d.T.*]

Adler, F., *A Systems Approach to Drug Treatment*, Philadelphia: Dorrance and Co., 1974.

Albaugh, B. J., Anderson, P.O., *Peyote in the treatment of alcoholism among American Indians*, «American Journal of Psychiatry» 131: 1247-50, 1974.

Alcoholics Anonymous, New York: Alcoholics Anonymous World Services, Inc., 1939.

Alcoholics Anonymous Comes of Age, New York: Alcoholics Anonymous Publishing, 1957.

Alcoholics Anonymous (3ª ed.), New York: Alcoholics Anonymous World Services, 1976.

Alibrandi, I. A., *The folk psychotherapy of Alcoholics Anonymous*, in S. Zimberg, J. Wallace, S. B. Blume (eds.), *Practical Approaches to Alcoholism Psychotherapy*, New York: Plenum Publishing, 1978, 163-80.

American Psychiatric Association, *Diagnostic and Statistical Manual of Mental Disorders* (3ª ed.), Washington, D.C.: American Psychiatric Association, 1980.

Asch, S. E., *Social Psychology*, Englewood Cliffs, N.J.: Prentice-Hall, 1952.

Babbie, E., Stone, D., *What have you gotten after you «get it»? An evaluation of awareness training participants*, presentato al 129mo incontro annuale dell'American Psychiatric Association, Miami Beach, Fla., maggio 1979.

Baker, F., *General systems theory, research, and medical care*, in *Systems and Medical Care*, a cura di Sheldon A. Baker, F. McLaughlin, Curtis P. McLaughlin, Cambridge: MIT Press, 1970.

Baldwin J. D., Baldwin J. I., *Beyond Sociobiology*, New York: Elsevier, 1981.

Barker, E., *The Making of a Moonie: Choice or Brainwashing*, Oxford, England: Basil Blackwell, 1984.

Bean, M., *Alcoholics Anonymous*, «Psychiatric Annals» 5: 46-61, 1975.

Bem, D. J., *Self-perception theory*, in *Advances in Experimental Social Psychology*, Vol. VI, L. Berkowitz (ed.), New York: Academic Press, 1972, 1-62.

Benson, H., *Decreased alcohol intake associated with the practice of meditation: a retrospective investigation*, «Annals of the New York Academy of Sciences», 233: 174-77, 1974.

Benson, H., Wallace, R. K., *Decreased drug abuse with transcendental meditation: a study of 1862 subjects*, in *Drug Abuse Proceedings of the International Conference*, Zarafonetis, C. J. D. (ed.), Philadelphia: Lea and Febiger, 1972, 369-76.

Bergman, R. L., *Navajo peyote use: its apparent safety*, «American Journal of Psychiatry» 128: 695-99, 1971.

Bertram, B. C. R., *Problems with altruism*, in Kings College Sociobiology Group, Cambridge (eds.), *Current Problems in Sociobiology*, Cambridge: Cambridge University Press, 1982, 260-65.

Bion, W. R., *Experiences in Groups*, New York: Basic Books, 1959.

Bohince, E. A., Orenstein, A. C., *Master's thesis* (1950), citato in C. Emrick e al., 1977.

Bourguignon, E., *Cross-cultural perspectives on the religious uses of altered states of consciousness*, in *Religious Movements in Contemporary America*, I. I. Zaretsky e M. P. Leone (eds.), Princeton: Princeton University Press, 1974, 228-43.

Bowen, M., *Family Therapy in Clinical Practice*, New York: Jason Aronson, 1978.

Bowlby, J., *Symposium on the contribution of current theories to an understanding of child development: An ethological approach to research in child development*, «British Journal of Medical Psychology» 30: 230-40, 1957.

Brecher, E. M., *Licit and Illicit Drugs*, Boston and Toronto: Little, Brown and Company, 1972.

Brier, A., Strauss, J. S., *Self-control in psychotic disorders*, «Archives of General Psychiatry» 40: 1141-45, 1983.

Bromley, D. G., Shupe, A. D., *Moonies in America: Cult, Church and Crusade*, Beverly Hills, Calif.: Sage Publications, 1979.

Bromley, D. G., Shupe, A. D., Jr., Ventimiglia, J. C., *Atrocity Tales, The Unification Church and the social construction of evil*, «Journal of Communication» 29: 42-53, 1979.

Buckley, P., Galanter, M., *Mystical experience, spiritual knowledge, and a contemporary ecstatic religion*, «British Journal of Medicine and Psychology» 52: 281-89, 1979.

Bugliosi, V., Gentry, C., *Helter Skelter*, New York: Norton, 1974.

Cameron, C., *Who is Guru Maharaj Ji?*, New York: Bantam Books, 1973.

Cameron, N. A., *The paranoid pseudo-community*, «American Journal of Sociology» 49: 32, 1943.

Cannon, W. B., *«Voodoo» Death*, ripubblicato in forma abbreviata da «American Anthropologist» XLIV (1942), 169-81, dietro autorizzazione dell'American Anthropological Association, in *Reader in Comparative Religion: An Anthropological Approach*, W. A. Lessa and E. Z. Vogt (eds.), New York: Harper & Row, 1965.

Campbell, B. G., *Human Evolution: Introduction to Man's Adaptations*, Chicago: Aldine Publishing, 1974.

Caplow, T., Bahr, H. M., Chadwick, B. A., *Piety in Middletown*, «Society» 18: 34-37, 1981.

Carlsmith, J. M., Collins, B. E., Helmreich, R. L., *Studies in forced compliance: I. The effect of pressure for compliance on attitude change produced by face-to-face role playing and anonymous essay writing*, in «Personality and Social Psychology» 4: 1-13, 1966.

Carpenter, W. T., Jr., McGlashan, T. H., Strauss, J. S., *The treatment of acute schizophrenia without drugs: an investigation of some current assumptions*, «American Journal of Psychiatry» 134: 14-20, 1977.

Cartwright, D., Zander A. (eds.), *Group Dynamics: Research and Theory*, Evanston, Ill.: Row, Peterson, 1962.

Clark, J. G., *Cults*, «Journal of the American Medical Association» 242: 279-81, 1979.

Conway, F., Siegelman, J., *Snapping*, New York: Dell Publishing, 1978.

Coser, L., *Greedy Institutions: Patterns of Undivided Commitment*, New York: Free Press, 1974.

Darwin, C., *The Descent of Man, and Selection in Relation to Sex* (1871), New York: D. Appleton, 1889.

DeRios, M. D., Smith, D. E., *Drug use and abuse in cross cultural perspective*, «Human Organization» 36: 1, 14-21, 1977.

DeSilva, R. A., *Central nervous system risk factors for sudden cardiac death*, in H. M. Greenberg e E. M. Dwyer (eds.), *Sudden cardiac death*, «Annals of the New York Academy of Science» 382: 143-61, 1982.

Denzin, N. K., *The Recovering Alcoholic*, Newbury Park, Calif.: Sage Publications, 1987.

Deutsch, A., *Tenacity of attachment to a cult leader: A psychiatric perspective*, «American Journal of Psychiatry» 137: 1569-73, 1980.

Deutsch, A., *Observations on a sidewalk Ashram*, «Archives of General Psychiatry» 32: 166-75, 1975.

Dobzhansky, T., Pavlovsky, O., *Experimentally created incipient species of Drosophila*, «Nature» 230: 289-92, 1971.

Dohrenwend, B. S. e al., *Exemplification of a method for scaling life events. The PERI life events scale*, «Journal of Health and Social Behavior» 19: 205-29, 1978.

Downton, J. V., *Sacred Journeys: The Conversion of Young Americans*

to the Divine Light Mission, New York: Columbia University Press, 1979.
Dupuy, H. J., *The psychological section of the current health and nutrition examination survey*, in *Proceedings of the Public Health Conference on Records and Statistics* (1972), DHEW Publication (HRA) 74-1214 Rockville, Md.: National Center for Health Statistics, 1973.
Emrick, C. D., Lassen, C. L., Edwards, M. T., *Nonprofessional peers as therapeutic agents*, in A. S. Gurman e A. M. Razin (eds.), *Effective psychotherapy*, Oxford: Pergamon Press, 1977, 120-161.
Ezriel, H., *A psychoanalytic approach to group treatment*, «British Journal of Medical Psychology» 23: 59-74, 1950.
Festinger, L., Carlsmith, J. M., *Cognitive consequences of forced compliance*, «Journal of Abnormal Social Psychology» 58: 203-10, 1959.
Festinger, L., Riecken, H., Schachter S., *When Prophecy Fails*, Minneapolis: University of Minnesota Press, 1956.
Frank, J., *Persuasion and Healing*, New York: Schocken, 1973.
Freud, A., *The Ego and the Mechanisms of Defense*, New York: International Universities Press, 1966.
Freud, S., *Group psychology and the analysis of the ego* (1921), in *The Standard Edition of the Complete Psychological Works of Sigmund Freud*, Vol. XVIII, J. Strachey (ed.), London: Hogarth Press, 1955.
Freud, S., *Group psychology and the analysis of the ego*, London: The Hogarth Press, 1948.
Galanter, M., *The «relief effect»: A sociobiological model for neurotic distress and large-group therapy*, «American Journal of Psychiatry» 135: 588-91, 1978.
Galanter, M., *Psychological induction into the large-group: findings from a contemporary religious sect*, «American Journal of Psychiatry» 137: 1574-79, 1980.
Galanter, M., *Sociobiology and informal social controls of drinking*, «Journal of the Studies on Alcohol» 42: 64-79, 1981.
Galanter, M., *Charismatic religious sects and psychiatry: an overview*, «American Journal of Psychiatry» 139: 1539-48, 1982.
Galanter, M., *Engaged members of the Unification Church*, «Archives of General Psychiatry» 40: 1197-1202, 1983(a).
Galanter, M., *Unification Church («Moonie») dropouts: Psychological readjustment after leaving a charismatic religious group*, «American Journal of Psychiatry» 140: 984-88, 1983(b).
Galanter, M., *Self-help large-group therapy for alcoholism: a controlled study*, «Alcoholism: Clinical and Experimental Research» 8: 16-23, 1984.
Galanter, M., *Moonies get married: A psychiatric follow-up study of a charismatic religious sect*, «American Journal of Psychiatry» 143: 1245-49, 1986.
Galanter, M., *Recovery: Self-help groups for the mentally ill*, «American Journal of Psychiatry» 145: 1248-53, 1988.
Galanter, M., Buckley, P., *Evangelical religion and meditation: psycho-*

therapeutic effects, «Journal of Nervous and Mental Disease» 166: 685-91, 1978.

Galanter, M., Castaneda, R., Salamon I., *Institutional self-help for alcoholism clinical outcome*, «Alcoholism: Clinical and Experimental Research» 11: 424-29, 1987.

Galanter, M., Gleaton, T. J., Marcus, C. E., McMillin, J., *Parent self-help groups for young drug and alcohol abusers*, «American Journal of Psychiatry» 141: 889-91, 1984.

Galanter, M., Rabkin, R., Rabkin, J., Deutsch, A., *The «Moonies»: a psychological study*, «American Journal of Psychiatry» 136: 165-70, 1979.

Galanter, M., Stillman, R., Wyatt, R. J., Vaughan, T. B., Weingartner, H., Nurnberg, F. L., *Marihuana and social behavior*, «Archives of General Psychiatry 30: 518-21, 1974.

Galanter, M., Talbott, G. D., Gallegos, K., Rubenstone, L., *AA and professional care for addicted physicians*, presentato al Congresso annuale dell'American Medical Society for Alcoholism and other Drug Dependencies, Atlanta Ga., aprile 1989.

Galanter, M., Weingartner, H., Vaughan, T. B., Roth, W. T., Wyatt, R. J., *Delta-9 tetrahydrocannabinol and natural marihuana: a controlled comparison*, «Archives of General Psychiatry» 28: 278-81, 1973.

Galanter, M., Wyatt, R. J., Lemberger, L., Weingartner, H., Vaughan, T. B., Roth, W. T., *Effects on humans of delta^9-tetrahydrocannabinol administered by smoking*, «Science» 175: 934-36, 1972.

Gardner, R., *Mechanisms in manic-depressive disorder: An evolutionary model*, «Archives of General Psychiatry» 39: 1436-41, 1982.

Gerth, H., Mills, C. W., *From Max Weber*, New York: Oxford University Press, 1946.

Ghiselin, M. T., *The Triumph of the Darwinian Method*, Berkeley and Los Angeles: University of California Press, 1969.

Glass, L. L., Kirsch, M. A., Parris, F. N., *Psychiatric disturbances associated with Erhard Seminars Training, I: Report of cases*, «American Journal of Psychiatry» 134: 245-47, 1977.

Goode, W. J., *World Revolution and Family Patterns*, New York: Macmillan Publishing Co., 1970.

Goodman, F. D., *Speaking in Tongues*, Chicago: University of Chicago Press, 1972.

Grant, I., Sweetwood, H. L., Yager, J., Gerst, M., *Quality of life events in relation to psychiatric symptoms*, «Archives of General Psychiatry» 38: 335-39, 1981.

Greeley, A. M., *The Sociology of the Paranormal: A Reconnaissance*, Beverly Hills, Calif.: Sage Publications, 1975.

Greil, A. R., Rudy, D. R., *Social cocoons: Encapsulation and identity transformation organizations*, «Social Inquiry» 54: 260-78, 1984.

Hall, J. R., *The Apocalypse at Jonestown*, in *In Gods We Trust: New Patterns of Religious Pluralism in America*, T. Robbins and D. Anthony (eds.), New Brunswick, N.J.: Transaction Books, 1981.

Hamilton, W. D., *Innate social aptitudes of man: An approach from evolutionary genetics*, in *Biosocial Anthropology*, R. Fox (ed.), New York: Wiley, 1975, 133-55.

Hardt, J. V., Kamiya, J. G., *Anxiety change through electroencephalographic alpha feedback seen only in high anxiety subjects*, «Science» 201: 79-81, 1978.

Harlow, H. F., Harlow, M. K., *Effects of various mother-infant relations on Rhesus monkey behaviors*, in *Determinants of Infant Behavior* IV, B. M. Foss (ed.), London: Methuen, 1969, 15-36.

Heider, F., *The Psychology of Interpersonal Relations*, New York: Wiley, 1958.

Hobson, J. A., McCarley, R. W., *The brain as a dream state generator: An activation-synthesis hypotesis of the dream process*, «American Journal of Psychiatry» 134: 12, 1335-48, 1977.

Holmes, T. H., Rahe, R. H., *The social readjustment rating scale*, «Journal of Psychosomatic Research» 11: 213-18, 1967.

Hume, D., *An Enquiry Concerning the Human Understanding* (1779), Oxford: Clarendon Press, 1894.

James, W., *The Varieties of Religious Experience* (1902), New York: Modern Library, 1929.

Jellinek, E. M., *The Disease Concept of Alcoholism*, New Haven: College and University Press, 1960.

Jolly, A., *The Evolution of Primate Behavior*, New York: Macmillan, 1972.

Kanter, R. M., *Commitment and Community: Communes and Utopias in Sociological Perspective*, Cambridge: Harvard University Press, 1972.

Kaplan, B., Johnson, D., *The Social Meaning of Navajo Psychopathology and Psychotherapy*, in *Magic Faith in Healing*, A. Kiev (ed.), New York: Free Press, 1964, 203-29.

Kass, F., Skodol, A., Charles, E. *Therapists' recognition of psychopathology: a model for quality review of psychotherapy*, «American Journal of Psychiatry» 137: 87-90, 1980.

Kelley, H. H., *Attribution theory in social psychology*, in *Nebraska Symposium on Motivation*, Vol. XV, D. Levine (ed.), Lincoln: University of Nebraska Press, 1967, 192-238.

Kephart, W. M., *Extraordinary Groups: The Sociology of Unconventional Life-Styles*, New York: St. Martin's Press, 1976.

Kerns, P., Wead, D., *Peoples Temple: Peoples Tomb*, Plainfield, N.J.: Logos, 1979.

Kilbourne, B., Richardson, J. T., *Psychotherapy and new religions in a pluralistic society*, «American Psychologist» 39: 237-51, 1984.

Kirsch, M. A., Glass, L. L., *Psychiatric disturbances associated with Erhard Seminars Training: II. Additional cases and theoretical considerations*, «American Journal of Psychiatry» 134: 1254-58, 1977.

Kolata, G. B., *Human evolution: Life-styles and lineages of early hominides*, «Science» 187: 940-42, 1975.

Kurtz, E., *Not God: A History of Alcoholics Anonymous*, Garden City, Minn.: Hareldon Educational Services, 1979.
LaBarre, W., *The Ghost Dance*, New York: Doubleday, 1970.
Lane, R., Jr., *Catholic charismatic renewal*, in *The New Religious Consciousness*, C. Y. Glock e N. Bellah (eds.), Los Angeles: University of California Press, 1976.
Lang, D., *A reporter at large*, «New Yorker», novembre 1974, 56-126.
Leighton, A., Leighton, D., *Elements of psychotherapy in Navajo religion*, «Psychiatry» 4: 515-23, 1941.
Lepper, M. R., Greene, D., Nesbitt, R. E., *Undermining children's intrinsic interest with extrinsic reward: a test of the «over-justification» hypotesis*, «Journal of Personality and Social Psychology» 28: 129-37, 1973.
Lewin, K., *A Dynamic Theory of Personality*, New York: McGraw-Hill, 1935.
Liberman, R. P., Teigen, J., Patterson, R., *Reducing delusional speech in chronic paranoid schizophrenics*, «Journal of Applied Behavioral Analysis» 6: 57-64, 1973.
Lifton, R. J., *Thought Reform and the Psychology of Totalism*, New York: Norton, 1961.
Lockard, J. S., McDonald, L. L., Clifford, D. A., Martinez, R. Panhandling, *Sharing of Resources*, «Science» 191: 406-8, 1976.
Lofland, J., Stark, R., *Becoming a world-saver: a theory of conversion to a deviant perspective*, «American Sociology Review» 30: 862-75, 1965.
Lorenz, K., *Analogy as a source of knowledge*, «Science» 185: 229-34, 1974.
Lorenz, K., *On Aggression*, New York: Harcourt Brace, 1966.
Lubchansky, I., Egri, G., Stokes, J., *Puerto Rican spiritualists view mental illness: the faith healer as a paraprofessional*, «American Journal of Psychiatry» 127: 312-21, 1970.
Ludwig, A. M., *Altered states of consciousness*, «Archives of General Psychiatry» 15: 225-34, 1966.
Lumsden, C. J., Wilson, E. O., *Genes, Mind, and Culture*, Cambridge: Harvard University Press, 1981.
Lynd, R. S., Lynd, H. B., *Middletown: A Study in American Culture*, New York: Harcourt and Brace, 1929.
Manatt, M., *Parents, Peers and Pot*, US DHEW Publication (ADM) 79-812, 1979.
Maslow, A. H., *Synanon and eupsychia*, «Journal of Humanistic Psychology» 7: 28-35, 1967.
Maslow, A. H., *Religions, Values, and Peak-Experiences*, New York: Viking Press, 1964.
Maxwell, M. A., *The Alcoholics Anonymous Experience*, New York: McGraw-Hill, 1984.
Maynard Smith, J., *Group selection and kin selection*, «Nature» 201: 1145-47, 1964.
Mead, G. H., *Mind, Self, and Society from the Standpoint of a Social*

Behaviorist, C. W. Morris (ed.), Chicago: University of Chicago Press, 1962.
Melges, F. T., Tinklenberg, J., Deardoff, C. M., Davies, N. H., Anderson, R. E., Owen, C. A., *Temporal disorganization and delusional-like ideation*, «Archives of General Psychiatry» 30: 855-61, 1974.
Melton, J. G., *The Encyclopedia of American Religions*, Vol. II, Wilmington, N.C.: McGarth Publishing Company, 1978.
Melton, J. G., Moore, R. L., *The Cult Experience: Responding to the New Religious Pluralism*, New York: Pilgrim Press, 1982.
Menninger, K., *The Vital Balance*, New York: Viking Press, 1963.
Milgram, S., *Obedience to Authority*, New York: Harper Colophon Books, 1975.
Miller, J. G., Freedman, A. M., Kaplan, H. I., Saddock, B. K. (eds.), in *Comprehensive Textbook of Psychiatry* II, Baltimore, Md.: Williams and Wilkins, 1975, 74-88.
Miller, J. G., *Living systems: Basic concepts*, «Behavioral Science» 10: 193-237, 1965.
Miner, H., *Body ritual among the Nacirema*, «American Anthropologist» 58: 503-7, 1956.
Moorhouse, G., *The Moonies invade Gloucester*, «Harper's Magazine», gennaio 1981, pp. 46-52.
Mosher, L. R., Menn, A., Matthews, S. M., *Soteria: Evaluation of a homebased treatment for schizophrenia*, «American Journal of Orthopsychiatry» 45: 455-67, 1975.
Mosher, L. R., Menn, A. Z., *Community residential treatment for schizophrenia: a two-year follow-up*, «Hospital and Community Psychiatry» 29: 715-23, 1978.
Mosher, L. R., Menn, A. Z., *Scientific Evidence and System Change: The Soteria Experience*, in *Psychosocial Interventions in Schizophrenia*, H. Stierlin e al. (eds.), Heidelberg: Springer-Verlag, 1983, 93-108.
Mueller, D. P., Edwards, D. W., Yarvis, R. M., *Stressful life events and psychiatric symptomatology: change or undesirability?*, «Journal of Health and Social Behavior» 18: 307-17, 1977.
Murstein, B. I., *Physical attractiveness and marital choice*, «Journal of Personality and Social Psychology» 22: 8-12, 1972.
National Center for Health Statistics, *A Concurrent Validational Study of the NCHS General Well-Being Schedule*, Vital and Health Statistics Series 2, No. 73. Hyattsville, Md., DHEW Publication No. (HRA) 78-1347, 1977.
Ness, R. C., Wintrob, R. M., *The emotional impact of fundamentalist religious participation: an empirical study of intragroup variation*, «The American Journal of Orthopsychiatry» 50: 302-15, 1980.
Noyes, P. B., *My Father's House: An Oneida Boyhood* (1927), Gloucester, Mass.: Peter Smith, 1966.
Nugent, J. P., *White Night: The Untold Story of What Happened Before — and Beyond — Jonestown*, New York: Rawson and Wade, 1979.

Ofshe, R., Eisenberg, N., Coughlin, R., Dolinajec, G., Gerson, K., Johnson, A., *Social structure and social control in Synanon*, «Voluntary Action Research» 3: 67-76, 1974.

Ofshe, R., *Synanon: The People Business*, in *The New Religious Consciousness*, C. Y. Glock e R. N. Bellah (eds.), Berkeley: University of California Press, 1976, 116-37.

Orne, M., *Demand characteristics and the concept of quasi-controls*, in *Artifact in Behavioral Research*, R. Rosenthal e L. Rosnow (eds.), New York: Academic Press, 1969, 143-79.

Pahnke, W. N., *Drugs and mysticism*, «International Journal of Parapsychology», Vol. VIII, 2: 295-314, 1966.

Paredes, A., *Social control of drinking among the Aztec indians of Mesoamerica*, «Journal of the Studies on Alcohol» 36: 9, 1139-53, 1975.

Parsons, A. S., *The Moonies: the triumph of family*, «Smith Alumnae Quarterly», estate 1984, pp. 8-13.

Pattison, E. M., *Nonabstinent drinking goals in the treatment of alcoholism*, «Archives of General Psychiatry» 33: 923-30, 1976.

Pattison, E. M., *Ideological support for the marginal middle class: faith healing and glossolalia*, in *Religious Movements in Contemporary America*, I. I. Zaretsky e M. P. Leone (eds.), Princeton: Princeton University Press, 1974, 418-55.

Pattison, E. M., Labins, N. A., Doerr, H. A., *Faith healing: a study of personality and function*, «Journal of Nervous and Mental Disease» 157: 367-409, 1973.

Pattison, E. M., Pattison, M. L., *«Ex-gays»: religiously-mediated change in homosexuals*, «American Journal of Psychiatry» 137: 1553-62, 1980.

Penfield, W., *The Mystery of the Mind*, Princeton: Princeton University Press, 1975.

Pilarzyk, T., *The origin, development, and decline of a youth culture religion: An application of sectarianization theory*, «Review of Religious Research» 20 (autunno 1978).

Pilbeam, D., *The Ascent of Man: An Introduction to Human Evolution*, New York: Macmillan, 1972.

Proudfoot, W., Shaver, P., *Attribution theory and the psychology of religion*, «Journal for the Scientific Study of Religion» 14: 317-30, 1975.

Radcliffe-Brown, A. R., *Taboo*, Cambridge: Cambridge University Press, 1939.

Reiss, D., *Varieties of consensual experience*, «Family Process» 10: 1-35, 1971.

Rice, A. K., *Learning for Leadership*, London: Tavistock Publications Ltd., 1965.

Robbins, T., *Religious movements, the state, and the law: reconceptualizing «the cult problem»*, «New York University Review of Law and Social Change» 19: 33-49, 1979-1980.

Robinson, D., *Talking Out of Alcoholism. The Self-Help Process of Alcoholics Anonymous*, Baltimore, Md.: University Park Press, 1979.

Ross, J. C., *Errors on «Moonies»*, «American Journal of Psychiatry» 140: 643-44, 1983.

Roth, W. T., Galanter, M., Weingartner, H., Vaughan, T. B., Wyatt, R. J., *Marijuana and synthetic delat-9-trans-tetrahydrocannabinol: Some effects on the auditory evoked response and background EEG in humans*, «Biological Psychiatry» 6: 221-23, 1973.

Rothmyer, K., *Mapping out Moon's media empire*, «Columbia Journalism Review», novembre-dicembre 1984, pp. 23-31.

Rudy, D. R., *Becoming Alcoholic: Alcoholics Anonymous and the Reality of Alcoholism*, Carbondale: Southern Illinois University Press, 1986.

Ruse, M., *Sociobiology: Sound science or muddled metaphysics*, in *Is Science Sexist? and Other Problems in the Biomedical Sciences*, Boston: D. Reidel, 1981.

Samarin, W. J., *Glossolalia as learned behaviour*, «Canadian Journal of Theology» 15: 60-64, 1959.

Schacter, S., Singer, J. E., *Cognitive, social, and physiological determinants of emotional state*, «Psychology Review» 69: 379-99, 1962.

Schein, E., *The Chinese indoctrination program for prisoners of war*, «Psychiatry» 19: 149-172, 1956.

Schultes, R. E., *An overview of hallucinogens in the western hemisphere*, in *Flesh of the Gods*, P. Furst (ed.), New York: Praeger, 1972.

Simon, J., *Observations on 67 patients who took Erhard Seminars Training*, «American Journal of Psychiatry» 135: 686-91, 1978.

Singer, M., *Therapy with ex-cult members*, «National Association of Private Psychiatric Hospitals Journal» 9(4): 14-18, 1978.

Smith, M. J., *Group selection and kin selection*, «Nature» 201: 1145-47, 1964.

Snow, D. A., Phillips, C. L., *The Lofland-Stark conversion model*, «Social Problems» 27: 430-47, 1980.

Stark, R., Bainbridge, W. S., *Networks of faith: Interpersonal bonds and recruitment to cults and sects*, «American Journal of Sociology» 85: 1376-95, 1980.

Sterling, C., *The Terror Network*, New York: Holt Rinehart, 1981.

Strentz, T., *The Stockholm Syndrome*, «Annals of the New York Academy of Sciences» 347: 137-50, 1980.

Suomi, S. J., Harlow, H. F., McKinney, W. T., Jr., *Monkey psychiatrists*, «American Journal of Psychiatry» 128: 927-32, 1972.

Suomi, S. J., Seaman, S. F., Lewis, J. K., DeLizio, R. D., McKinney, W. T., *Effects of imipramine treatment of separation-induced social disorders in Rhesus monkeys*, «Archives of General Psychiatry» 35: 321-25, 1978.

Suomi, S. J., DeLizio, R., Harlow, H. F., *Social rehabilitation of separation-induced depressive disorders in monkeys*, «American Journal of Psychiatry» 133: 1279-85, 1976.

Suwaki, H., *«Naikan» and Danshukai for the treatment of Japanese alcoholic patients*, «British Journal of Addictions» 74: 15-19, 1979.
Tart, C. T., *States of Consciousness*, New York: E. P. Dutton, 1975.
The AA Way of Life, New York: Alcoholics Anonymous World Services, 1967.
Thomsen, R., *Bill W.*, New York: Harper and Row, 1975.
Tinbergen, N., *The Study of Instinct*, London: Oxford University Press, 1951.
Trice, H., Beyer, J. M., *The routinization of charisma in two social movement organizations*, relazione presentata all'Academy of Management Meetings, Dallas, 1983.
Trivers, R. L., *The evaluation of reciprocal altruism*, «Quarterly Review of Biology» 46: 35-37, 1971.
Ungerleider, J. M., Wellisch, D. K., *Coercive persuasion (brainwashing), religious cults, and deprogramming*, «American Journal of Psychiatry», 136: 279-82, 1979.
Vaillant, G. E., Milofsky, E. S., *Natural history of male alcoholism*, «Archives of General Psychiatry» 39: 127-33, 1982.
von Bertalanffy, L., *General Systems Theory*, New York: George Braziller, 1968.
Wallace, R. K., *Physiological effects of transcendental meditation*, «Science» 167: 1751-54, 1970.
Weber, M., *The Theory of Social and Economic Organization*, New York: Macmillan, 1947.
Weigert, E., *Human ego functions in the light of animal behavior*, «Psychiatry» 19: 325-32, 1956.
Weightsman, J. M., *Making Sense of the Jonestown Suicides*, Lewiston, N.Y.: Edwin Mellon Press, 1983.
Weiner, N., *Cybernetics*, New York: Wiley, 1948.
Wendt, R. J., Mosher, L. R., Matthews, S. M., Menn, A. Z., *Comparison of two treatment environments for schizophrenia*, in *Principles and Practices of Milieu Therapy*, J. G. Gunderson, O. A. Will, Jr., e L. R. Mosher (eds.), New York: Jason Aronson, 1983.
Wilson, E. O., *Sociobiology: The New Synthesis*, Cambridge: Harvard (The Belknap Press), 1975.
Winfrey, C., *Why 900 died in Guyana*, «New York Times», febbraio 26, 1979, p. 45.
Wolin, S. T., Steinglass, P., *Interactional behavior in an alcoholic community*, «Medical Annals of the District of Columbia» 43: 183-87, 1974.
Wright, S., *Tempo and mode in evolution — a critical review*, «Ecology» 26: 415-19, 1945.
Wynne, L. C., Ryckoff, I. M., Day, J., Hirsch, S., *Pseudomutuality in the family relations of schizophrenics*, «Psychiatry» 21: 205-22, 1958.

INDICE

Nella stessa collana:

Arthur Conan Doyle, *Il ritorno delle fate*, a cura di Massimo Introvigne e Michael W. Homer
Jean Vernette, *La stregoneria oggi*
William Sims Bainbridge, *Setta satanica*
Antoine Faivre, *L'esoterismo*

Finito di stampare per conto della SugarCo Edizioni S.r.l.
da «La Tipografica Varese» S.p.A. - Varese
Gennaio 1993